Reconocimientos para
La anatomía de la paz

«Me encanta este libro. Después de haberlo leído, las circunstancias con las que me enfrento a diario me resultan diferentes; las ideas que contiene pueden aplicarse a todas las facetas de la vida, ya sean los deportes, los negocios o la vida familiar. Estoy impaciente por compartir el libro y sus conceptos con otras personas».

Danny Ainge, director general, de los Boston Celtics

«Un libro de gran profundidad pero con un mensaje sencillo; una obra asombrosa de gran repercusión tanto personal como profesional. Es una herramienta importantísima para mejorar el rendimiento de las empresas».

Nick Jessett, gerente de programas de Rolls-Royce

«Una obra magistral y muy importante que revela cómo culpamos a los demás de los problemas que creamos nosotros mismos. Lleva con delicadeza al lector a mirarse seriamente en el espejo».

Scott Barton, vicepresidente senior de Capital One

«Fenomenal..., convincente..., claro..., conmovedor. Es el libro que todo gerente, profesor, consejero, padre y madre deberían leer y poner en práctica».

Steven C. Wheelwright, profesor emérito
de Harvard Business School

«Una historia cautivadora sobre la resolución de conflictos; un libro de los que no puedes dejar de leer hasta que los terminas».

Reverendo Victor De Waal, antiguo deán
de la catedral de Canterbury

«El trabajo teórico sobre el que se cimenta este libro es un profundo y significativo diagnóstico de los males de nuestra sociedad, desde los autoengaños individuales a pequeña escala hasta los autoengaños de culturas enteras».

Rom Harré, catedrático de psicología y miembro emérito
del Linacre College, Universidad de Oxford

«Nada de lo que yo escriba puede hacer justicia a este trabajo. He utilizado estas ideas en mi profesión para resolver conflictos organizativos que amenazaban con cerrar la empresa contratista que gestionaba una base naval estadounidense y para apaciguar las reclamaciones de empleados contrariados decididos a acabar con sus gerentes. En todos los casos se evitó el desastre y los corazones en guerra se transformaron en corazones en paz. Si todo el mundo leyera y pusiera en práctica los principios contenidos en este libro, mi profesión sería una reliquia del pasado».

Russell Pendergrass,
capitán de la Marina de los Estados Unidos

«Al haber estado muy implicado en la resolución de conflictos, puedo afirmar honestamente que este libro es una obra significativa e importante que presenta estrategias innovadoras para crear una paz sostenible».

Uri Savir, presidente del Centro Peres por la Paz, Tel-Aviv,
y ex director general del Ministerio Israelí de Asuntos Exteriores

«Tras años de poner en práctica estas ideas con jóvenes y con sus padres, puedo afirmar que constituyen una medicina muy poderosa para el alma. Estas ideas cambian los corazones, sanan heridas muy profundas y unen a los padres con sus hijos».

Mike Merchant, presidente y director general
de la Fundación Anasazi

«Una obra poderosa con consecuencias profundas en todas las áreas personales y profesionales. Ilustra que el camino hacia la paz y la resolución de nuestros conflictos más preocupantes no requiere solo actuaciones diferentes, sino una forma de estar distinta. Es más, te muestra cómo alcanzarla. Es un libro que voy a compartir con mucha gente y que volveré a consultar una y otra vez».

Laura Whitworth, cofundadora de The Bigger Game Company
y The Coaches Training Institute

«Una obra impresionante de sabiduría y visión interior... Todo el mundo, desde los vecinos hasta los dirigentes mundiales, deberían leer y poner en práctica las enseñanzas de este libro».

Kent Murdock, presidente y director general de O. C. Tanner

«*La anatomía de la paz* es una de esas raras obras que, de un modo u otro, consiguen abrirse camino hasta nuestro corazón. Sin que te des cuenta, te habrás embarcado emocionalmente en el mismo proceso que realizan los personajes que aparecen en el libro. Prepárate para sentirte desafiado, conmovido y animado a convertirte en la persona que sabes que deberías ser».

Mike Bundrant, editor de *Healthy Times Newspaper*

«Una auténtica obra de arte con unas implicaciones trascendentales. Mientras lo leía, no era capaz de dejarlo».

NAN O'CONNOR, Master Certified Coach

«Sencillamente maravilloso. Cautivador. No encuentro palabras para describirlo. *La anatomía de la paz* es un recurso fabuloso para aquellas personas que desean mejorar su calidad de vida».

MURALI IYER, socio de Wipfli LLP y SpiderLogic

«*La anatomía de la paz* es una obra emocionalmente conmovedora y fascinante capaz de influir profundamente en todo el mundo, persona a persona. Me ha hecho plantearme pensamientos nuevos y profundos acerca de mí mismo, de los demás y de los problemas que afrontamos hoy en día en nuestras comunidades y en todo el mundo».

JOHN NICHOLS, presidente de Disability Resource Group, Inc.

«Este libro es una joya para las personas que se sienten saturadas. Analiza el trasfondo de unas tesis de conducta sumamente valoradas y demuestra que el cambio de conducta no es suficiente. Un relato sencillo, contado con tranquilidad y sin condescendencia, que revela el potencial y la fuerza de nuestra humanidad ordinaria. Creo que su lectura me ha permitido crecer desde el interior. Este libro ayuda a las personas a conocer a su vecino sin miedo. Mejor, imposible».

STEPHEN PRYOR, vicepresidente del Grubb Institute for Behavioral Studies (Londres) y exdirector del Servicio de Prisiones de Inglaterra

«Un libro capaz de cambiar totalmente nuestra vida personal y el mundo entero».

RABINO BENJAMIN BLECH, catedrático de Talmud de la Universidad Yeshiva

«¡Un libro profundo e inspirador! Una herramienta extremadamente poderosa que permite a las personas entrar en un espacio nuevo y a una dimensión en la que pueden encontrar soluciones y aplicarse a los retos que la mayor parte de la gente tiene que afrontar hoy en día».

VINDRA NAIPAUL, presidente de Xtra Foods, Trinidad y Tobago

«La lectura de *La anatomía de la paz* es una experiencia asombrosa. El libro nos muestra una vía de salida para los conflictos que depende de lo que yo elija. ¡Qué empoderador! Es un libro extraordinario que te ayudará a encontrar la paz en cualquier situación. A mí me ha cambiado la forma de ver la vida».

HERMANA MAUREEN FITZGERALD, ASCJ, secretaria de Admisiones y Estudios en la Academia Cor Jesu

«¡Inspirador y emocionante! Cuando empiezas a leerlo, no puedes dejarlo. La historia resulta hermosa por lo auténtica que es. El libro no sermonea, sino que invita al lector a entrar en una experiencia de aprendizaje profundo. Yo me vi inmediatamente reflejada en los personajes y fui aprendiendo a medida que ellos también lo hacían. ¡Gracias por esta inspiración! Me ha llenado de pasión por la paz, tanto interior como exterior».

Ece Sirin, cofundadora de Bee Consulting, Estambul (Turquía)

«Una expresión sumamente clara de la solución para la paz. Qué diferente sería nuestro mundo si estuviéramos dispuestos a practicar e integrar estos conceptos en nuestra vida».

Marjolein Hins, directora ejecutiva de Q-Search, Holanda

«Una lectura maravillosa con ideas muy profundas sobre cómo nuestras decisiones personales nos preparan para la guerra o para la paz en todas nuestras relaciones».

Tom Leonard presidente del grupo Vistage International

«Un relato claro y conmovedor de cómo los problemas relacionados con la raza, la religión y el color pueden pervertirse por la necesidad abrumadora de justificación, y de cómo esta necesidad está en la base de la guerra, tanto interna como externa. Una lectura obligada».

Ishak Bin Ismail, presidente de CWT Defence Services, Singapur

«Este libro tan hermoso nos recuerda que la base de una vida feliz y apacible es la compasión y la humanidad, y nos revela cómo nuestro corazón puede estar en guerra en las relaciones cotidianas que mantenemos en casa o en el trabajo. Nos desafía a utilizar este conocimiento para realizar un cambio activo y continuado. Debería estar en el currículo de todas las profesiones relacionadas con la atención a las personas, y todos los líderes que deseen crear equipos eficaces deberían leerlo».

Janet Saunders, matrona de Royal United Hospital,
Bath (Reino Unido)

«Un libro poderoso. No solo identifica el problema, sino que ofrece también unas soluciones claras y factibles para los desafíos que se nos presentan en el trabajo, en casa y en nuestra comunidad. Un libro empoderador que cambiará la vida de todos aquellos que lo lean».

Stewart Hughes, presidente de Unicity International

«*La anatomía de la paz* es un material realmente transformador y poderoso. Arbinger ha quitado la carga que suponía el liderazgo en nuestra organización al enseñarnos a ocuparnos de verdad de nuestros colegas y a asumir individualmente la responsabilidad de crear una organización poderosa, lo que en último término transforma el grado de atención que podemos proporcionar a nuestros clientes».

Don Serratt, fundador y presidente de Life Works, Reino Unido

«Después de terminar de leer este libro y tras absorber las sabias palabras que llenan cada una de sus páginas, me pregunto por qué enseñamos matemáticas para reforzar el pensamiento lógico, idiomas para la comunicación intercultural y demás, pero carecemos de la esencia: ¡un método adecuado para la conducta social! En mi opinión, los colegios y universidades deberían ofrecer cursos diseñados por el Arbinger Institute, los políticos y estadistas deberían formarse en *La anatomía de la paz* y se debería invitar a Arbinger a formar a todo tipo de personas para que comprendieran lo que supone su propia contribución al avance de la paz en el mundo».

ANNELIES VAN DER HORST, Equal Project, Centro para el Género y la Diversidad, Universidad de Maastricht, Holanda

«Adoptar la esencia de este libro es el auténtico camino para lograr la paz».

EYTAN BENTSUR, ex director general del Ministerio de Asuntos Exteriores de Israel

«En mi vida personal he encontrado muchos ejemplos en los que miraba a las personas con una actitud equivocada y, con ello, las trataba de una forma errónea. En un nivel más global, he podido aplicar estas lecciones a los conflictos internacionales que aparecen en la CNN y he visto cómo este proceso puede utilizarse para acabar con problemas ancestrales que llevan muchos años hostigando a la sociedad».

JACK COVERT, presidente y fundador de 800-CEO-READ

«En contadas ocasiones he podido leer algo que captara tanto mi atención como este libro. Encontrar este tipo de experiencia lectora en el contexto de un libro que cubre unos temas tan dispares como la educación de los hijos, la gestión de los empleados, la paz en Oriente Próximo y la autorrealización resulta realmente asombroso».

JO ELLEN GREEN KAISER, editora principal de ZEEK

«*La anatomía de la paz* es un libro estimulante y brillantemente escrito con una rara claridad que despierta la reflexión y conmina a la acción. Lo recomiendo sin dudarlo a todo aquel que esté interesado en encontrar soluciones para los conflictos, ya sean personales o globales».

GILEAD SHER, ex jefe de personal del primer ministro de Israel y negociador jefe con los palestinos

«*La anatomía de la paz* es algo más que un libro para leer o una idea sobre la que reflexionar: es una lancha salvavidas para las innumerables personas que sufren en silencio y se ahogan de miedo».

IYANLA VANZANT, escritora, *life coach* y fundadora de The Inner Visions Institute for Spiritual Development

ANATOMÍA DE LA PAZ

La resolución del corazón del conflicto

The Arbinger Institute

rigden institut gestalt

Título original: *The Anatomy of Peace*

Traducción: Blanca González Villegas

© 2006, 2008, 2015 Arbinger Properties, LLC

Publicado originalmente por Berrett-Koehler Publishers, Inc., San Francisco, CA, EE.UU.

Publicado por acuerdo con Berrett-Koehler Publishers, Inc.
1333 Broadway - Suite 1000
Oakland, CA 94612-1921 EE.UU.

De la presente edición en castellano:
© Rigden Edit, 2015
  Alquimia, 6 - 28933 Móstoles (Madrid) - España
  Tels.: 91 614 53 46 - 91 614 58 49
  www.alfaomega.es - E-mail: alfaomega@alfaomega.es

Primera edición: marzo de 2017

Depósito legal: M.4657-2017
I.S.B.N.: 978-84-944798-0-9

Impreso en España por:
Artes Gráficas COFÁS, S.A. - Móstoles (Madrid)

Cualquier forma de reproducción, distribución, comunicación pública o transformación de esta obra solo puede ser realizada con la autorización de sus titulares, salvo excepción prevista por la ley. Diríjase a CEDRO (Centro Español de Derechos Reprográficos, www.cedro.org) si necesita fotocopiar o escanear algún fragmento de esta obra.

*Nuestro destino se conforma desde el interior
de nuestro ser hacia afuera, jamás desde afuera
hacia adentro.*

Jacques Lusseyran

ÍNDICE

Prefacio 13

Primera parte EL CORAZÓN DE LA PAZ 17
    1   Enemigos en el desierto 19
    2   Los temas más profundos 27
    3   Paz en tiempos de guerra 38
    4   Comportamiento subyacente 47
    5   El patrón del conflicto 58
    6   Escalada 70
    7   Lo correcto y la forma correcta 76

Segunda parte DE LA PAZ A LA GUERRA 87
    8   Realidad 89
    19   El principio de una idea 97
    10   Elegir la guerra 103
    11   Necesidad de guerra 113
    12   El germen de la guerra 127
    13   Más germen de guerra 136
    14   El camino hacia la guerra 145

Tercera parte DE LA GUERRA A LA PAZ 161
    15   Disculpas 163
    16   Un regalo en época de guerra 169
    17   Marchando sin botas 178

18	Rendición	186
19	Encontrar la paz interior	194
20	Encontrar la paz exterior	202
21	Acción	216

Cuarta parte EXTENDER LA PAZ 225
22	Una estrategia de paz	227
23	Lecciones	241
24	Paz en el monte Moriah	248

APÉNDICE 253
  Análisis de los diagramas de Arbinger 255
  Profundizar: Los cuatro estilos de justificación 268
  Profundizar: Salir del cuadro 272

Acerca del Arbinger Institute 278
Cómo participar en Arbinger Social Partners
  y The Reconciliation Project 284

PREFACIO

Los conflictos están por todas partes. Proliferan en los centros de trabajo, en los hogares y en las comunidades. El problema es que son pocas las personas que saben afrontarlos. El *2013 Executive Coaching Survey*, publicado por la Universidad Stanford de EE. UU., por ejemplo, revela que la mayoría de los directores generales de empresas consideran que lo más importante para ellos es mejorar sus habilidades en la gestión de conflictos. Y un estudio entre progenitores ofrecería resultados similares.

¿Por qué sigue habiendo tanta confusión cuando la necesidad es tan grande? La respuesta es que en el conflicto, como en la magia, la acción se produce cuando las personas no están mirando. Por ejemplo, damos por hecho que la gente que tiene conflictos desea solucionarlos. Sin embargo, esto es cierto solo en parte. Evidentemente, los padres de niños problemáticos anhelan acabar con la beligerancia de sus retoños, las personas que trabajan para jefes tiránicos desean poner fin a la tiranía y está claro que los ciudadanos de naciones debilitadas quieren que se les trate con respeto. Sin embargo, debemos observar que todas las partes en conflicto esperan la misma solución: que sea la otra parte la que cambie. Siendo así, ¿debería sorprendernos el hecho de que los conflictos se eternicen y los problemas no desaparezcan?

Hay una cosa que las personas que tienen conflictos valoran más que las soluciones. *La anatomía de la paz* nos revela de qué se trata y nos enseña que los conflictos en el hogar, en el trabajo y en el mundo nacen todos de una misma causa básica. Es más, este libro nos muestra cómo malinterpretamos sistemáticamente esta causa y cómo perpetuamos de forma inconsciente aquellos problemas que creemos que estamos intentando solucionar.

La primera edición se publicó en 2006. Desde entonces se ha traducido a casi veinte idiomas y se ha convertido en un éxito de ventas permanente en el campo de la resolución de conflictos. Esta segunda edición ampliada incluye un nuevo apéndice con ayuda adicional para poner en práctica los conceptos estudiados.

La anatomía de la paz ha sido de gran utilidad para eliminar información compartimentada en empresas, ha transformado metodologías y resultados en la aplicación de las leyes, ha proporcionado un marco para solucionar los problemas de universidades enteras, ha limado desavenencias entre trabajadores y directivos, y ha salvado matrimonios y todo tipo de relaciones personales. Dirigentes empresariales y políticos, progenitores, profesores y profesionales de la resolución de conflictos lo utilizan como guía para encontrar soluciones a sus problemas más complicados.

El libro en sí mismo nos narra una historia. Un árabe, Yusuf al-Falah, y un judío, Avi Rozen, perdieron a sus respectivos padres a manos de los integrantes de la raza contraria. *La anatomía de la paz* es la historia de cómo se pusieron en contacto, cómo están ayudando a otras personas a unirse y cómo también nosotros podemos encontrar salida en las dificultades que nos abruman.

Los que hayan leído nuestro libro anterior, *Leadership and Self-Deception*, reconocerán a uno de sus personajes fundamentales, Lou Herbert, porque *La anatomía de la paz* hace retroceder en el tiempo al lector a la época en la que Lou conoció las ideas que transformaron su empresa y su vida.

Aunque algunas de las historias contenidas en este libro están inspiradas en hechos reales, ninguno de los personajes u organizaciones que se describen en él representa a una persona u organización concreta. En muchos sentidos, estos personajes son cada uno de nosotros. Comparten nuestros puntos fuertes y nuestras flaquezas, nuestras aspiraciones y nuestra desesperanza. Buscan soluciones para problemas que nos afligen a todos. Ellos son nosotros y nosotros somos ellos. Por eso sus lecciones nos aportan esperanza.

¿Esperanza? Sí. Porque nuestros problemas, como los suyos, no son lo que parecen. Esto es al mismo tiempo nuestro desafío y nuestra oportunidad.

PRIMERA PARTE
El corazón de la paz

1

ENEMIGOS EN EL DESIERTO

—¡No pienso ir! —El chillido que brotó de la garganta de la adolescente hizo que todas las miradas convergieran en ella—. ¡No podéis obligarme a ir!

La mujer a la que iban dirigidos los gritos intentó responderle:

—Jenny, escúchame.

—¡No voy a ir! Me da igual lo que digas. ¡No pienso ir!

En esto, la muchacha se giró hacia un hombre de mediana edad que parecía dividido entre el deseo de acogerla entre sus brazos y el de escurrirse sin ser visto.

—¡Papá, por favor! —imploró entre lágrimas.

Lou Herbert, que observaba la escena desde el otro lado del aparcamiento, supo que aquel hombre era el padre de Jenny antes incluso de que esta lo dijera. Podía verse reflejado en él. Reconoció la ambivalencia que él mismo sentía hacia su propio hijo, Cory, de dieciocho años de edad, que en ese momento se encontraba de pie a su lado, en actitud rígida.

Poco tiempo atrás, Cory había pasado un año en prisión por un asunto de drogas. Menos de tres meses después de salir de la cárcel, fue arrestado de nuevo por robar analgésicos por un valor de mil dólares, echando con ello más vergüenza sobre sí mismo y, en opinión de Lou, sobre su familia.

«Espero que este programa de tratamiento haga algo para enderezar a Cory», se dijo Lou para sus adentros. Volvió a dirigir la mirada hacia Jenny y hacia su padre, al que la chica se aferraba con desesperación. Se alegró de que Cory hubiera sido enviado allí por orden judicial. Eso significaba que montar una escena como la que estaba protagonizando Jenny podría suponer para él otra temporadita en la cárcel. Lou estaba seguro de que la mañana iba a transcurrir sin incidentes.

—Lou, por aquí.

Carol, su mujer, le estaba haciendo señas para que acudiera adonde ella se encontraba. Dando un tironcito del brazo a Cory, Lou le dijo:

—Vamos, tu madre nos está llamando.

—Lou, este es Yusuf al-Falah —dijo Carol presentándole al hombre que se encontraba a su lado—. El señor al-Falah es quien nos ha estado ayudando a arreglar todos los asuntos de Cory.

—Ah, sí —dijo Lou forzando una sonrisa.

Yusuf al-Falah era la mitad árabe de una curiosa sociedad establecida en el desierto de Arizona. Inmigrante procedente de Jerusalén a través de Jordania, había arribado en los años sesenta a Estados Unidos para ampliar su educación y había llegado a catedrático de la Universidad Estatal de Arizona. En el verano de 1978 hizo amistad con un joven israelí amargado, Avi Rozen, que había emigrado a Estados Unidos tras la muerte de su padre en la Guerra del Yom Kippur de 1973. Por aquel entonces, Avi estaba estudiando en la universidad y suspendiendo todas sus asignaturas una tras otra. En un programa experimental se le ofreció, junto a otros chicos a los que les estaba resultando muy difícil sacar sus cursos adelante, la oportunidad de enmendar su expediente académico pasando un verano en las montañas y los desiertos de Arizona. Al-Falah, que tenía quince años más que Rozen, era el director del programa.

Se trataba de un curso de supervivencia de cuarenta días, el tipo de experiencia al que los árabes e israelíes de la época de al-Falah y Rozen estaban acostumbrados desde su juventud. En el transcurso de los cuarenta días, los dos hombres conectaron entre sí. Uno musulmán y el otro judío, ambos consideraban la tierra —y a veces la misma tierra— como algo sagrado. De este respeto compartido por el suelo fue naciendo poco a poco un sentimiento de respeto mutuo, a pesar de sus diferentes creencias religiosas y de la lucha que dividía a sus pueblos.

O eso era lo que le habían contado a Lou.

Pero, en realidad, él contemplaba con bastante escepticismo el cuadro feliz que le habían pintado acerca de la relación entre al-Falah y Rozen. Le parecía más bien una operación de relaciones públicas, un juego que él conocía muy bien por su experiencia en el campo de la mercadotecnia. *Venid y seréis sanados por dos antiguos enemigos que ahora crían juntos a sus familias en paz y concordia.* Cuantas más vueltas le daba a la historia de al-Falah y Rozen, menos la creía.

Si se hubiera examinado a sí mismo en ese momento, no habría tenido más remedio que admitir que era precisamente esta intriga de Oriente Próximo que rodeaba a Camp Moriah, como se llamaba el lugar, lo que le había impulsado a coger el avión con Carol y Cory. Tenía un montón de razones para no haber ido. Cinco ejecutivos habían abandonado recientemente su empresa, lo que suponía un grave riesgo para la supervivencia de la compañía. Si tenía que pasar dos días alejado de ella, que era lo que al-Falah y Rozen le estaban pidiendo, tendría que haber sido para desconectar en un campo de golf o cerca de un estanque, no para condolerse con un grupo de padres desesperados.

—Gracias por ayudarnos —dijo a al-Falah con fingida gratitud. Por el rabillo del ojo seguía observando a aquella muchacha que no dejaba de chillar entre sollozos mientras se aferraba a su padre con uñas y dientes—. Da la impresión de que estáis muy ocupados por aquí.

Los ojos de al-Falah se entrecerraron en una sonrisa.

—Eso parece. Los padres se ponen a veces un poco histéricos en este tipo de situaciones.

«¿Los padres? —pensó Lou—. Si la histérica es la chica».

Pero, antes de que Lou pudiera señalárselo, al-Falah ya había entablado conversación con Cory.

—Tú debes de ser Cory.

—¿A ti qué te parece? —respondió el muchacho con impertinencia. Lou mostró su disconformidad hundiendo los dedos en el bíceps de Cory, que se encogió ante la maniobra de su padre.

—Encantado de verte, hijo —saludó al-Falah, sin hacer caso del tono de voz del chico—. Tenía muchas ganas de conocerte —e, inclinándose hacia él, añadió—: sin duda, muchas más de las que tú tenías de conocerme a mí. Me imagino que no te hará una ilusión loca estar aquí.

Cory tardó unos segundos en responder.

—No, la verdad es que no —dijo al fin retirando el brazo de entre los dedos de su padre. Se lo sacudió reflexivamente, como para eliminar cualquier fibra molecular de la mano de su progenitor que pudiera haber quedado adherida a él.

—No me extraña —respondió al-Falah clavando su mirada en Lou y luego otra vez en Cory—. No me extraña en absoluto. De todas formas, te voy a confesar una cosa. —Cory le miró con cautela—. Me sorprendería que siguieras sintiendo lo mismo durante mucho tiempo. Podrías, pero me sorprendería —y dándole unos golpecitos en la espalda, añadió—: Yo me alegro de que estés aquí, Cory.

—Vale, está bien —dijo Cory con menos impertinencia que antes. Luego, recuperando las formas anteriores, gorjeó—: Lo que tú digas.

Lou le lanzó una mirada furibunda.

—Y a ti, Lou —siguió diciendo al-Falah—, me imagino que tampoco te hace demasiada ilusión haber venido, ¿no?

—Todo lo contrario —respondió este forzando otra sonrisa—, estamos muy contentos de estar aquí.

Carol, de pie a su lado, sabía que no estaba siendo totalmente sincero. Pero, a pesar de todo, había ido. Tenía que reconocérselo. Su marido tenía la costumbre de quejarse por las incomodidades, pero al final era él quien solía tomar la decisión de hacer aquello que le resultaba incómodo. Se recordó a sí misma que tenía que centrarse en este dato positivo, en la parte buena de su marido, que estaba enterrada no muy por debajo de la superficie.

—Nos alegramos de que hayas venido, Lou —respondió al-Falah. Y volviéndose hacia Carol añadió—: Sabemos lo que supone para una madre dejar a su hijo en manos de otras personas. Es un honor que nos hayas concedido este privilegio.

—Muchas gracias, señor al-Falah —contestó Carol—. Para mí significan mucho sus palabras.

—Es lo que sentimos —respondió—. Y, por favor, llamadme Yusuf. Tú también, Cory —añadió girando la vista hacia el muchacho—. De hecho, *sobre todo* tú. Por favor, llámame Yusuf. O Yusi, si lo prefieres. Así es como suelen llamarme la mayoría de los jóvenes.

En lugar de responder con el sarcasmo engreído que había mostrado hasta ese momento, Cory se limitó a asentir.

Unos minutos más tarde, Carol y Lou contemplaron cómo Cory se subía a una furgoneta junto con los chicos con los que iba a pasar los siguientes sesenta días en la naturaleza. Es decir, todos menos Jenny, que, al darse cuenta de que su padre no iba a rescatarla, cruzó corriendo la calle y se sentó con beligerancia sobre una tapia de hormigón.

Lou observó que estaba descalza. Levantó la vista hacia el sol matutino de Arizona y pensó: «Dentro de poco se va a quemar y con ello quizá adquiera un ápice de sentido común».

Los padres de Jenny parecían no saber qué hacer. Lou vio que Yusuf se acercaba a ellos y que un par de minutos más tarde entraban en el edificio dirigiendo una última mirada hacia su hija. Jenny aulló cuando traspasaron la puerta y desaparecieron de su vista.

Lou y Carol deambularon por el aparcamiento con algunos padres más charlando de cosas intrascendentes. Conversaron con un hombre llamado Pettis Murray, procedente de Dallas (Texas), con una pareja apellidada López que vivía en Corvallis (Oregón) y con Elizabeth Wingfield, una londinense residente en Berkeley (California) con su marido, un profesor de estudios sobre Oriente Próximo invitado por la universidad. Como le sucedía a Lou, el interés de esta por Camp Moriah venía motivado en gran medida por la curiosidad que le suscitaban sus fundadores y la historia de estos. Había ido de mala gana para acompañar a su sobrino, cuyos padres no podían permitirse el viaje desde Inglaterra.

Carol hizo un comentario sobre la procedencia geográfica tan variada del grupo y, aunque todos asintieron y sonrieron, era evidente que la conversación era un mero trámite. La mayoría de los padres estaban preocupados por sus hijos, ya en la furgoneta, y constantemente lanzaban miradas furtivas en dirección a ellos. En cuanto a Lou, lo que más le interesaba era que nadie parecía estar ocupándose de Jenny.

Estaba a punto de preguntarle a Yusuf qué iba a hacer para que el vehículo pudiera salir con sus hijos hacia el campamento, pero, justo en ese momento, Yusuf dio unas palmaditas en la espalda al hombre con el que estaba hablando y echó a andar hacia la calle. Jenny no hizo ademán de prestarle atención.

—Jenny —gritó—, ¿estás bien?

—¿Tú qué crees? —chilló a su vez la muchacha—. No podéis obligarme a ir, ¿me oyes? ¡No podéis obligarme!

—Tienes razón, Jenny. No podemos obligarte. Y tampoco lo haríamos si pudiéramos. Ir o no ir depende solo de ti.

Lou se giró hacia la furgoneta con la esperanza de que Cory no hubiera oído esta última frase.

«Es posible que tú no puedas obligarle, Yusi —pensó—, pero yo sí puedo. Y también el tribunal».

Yusuf permaneció en silencio durante un minuto. Se limitó a

quedarse allí de pie mirando hacia la muchacha mientras de vez en cuando cruzaba algún coche entre ambos.

—¿Te importa que me acerque, Jenny? —preguntó finalmente.

Ella no respondió.

—Me voy a acercar y así podremos charlar.

Yusuf cruzó la calle y se sentó en el bordillo de la acera. Lou se esforzó por oír lo que hablaban, pero la distancia y el ruido del tráfico se lo impidieron.

—Muy bien, es hora de empezar.

Lou se volvió hacia el lugar de donde procedía la voz. Un hombre de pequeña estatura y aspecto juvenil, aunque con una ligera barriguita, estaba de pie ante la puerta del edificio con el rostro distendido en lo que a Lou le pareció una sonrisa exagerada. Tenía una espesa mata de pelo que le hacía parecer más joven de lo que realmente era.

—Entrad, si no os importa —dijo—. Creo que ya va siendo hora de empezar.

—¿Y qué pasa con nuestros hijos? —protestó Lou señalando el vehículo inmóvil.

—Estoy seguro de que se van a ir en seguida —respondió el hombre—. Ya habéis tenido ocasión de despediros, ¿verdad?

Todos asintieron.

—Estupendo. Entonces pasad por aquí, si no os importa.

Lou dirigió una última mirada hacia la furgoneta. Cory mantenía la vista fija al frente; aparentemente, no les estaba prestando ninguna atención. A pesar de ello, Carol agitó la mano llorando en dirección a él mientras todos los padres entraban juntos por la puerta.

—Avi Rozen —dijo el hombre de la cabellera espesa alargando la mano hacia Lou.

—Lou y Carol Herbert —respondió este con el tono indiferente que utilizaba cuando se dirigía a los que trabajaban para él.

—Encantado de conocerte, Lou. Bienvenida, Carol —dijo Avi inclinando la cabeza en un gesto de ánimo.

Atravesaron la puerta formando fila detrás de los demás y subieron las escaleras. Aquel iba a ser su hogar en los dos días siguientes.

«Dos días durante los cuales más nos vale enterarnos bien de lo que van a hacer para corregir a nuestro hijo», pensó Lou.

2
LOS TEMAS MÁS PROFUNDOS

Lou echó un vistazo a la sala. Había unas diez sillas colocadas formando una U. Se sentó en la primera de ellas. Los padres de Jenny estaban sentados frente a él. El rostro de la madre estaba tenso de preocupación. Tenía manchas rojas en el cuello y en la cara. El padre tenía la mirada perdida en el suelo.

Detrás de ellos, Elizabeth Wingfield (demasiado arreglada, en opinión de Lou, con su elegante traje de chaqueta) se estaba sirviendo una taza de té en el mostrador situado en la pared del fondo de la habitación.

Mientras tanto, Pettis Murray, el hombre de Dallas, se sentó a la mitad del semicírculo a la derecha de Lou. En opinión de este último, parecía bastante avispado, con su aire de ejecutivo: cabeza erguida, mandíbula tensa, en guardia.

La pareja que se sentaba al otro lado de Pettis no podía ser más dispar. Miguel López era un hombretón enorme, con tatuajes que cubrían prácticamente cada centímetro cuadrado de la piel de sus brazos desnudos. Tenía una barba y un bigote tan cerrados que la cinta que llevaba anudada alrededor de la cabeza era lo único que impedía que su rostro estuviera totalmente oscurecido por el pelo. Su mujer, Ria, por el contrario, apenas medía metro cincuenta de altura y era de complexión delgada. En el aparcamiento había sido la más parlanchina del grupo, mientras que Miguel se había mantenido en silencio. Ria saludó con la cabeza a Lou y una breve sonrisa curvó hacia arriba las comisuras de sus labios. Él, a su vez, inclinó la cabeza para responder a su saludo y siguió examinando la habitación.

Al fondo, completamente sola, se encontraba una persona que Lou todavía no conocía: una mujer afroamericana a la que calculó unos cuarenta y tantos años. A diferencia de los demás, que tenían hijos participando en el programa, no había estado fuera para despedir a los chicos. Lou se preguntó si habría traído a algún muchacho, si sería una trabajadora de Camp Moriah o si tendría alguna otra razón para estar allí.

Se giró hacia adelante con los brazos cruzados con suavidad sobre el pecho. Una de las cosas que odiaba era perder el tiempo y tenía la sensación de no haber hecho otra cosa desde que habían llegado.

—Gracias a todos por venir —dijo Avi mientras caminaba hacia el frente de la sala—. Tenía muchas ganas de conoceros en persona y de conocer a vuestros hijos. En primer lugar, sé que estáis preocupados por ellos; sobre todo vosotros, Teri y Carl —dijo mirando brevemente a los padres de Jenny—. Vuestra presencia aquí da testimonio de lo mucho que los queréis. No tenéis por qué preocuparos por ellos. Los vamos a cuidar bien.

»De hecho —dijo tras una breve pausa—, ellos no son los que más me preocupan.

—Entonces, ¿quién te preocupa? —preguntó Ria.

—Tú, Ria. Todos vosotros.

—¿Nosotros? —repitió Lou sorprendido.

—Sí —dijo Avi con una sonrisa.

Lou no había sido jamás de los que se echan para atrás cuando perciben un reto. Había combatido en Vietnam como sargento del cuerpo de marines y aquella experiencia tan terrible le había endurecido y, al mismo tiempo, le había hecho más perspicaz. Sus hombres le llamaban Hellfire Herbert[1], un nombre que reflejaba tanto

---

[1] Herbert Fuego del Infierno. *(N. de la T.)*

su naturaleza ruidosa y audaz como la devoción que sentía por su unidad, llevada hasta las últimas consecuencias. Sus hombres le temían y le reverenciaban: para la mayoría, era la última persona sobre la tierra con la que les gustaría irse de vacaciones, pero ningún otro jefe de los marines consiguió volver a casa con tantos de sus hombres vivos.

—¿Y por qué somos lo que más te preocupa? —preguntó Lou con tono cortante.

—Porque no creéis que deberíais serlo —respondió Avi.

Lou se rió educadamente.

—Un razonamiento un tanto circular, ¿no te parece?

Los demás miembros del grupo, como si fuesen espectadores de un partido de tenis, volvieron la mirada hacia Avi esperando su respuesta.

Avi sonrió y durante unos instantes se quedó contemplando el suelo y pensando.

—Háblanos de Cory, Lou —dijo finalmente—. ¿Cómo es?

—¿Cory?

—Sí.

—Es un chico de mucho talento que está malgastando su vida —respondió Lou como quien no quiere la cosa.

—Pero es un chico estupendo —interrumpió Carol mirando a Lou con recelo—. Ha cometido algunos errores, pero en el fondo es un buen chico.

—¿Un buen chico? —exclamó Lou con aire de burla y perdiendo su aire de indiferencia—. Por el amor de Dios, es un *convicto*... ¡y por dos veces! Está claro que tiene capacidad para ser bueno, pero la capacidad por sí sola no basta. No estaríamos aquí si fuese un chico tan bueno.

Carol se mordió los labios y los demás padres de la habitación se removieron incómodos en sus asientos.

Consciente del malestar generado, Lou se inclinó hacia adelante y añadió:

—Siento hablar con tanta claridad, pero no estoy aquí para celebrar los logros de mi hijo. Con franqueza, tengo un enfado de campeonato.

—Permíteme disputarte el primer puesto, si no te importa —bromeó la señora Wingfield. Estaba sentada a la derecha de Lou, dos sillas más allá, al otro lado de Carol.

—Desde luego —respondió él con una sonrisa—. Mis disculpas a la competidora.

Ella inclinó la cabeza en actitud condescendiente.

Fue un momento desenfadado que sirvió de alivio a todos los presentes en la sala después de lo complicada que había sido gran parte de su vida reciente.

—Lou tiene razón —dijo Avi cuando el momento pasó—. No nos encontramos aquí porque nuestros hijos hayan estado eligiendo bien su camino, sino porque lo han estado eligiendo mal.

—Eso es lo que estoy diciendo —asintió Lou.

Avi sonrió.

—Entonces, ¿qué solución tenemos? ¿Cómo podemos mejorar los problemas que estáis viviendo en vuestras familias?

—Me parece que es obvio —respondió Lou directamente—. Estamos aquí porque nuestros hijos tienen problemas. Y Camp Moriah se dedica a ayudar a los chicos a solucionar sus problemas, ¿no es así?

Carol se encrespó ante el tono de voz de Lou. Estaba hablando con la voz que utilizaba en la sala de juntas: directa, desafiante y abrasiva. Rara vez utilizaba ese tono con ella, pero en los últimos años se había convertido en la voz de sus interacciones con Cory. No recordaba la última vez en que ambos habían mantenido una auténtica conversación. Cuando hablaban, era una especie de combate verbal de lucha libre en el que cada uno intentaba anticipar los movimientos de su adversario buscando los puntos débiles que podía luego aprovechar para forzar la sumisión del otro. Como no había ninguna colchoneta sobre la que aprisionar el cuerpo del contrario, estos combates verbales terminaban en tablas: cada uno proclamaba haber obtenido una victoria fútil mientras seguía viviendo una derrota continua. Ella pedía ayuda al cielo en silencio, como le habían enseñado a hacer sus padres, unas personas sumamente religiosas. No estaba segura de si realmente existía un cielo ni de si podría recibir algún tipo de ayuda de él, pero, de todas formas, le transmitía su necesidad.

Avi sonrió con amabilidad.

—De modo, Lou, que Cory es un problema. Eso es lo que quieres decir.

—Sí.

—Necesita que le corrijan de alguna manera; que le cambien, que le motiven, que le disciplinen, que le arreglen.

—Efectivamente.

—¿Y lo has intentado?

—¿El qué?

—Cambiarle.

—Por supuesto.

—¿Y funcionó? ¿Has conseguido cambiarle?

—Todavía no, pero para eso estamos aquí. Algún día, por muy duro de mollera que sea, captará la idea. De una forma o de otra.

—Es posible —dijo Avi sin convicción.

—¿No tienes fe en el éxito de tu programa? —preguntó Lou con incredulidad.

—Depende.

—¿De qué?

—De ti.

Lou gruñó.

—¿Cómo va a depender el éxito de tu programa de mí cuando sois vosotros los que vais a estar trabajando con mi hijo durante los próximos dos meses?

—Tú vas a estar viviendo con él durante todos los meses siguientes —respondió Avi—. Nosotros podemos ayudar, pero si al regresar a casa se encuentra en el mismo entorno familiar, es poco probable que todo lo bueno que haya podido pasar aquí sirva para cambiar las cosas. Yusuf y yo somos solo suplentes temporales. Carol y tú, todos vosotros con vuestros respectivos hijos —dijo señalando al grupo—, sois los ayudantes que realmente importan.

«Estupendo —pensó Lou—. Una pérdida de tiempo».

—Dijiste que querías que Cory cambiara —dijo una voz desde atrás sacando a Lou de sus pensamientos. Era Yusuf, que al fin se había unido al grupo.

—Sí —respondió Lou.

—Es lógico —dijo Yusuf—; pero si eso es lo que deseas, hay algo que debes saber.

—¿El qué?

—Que para fomentar un cambio en él, primero debes cambiar algo en ti.

—¿Ah, sí? —exclamó Lou desafiante—. ¿Y qué es lo que tengo que cambiar?

Yusuf caminó hacia la pizarra, que cubría casi toda la pared delantera de la sala.

—Voy a dibujaros una cosa —dijo.

—Para cuando termine el día de mañana —dijo Yusuf volviéndose hacia el grupo—, habremos formulado una estrategia muy precisa para ayudar a los demás a cambiar. Esta estrategia quedará reflejada en un diagrama que llamamos la Pirámide de la Influencia. Todavía no estamos preparados para analizar detalladamente esta pirámide, por lo que me he limitado a dibujar su estructura básica. Esta estructura general nos ayudará a descubrir un cambio fundamental que tiene que producirse en nosotros si queremos conseguir un cambio en los demás.

—De acuerdo, voy a seguirte el juego —dijo Lou—. *¿Qué* cambio fundamental?

—Observad las dos áreas de la pirámide —invitó Yusuf—. Como veis, el área claramente mayor es la que he etiquetado con

la frase «Ayudar a que las cosas vayan bien». En comparación, la zona de «Tratar las cosas que van mal» es diminuta.

—Entendido —dijo Lou preguntándose qué podría significar aquello.

Yusuf continuó.

—La pirámide sugiere que deberíamos emplear mucho más tiempo y esfuerzo en ayudar a que las cosas vayan bien que en tratar las cosas que van mal. Sin embargo, por desgracia esta dedicación de tiempo y esfuerzo suele ser al revés. Empleamos la mayor parte del tiempo que pasamos con los demás tratando cosas que van mal. Intentamos dirigir a nuestros hijos, cambiar a nuestra pareja, corregir a nuestros empleados y castigar a todo aquel que no actúa como nosotros quisiéramos. Y cuando no estamos *haciendo* esto, estamos *pensando* en hacerlo o *preocupándonos* por hacerlo. ¿Estoy en lo cierto?

Yusuf paseó la mirada por la sala buscando una respuesta.

—Por ejemplo, Lou —dijo—, ¿sería acertado decir que gran parte del tiempo que pasas con Cory te dedicas a criticarle y a desafiarle?

Lou reflexionó unos momentos. Sin duda, eso era lo que sucedía en su caso, pero no estaba dispuesto a admitirlo tan pronto.

—Sí, yo diría que sí —admitió Carol por él.

—Gracias —murmuró Lou por lo bajo. Carol tenía la vista clavada al frente.

—Eso es también lo que yo hago —dijo Yusuf viniendo en ayuda de Lou—. Cuando tenemos un problema ante nosotros, lo más natural es intentar corregirlo. Lo malo es que, cuando estamos trabajando con personas, esto no suele servir para nada. Los correctivos rara vez ayudan a un niño que está de morros, por ejemplo, o a un cónyuge preocupado, o a un colega del trabajo que nos está culpando de algo. Dicho de otro modo, la mayoría de los problemas de la vida no se solucionan simplemente con el castigo.

—¿Y qué es lo que sugieres? —preguntó Lou—. Si tu hijo estuviera metido en asuntos de drogas, ¿qué harías, Yusuf? ¿Te limitarías a ignorarlo? ¿Nos estás diciendo que no deberíamos intentar cambiarlo?

—Quizá debamos empezar por una situación menos extrema —respondió Yusuf.

—¿Menos extrema? ¡Esa es la situación que estoy viviendo! Esa es la que yo tengo que afrontar.

—Sí, pero no es lo único que tienes que afrontar. Carol y tú no estáis metidos en asuntos de drogas, pero estoy seguro de que no por eso estáis siempre a gusto juntos.

Lou recordó que, durante el vuelo del día anterior, Carol no le había dirigido la palabra. No le había gustado la forma en la que había tratado a Cory y le comunicó su desagrado callándose como si fuera muda. Con frecuencia, justo debajo de la superficie de su silencio se escondían las lágrimas. Lou sabía lo que significaba aquel silencio —que él, Lou, no estaba a la altura de las circunstancias—

y le dolía. Ya tenía suficientes problemas con el chico; no se merecía las charlas silenciosas y lacrimógenas.

—No somos perfectos —admitió.

—Yo tampoco lo soy con Lina, mi mujer —dijo Yusuf—. ¿Y sabes lo que he descubierto? Que cuando Lina está enfadada conmigo por cualquier causa, lo menos útil que puedo hacer es criticarla o intentar corregirla. Cuando está enfadada, es por alguna razón. Yo puedo creer que está equivocada y que sus razones no son legítimas, pero jamás he conseguido convencerla de eso contraatacando —miró a Lou y a Carol—. ¿Y vosotros? ¿Os ha servido de algo intentar cambiar al otro?

Lou se mordisqueó pensativamente el interior de la mejilla recordando las discusiones que había tenido con Carol cuando esta se negaba a hablarle.

—No, supongo que no —respondió finalmente—. En cualquier caso, por regla general, no.

—Por tanto, para muchos de los problemas que nos plantea la vida —dijo Yusuf—, las soluciones tienen que ser más profundas que la simple disciplina o correctivo.

Lou reflexionó durante un momento sobre estas palabras.

—Y analicemos ahora tu pregunta más complicada —continuó Yusuf—: ¿qué debo hacer si mi hijo está metido en algo realmente peligroso como, por ejemplo, las drogas? ¿Qué hago en ese caso? ¿No debo intentar cambiarle?

—Exacto —asintió Lou.

—Y la respuesta, evidentemente, es que sí —dijo Yusuf.

Esta afirmación pilló por sorpresa a Lou y le obligó a tragarse la respuesta que había estado pensando.

—Sin embargo, no voy a poder invitar a mi hijo a que cambie si mis interacciones con él son fundamentalmente para hacerle cambiar.

Ante esta respuesta, Lou se sintió perdido y frunció el entrecejo. Empezó recargar su mente de objeciones.

—Me convierto en un agente del cambio —continuó Yusuf— solo cuando empiezo a vivir para ayudar a que las cosas vayan bien en lugar de simplemente para corregir lo que está mal. Por ejemplo, en lugar de limitarme a corregir, tengo que recargar mis enseñanzas, mi ayuda, mi escucha y mi aprendizaje con una energía nueva. Tengo que dedicar tiempo y esfuerzo a crear buenas relaciones. Si no trabajo la parte inferior de la pirámide, no tendré éxito en la de arriba.

»Veamos a Jenny, por ejemplo —continuó—, que en este momento está ahí afuera, sentada en una tapia, negándose a unirse a los demás chicos.

«¿Todavía está ahí?», se preguntó Lou.

—No quiere participar en el programa —siguió diciendo Yusuf—. Y en realidad es comprensible. ¿Qué chica de diecisiete años se muere por pasar sesenta días durmiendo en el duro suelo y alimentándose a base de gachas de maíz y bichos que debe cazar por sus propios medios con una pala hecha por ella misma?

—¿Es eso lo que tienen que hacer en este campamento? —preguntó Ria.

—Bueno, más o menos —sonrió Yusuf—. Un poco menos primitivo.

—Pero no mucho menos —interrumpió Avi con una risita.

Ria abrió unos ojos como platos y se retrepó en su asiento intentando imaginar cómo iba a adaptarse su hijo a aquel entorno. Su marido, Miguel, por el contrario, asintió con la cabeza mostrando su aprobación.

—¿Y qué es lo que hacemos en este caso? —preguntó retóricamente Yusuf—. Cualquier intento de disciplinar o corregir su conducta no tiene muchas probabilidades de servir para nada, ¿no os parece?

—Pues no lo sé —dijo Lou protestando, más por costumbre que por convicción—. Si de mí dependiera, habría ido hacia ella y le habría dicho que metiera el trasero en la furgoneta.

—Muy caballeroso por tu parte, Lou —bromeó Elizabeth.

—¿Y qué habrías hecho si ella se hubiera negado? —preguntó Yusuf.

Lou dirigió la vista hacia Elizabeth.

—En ese caso, la hubiera obligado a entrar en ella —respondió articulando con gran cuidado cada palabra.

—Sin embargo, Camp Moriah es una organización privada sin autoridad estatal —contestó Yusuf— y sin ningún deseo de crearse problemas adicionales intentando obligar de malos modos a la gente a hacer lo que queremos que haga. No forzamos a los chicos a apuntarse a nuestros programas.

—Entonces tenéis un problema —dijo Lou.

—Sí, está claro que sí —asintió Yusuf—. El mismo problema que tenemos cada uno de nosotros en nuestra familia. Y el mismo problema que tienen entre sí los compañeros de trabajo y los distintos países. Todos estamos rodeados de personas autónomas que no siempre se comportan como a nosotros nos gustaría.

—¿Y qué es lo que hacéis cuando os encontráis en un caso de estos? —preguntó Ria.

—Aprendemos muy bien los asuntos más profundos —respondió Yusuf—; aprendemos a ayudar a hacer que las cosas vayan bien.

—¿Y cómo lo hacéis? —siguió inquiriendo Ria.

—Eso es precisamente de lo que vamos a hablar aquí durante los próximos dos días —contestó Yusuf—. Vamos a empezar con el asunto más profundo de todos, un problema que me gustaría presentar retrocediendo unos novecientos años en la historia, hasta una época en la que todo iba realmente mal.

3

PAZ EN TIEMPOS DE GUERRA

—En junio del año 1099 —empezó a explicar Yusuf—, los cruzados del mundo occidental pusieron sitio a Jerusalén. Al cabo de cuarenta días, penetraron por el muro norte e invadieron la ciudad. En dos días mataron a la mayoría de los pobladores musulmanes. Los últimos supervivientes se vieron obligados a transportar a los muertos a grandes fosas comunes sin nombre en las que apilaban los cadáveres en montones y luego les pegaban fuego. A continuación, estos supervivientes fueron masacrados o vendidos como esclavos.

»Los judíos, aunque no eran tan numerosos, no corrieron mejor suerte. Se refugiaron en la sinagoga principal, pero los invasores bloquearon las salidas y apilaron madera alrededor del edificio. Luego le prendieron fuego y quemaron vivos a todos excepto a unos pocos que consiguieron escapar. También estos pocos fueron asesinados en las callejuelas estrechas de la ciudad cuando intentaban huir.

»La brutalidad se extendió asimismo a los cristianos locales que oficiaban en los lugares sagrados de la cristiandad. Estos sacerdotes fueron expulsados, torturados y obligados a desvelar el emplazamiento de las preciosas reliquias que luego les fueron arrebatadas.

»Así empezaron casi dos siglos de luchas entre los invasores de Occidente y los habitantes de Oriente Próximo. En la mente de muchos de los que hoy residen en esa zona, los combates actuales no son sino una continuación de aquella antigua batalla por Tierra Santa. Siguen viendo a los poderes americanos y europeos como cruzados invasores.

—Dado que soy la única europea presente en la sala —dijo Elizabeth—, ¿te importaría si hablo un momento acerca de los cruzados?

—En absoluto —respondió Yusuf—. Adelante.

—Conozco un poco de esta historia. Para empezar, es importante que comprendamos la historia de Jerusalén. Fue una ciudad judía durante la mayor parte de la antigüedad hasta que Roma la saqueó en el año 70 dC. Tras la muerte de Cristo, sus seguidores empezaron a difundir su Evangelio por toda la región. Con el tiempo, el cristianismo se convirtió en la religión oficial del Imperio Romano y se extendió con rapidez por todos sus territorios, incluida Jerusalén. En el año 638 dC., cuando los musulmanes la invadieron, la ciudad llevaba trescientos años siendo plenamente cristiana. Por eso, cuando los caballeros de la Primera Cruzada la tomaron, lo hicieron convencidos de que estaban recuperando algo que les había sido arrebatado. Ellos, al igual que los musulmanes contra los que estaban combatiendo, creían que la ciudad les pertenecía de pleno derecho.

—De todas maneras —interrumpió Pettis—, eso no justifica las atrocidades que cometieron.

—Efectivamente —asintió Elizabeth—; no las justifica.

—Venga, hombre —exclamó Lou—, los cruzados no fueron los únicos que cometieron atrocidades. También los musulmanes tenían las manos manchadas de sangre.

—¿Ah, sí? —preguntó Pettis—. Desconozco la historia, pero me parece muy interesante y me encantaría oírla.

—Lou tiene razón en ese aspecto —dijo Elizabeth—. Yusuf ya nos ha ofrecido un ejemplo de las atrocidades cometidas por los occidentales. Uno de los primeros ejemplos de las barbaridades de los musulmanes sería la masacre de Banu Qurayza, la última tribu judía de Medina. En los primeros tiempos del islam, los ejércitos musulmanes decapitaron a toda la tribu.

—Y hoy en día se suicidan con explosivos para mutilar y asesinar a civiles inocentes —espetó Lou.

Elizabeth, molesta por la interrupción, frunció los labios en actitud de reproche.

—Estoy de acuerdo con Elizabeth en que hay detalles sórdidos por ambas partes —dijo Yusuf—. Sin embargo, me gustaría presentaros a una figura bastante menos sórdida.

»Tras tomar Jerusalén en 1099 —continuó—, los cruzados se hicieron con el control de la mayoría de las regiones costeras de Oriente Próximo, un control que mantuvieron durante aproximadamente ochenta años. Lo consiguieron en gran medida por las luchas intestinas entre los dirigentes militares y políticos musulmanes rivales. Sin embargo, esta situación empezó a cambiar con el ascenso al poder del sultán turco Nûr al-Dîn, que unificó a los distintos pueblos de Siria. Con la llegada de su sucesor, Yûsuf Salâh al–Dîn, o simplemente Saladino, como se le conoce en Occidente, la situación se puso totalmente del lado de la resistencia musulmana. Saladino unificó a todos los pueblos musulmanes desde Siria a Egipto y movilizó su resistencia colectiva. Sus ejércitos volvieron a conquistar Jerusalén en 1187.

»En términos militares, políticos y de cualquier otro tipo, Saladino fue el líder más competente de ese periodo. Sus éxitos fueron tan sorprendentes y rotundos que en ocasiones los historiadores aducen que se debieron a la suerte y a la buena fortuna. Sin embargo, después de haber estudiado bien su vida, yo estoy convencido de que consiguió el éxito en la batalla por una razón mucho más profunda, una razón que, de primeras, no parece tener relación alguna con la guerra.

—¿Sí? —preguntó Pettis—. ¿Y qué razón es esa?

—Para entenderla —respondió Yusuf—, debemos intentar ver a este hombre desde una perspectiva algo más halagüeña. Dejadme que os cuente una historia. En cierta ocasión se presentó ante él un centinela acompañado de una mujer del campamento enemigo que no cesaba de sollozar. Aquella mujer había pedido al centinela, histérica, que la condujera ante Saladino. Al llegar ante él, se arrojó al suelo y le dijo: «Ayer entraron en mi tienda unos ladrones musulmanes y me robaron a mi hija pequeña. He pasado toda la noche llorando porque creía que no iba a volver a verla nunca más. Sin embargo, nuestros comandantes me han dicho que tú, el rey de los musulmanes, eres compasivo». Le estaba pidiendo ayuda.

»A Saladino se le saltaron las lágrimas. Envió inmediatamente a uno de sus hombres al mercado de esclavos para que encontrara a la niña. Al cabo de una hora consiguió al fin localizarla y se la devolvió a su madre, a la que escoltaron de vuelta al campamento enemigo.

Yusuf hizo una breve pausa.

—Si investigarais la vida de Saladino, descubriríais que esta historia es muy propia de él. Era famoso por su bondad, tanto con sus aliados como con sus enemigos.

—Dudo que los que encontraron la muerte en la punta de su espada le consideraran una persona buena —interrumpió Elizabeth—. Sin embargo, estoy de acuerdo en que, si lo comparamos con el resto de los hombres de ese periodo, era un poco mejor que los demás.

Lou no se dejó impresionar. Su mente voló a Vietnam y a los jóvenes de su regimiento que habían muerto en la selva. Cuando regresó a casa, decidió visitar a las madres de todos los soldados fallecidos bajo su mando. Durante dos años recorrió cincuenta y tres ciudades, desde Seattle y San Diego, en el Oeste, hasta Portland (Maine) en el Este y Savannah (Georgia) en el Sur. Se sentó en el cuarto de estar de unos hogares a los que aquellos hombres jamás iban a regresar y acogió entre sus brazos a las madres afligidas mientras les narraba las hazañas heroicas de sus hijos. Él quería a sus hombres. Después incluso de tantos años, seguía soñando con maniobras que le hubieran permitido salvar a más.

«Ser amable y compasivo está muy bien —pensó—, pero son características escasamente recompensadas en tiempos de guerra».

—Ahora que ya tenemos hecho el retrato del personaje —continuó diciendo Yusuf—, vamos a comparar la toma de Jerusalén por parte de Saladino con la invasión inicial de los cruzados. En la primavera de 1187, tras la ruptura de una tregua por parte de los cruzados, Saladino convocó a las fuerzas del islam y las reunió en Damasco. Tenía la intención de avanzar, aunando esfuerzos, contra los ocupantes para expulsarlos de sus tierras.

—Si me permites una pequeña puntualización —volvió a interrumpir Elizabeth—, no está muy claro quién estaba ocupando a quién. Como ya dije antes, cada uno de los dos bandos consideraba al otro como una fuerza de ocupación.

—Efectivamente —dijo Yusuf—. Perdón por la imprecisión. Bueno, resumiendo, Saladino tendió una trampa a las fuerzas ocupantes..., o mejor dicho, occidentales..., cerca del mar de Galilea. Unos pocos consiguieron escapar, entre ellos un líder llamado Balián de Ibelín. Balián huyó a Tiro, desde donde, a través de un mensajero, envió una sorprendente petición a Saladino: le preguntaba si podía ir a Jerusalén para recoger a su mujer y llevarla a Tiro. Prometió no alzarse en armas para defender la ciudad. Y Saladino accedió a esta petición.

»Sin embargo, cuando Balián llegó a Jerusalén, descubrió que no había nadie que pudiera dirigir la defensa de la ciudad. Entonces le rogó a Saladino que le eximiera de su compromiso. Quería quedarse y dirigir la resistencia contra el ejército musulmán. ¡Saladino no solo se lo permitió, sino que envió una escolta para que condujera con seguridad a la mujer de Balián desde Jerusalén a Tiro!

Lou dejó escapar un gruñido que todos pudieron escuchar.

—Sí, Lou. Resulta difícil de imaginar, ¿verdad?

—Bueno, supongo que la mujer de Balián era un bellezón. Es todo lo que puedo decir —respondió Lou mirando a su alrededor para ver si alguien se reía de su comentario. Miguel le complació; le bailaban los ojos de risa mientras sus anchos hombros se agitaban con las carcajadas. En el resto de los presentes, sin embargo, la broma no hizo mella alguna. Carol sacudió la cabeza ligeramente y se esforzó por recordar que Lou era mucho mejor persona por dentro de lo que en ocasiones sugerían sus bravatas. Sabía que la conducta de su marido estaba exacerbada por el estrés que le ocasionaba tener que permanecer lejos del trabajo cuando tantos problemas tenía en él.

—El sitio de Jerusalén empezó el 20 de septiembre —continuó explicando Yusuf—. Nueve días más tarde, los hombres de Saladino consiguieron abrir una brecha en el muro cerca del lugar por donde habían entrado los cruzados casi noventa años antes. Saladino dio órdenes estrictas a sus hombres de no hacer daño a un solo cristiano ni adueñarse de ninguna de sus posesiones. Reforzó las guardias en los lugares de oración de los cristianos y anunció que los pueblos derrotados serían bienvenidos en Jerusalén como peregrinos siempre que deseasen ir.

»Como forma de reaprovisionar el tesoro, Saladino diseñó con Balián una estructura de rescate por cada uno de los habitantes de la ciudad. Sus hombres protestaron diciendo que las cantidades que se pedían eran demasiado bajas, pero a Saladino le preocupaban los pobres. De hecho, estaba tan preocupado por ellos que dejó que muchos se fueran sin pagar ningún rescate. Incluso entregó regalos a las viudas y a los niños que salieron. Sus oficiales se opusieron a esta medida afirmando que, si iban a dejar escapar a tantas personas sin ninguna compensación, al menos deberían aumentar el rescate de los ricos. Pero Saladino se negó. El mismo Balián pudo irse con una buena suma de dinero. Saladino envió incluso una escolta para que le protegiera durante su viaje de regreso a Tiro.

Yusuf paseó la mirada por todo el grupo.

—A mí me parece inquietantemente débil —dijo Lou.

—Sí —respondió Yusuf—, tan débil que fue el líder militar de más éxito en su época y sigue siendo reverenciado hoy en día.

—No por eso deja de ser débil —insistió Lou—. Y blando.

—¿Por qué dices eso, Lou? —inquirió Elizabeth.

—Bueno —contestó Lou—, ya habéis oído a Yusuf. Dejó que todas aquellas personas se aprovecharan de él.

—¿Te refieres a que les perdonó la vida?

—Y a que les dejó llevarse el tesoro.

—Pero es que su objetivo no era el tesoro. Estaba intentando establecer una victoria duradera.

—En ese caso, ¿por qué no librarse de sus enemigos? —objetó Lou—. Si les dejas que se vayan tranquilamente, les estás permitiendo que combatan contra ti otro día. Sé lo que me digo: luché en Vietnam. Si hubiéramos hecho lo mismo, nos habrían masacrado.

Pettis intervino.

—En Vietnam nos masacraron, Lou.

La espalda de Lou se puso rígida. Despidiendo fuego por los ojos, se volvió hacia Pettis.

—Oye, Pettis, ¿por qué no hablas solo de lo que conoces, eh? No tienes ni idea de lo que era Vietnam... ni del heroísmo que mostraron allí nuestros hombres.

—Fuerzas Aéreas —respondió Pettis—. Escuadrón de Combate Táctico 555. Dos años de servicio. —Contempló tranquilamente a Lou—. ¿Y tú?

Lou se quedó desconcertado y murmuró unas palabras incomprensibles antes de decir de forma apresurada:

—Cuatro años en Vietnam. II Batallón, 9.º de Marines. «El Infierno en un Casco», así nos llamábamos. Lo siento —añadió mirando a Pettis.

Este hizo un movimiento con la cabeza.

—No necesitas disculparte.

—Dos veteranos en el grupo —Yusuf sonrió con entusiasmo—. ¡Espléndido! Lou, has dicho que Saladino te parecía débil o blando.

Lou asintió pero, en esta ocasión, casi mansamente.

—¿Y supones que los defensores de las ciudades que capturó una a una le consideraron débil? ¿Que los dirigentes musulmanes rivales a los que sometió le consideraron débil? ¿Que aquellos que no habían sido derrotados por nadie más que por él le consideraron débil?

Lou dudó unos momentos.

—No —respondió con tono más apagado—. Supongo que no.

—No, seguro que no. Y la razón es muy sencilla: porque *no era* débil. De hecho, era notable e infaliblemente fuerte. Pero era algo más que fuerte; o quizá, por hablar con más propiedad, algo más profundo que fuerte. Y esta característica extra le diferenciaba del resto de sus contemporáneos que, aunque eran fuertes, no consiguieron el éxito.

Yusuf hizo una pausa momentánea.

—¿Y qué característica era esa? —inquirió Pettis—. ¿Cuál era esta característica extra, este algo más profundo?

—El factor más importante para contribuir a que las cosas vayan bien.

—¿Que es...? —siguió preguntando Pettis.

—El secreto de Saladino en la guerra —respondió Yusuf— era que tenía el corazón en paz.

Aquello fue demasiado para Lou.

—¿El corazón en paz dices, Yusuf? —preguntó con tono cortante—. ¿Es este tu secreto, que Saladino tenía el corazón en paz?

—Sí.

—Debes estar de broma —afirmó mirando primero a Pettis y luego a los demás con ojos burlones que buscaban aliados. Creyó haber encontrado lo que buscaba en Pettis, que parecía ensimismado en sus pensamientos con el ceño profundamente fruncido.

Luego miró a Elizabeth, pero no fue capaz de leerle la mente. Volvió al ataque sin quitarle la vista de encima mientras hablaba:

—Entonces ¿el secreto de la guerra es tener el corazón en paz? —preguntó con sarcasmo volviéndose de nuevo hacia Yusuf.

—Sí, Lou —respondió Yusuf sin inmutarse—. Y no solo en la guerra. Es también el secreto para alcanzar el éxito en los negocios y en la vida familiar. El estado en el que esté tu corazón en relación con tus hijos, ya sea en paz o en guerra, es con mucho el factor más importante de esta intervención que estamos emprendiendo. Y es también lo que en mayor grado va a determinar tu capacidad para dirigir con éxito tu empresa entre los desafíos generados por las recientes deserciones.

Este comentario desconcertó por completo a Lou. No estaba acostumbrado a que la gente hiciera frente a sus sarcasmos, y el desarrollo todavía más atrevido de su tesis que había planteado Yusuf y su comentario incisivo acerca de los problemas de su empresa le habían cogido con la guardia baja.

Miró de reojo a Carol dando por sentado que ella había sido la fuente de información. Pero Carol mantuvo la mirada fija al frente sin darse por enterada de nada.

4

COMPORTAMIENTO SUBYACENTE

En ese momento, uno de los jóvenes empleados de la compañía entró en la sala y susurró algo al oído de Yusuf. Tras excusarse, Yusuf salió rápidamente tras él.

Cuando se hubo ido, Pettis dijo a Avi:

—No tengo muy claro lo que quería decir Yusuf cuando hablaba de tener el corazón en paz. ¿Podrías explicárnoslo un poco más?

—Claro —respondió Avi—. Para empezar, vamos a comparar la reconquista de Jerusalén por parte de Saladino con la conquista anterior por parte de los cruzados. —Y preguntó dirigiendo la mirada hacia Pettis—: ¿Observas alguna diferencia entre las dos victorias?

—Desde luego —respondió Pettis—. Los cruzados se comportaron como auténticos bárbaros.

—¿Y Saladino?

—Podríamos decir que mostró una actitud casi humanitaria. Al menos, para un atacante —contestó.

—Explica mejor lo que quieres decir con actitud humanitaria.

Pettis hizo una pausa para organizar sus ideas.

—Lo que quiero decir —expuso finalmente— es que parece que Saladino tenía en cuenta a las personas a las que estaba derrotando. Las fuerzas de los cruzados, por el contrario…, bueno, dan la impresión de haber sido unos bárbaros, como dije antes. Sencillamente se dedicaron a masacrar a todo el mundo como si no les importaran en absoluto.

—Exactamente —asintió Avi—. Para las fuerzas iniciales de los cruzados, las personas *no* importaban en absoluto. Es decir, los cruzados no las consideraban personas, sino más bien objetivos o propiedades que podían conseguir o exterminar a placer.

»Saladino, por el contrario, veía y respetaba la humanidad de aquellos a los que conquistaba. Es posible que deseara que jamás hubieran llegado a los confines de sus tierras, pero reconocía que eran personas con las que estaba luchando y que, por tanto, tenía que verlas, tratarlas y honrarlas como tales.

—¿Y qué tiene que ver esto con nosotros? —preguntó Lou—. Nos estás hablando de algo que sucedió hace novecientos años, y, por si fuera poco, de una historia de guerra. ¿Qué tiene que ver eso con nuestros hijos? —y recordando lo que Yusuf había dicho de su empresa, añadió—: ¿y con nuestros empleados?

Avi miró fijamente a Lou.

—En todo momento estamos decidiendo si queremos ser como Saladino o como los cruzados invasores. En la forma de tratar a nuestros hijos, a nuestra pareja, a nuestros vecinos, a nuestros colegas y a los extraños, tomamos la decisión de verlos como personas, iguales a nosotros, o como objetos. O cuentan como nosotros o no cuentan en absoluto. En el primer caso, como los percibimos tal y como nos percibimos a nosotros mismos, decimos que tenemos el corazón en paz con ellos. En el segundo, dado que sistemáticamente los vemos como seres inferiores, decimos que tenemos el corazón en guerra con ellos.

—Das la impresión de estar muy conmovido por la humanidad que muestran los musulmanes hacia los demás y por la inhumanidad de los demás hacia los musulmanes, Avi —objetó Lou—. Me temo que es una actitud demasiado inocente —y recordando lo que sabía de la historia de Avi, añadió—: y me sorprende, viniendo de alguien cuyo padre fue asesinado por las mismas gentes a las que alaba.

Avi exhaló un profundo suspiro.

—Yusuf y yo no hemos hablado más que de Saladino, Lou. En todos los países y en todas las religiones hay personas que se comportan de manera humanitaria y personas que no lo hacen. Juntar a todos los miembros de una raza, cultura o religión en un único estereotipo es una forma de no verlos como personas. Aquí estamos intentando evitar cometer ese error, y, en mi opinión, Saladino es una persona de la que podríamos aprender todos mucho.

Ante esta reprimenda, Lou guardó silencio. Estaba empezando a sentirse solo en medio del grupo.

—El contraste entre la conquista de Jerusalén por parte de Saladino y la de los cruzados —continuó diciendo Avi— nos enseña una lección muy importante: casi todas las conductas, incluso conductas tan crueles como combatir en una guerra, pueden hacerse de dos formas diferentes.

A continuación, se dirigió a la pizarra y dibujó lo siguiente:

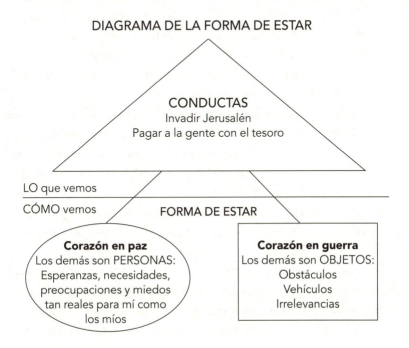

—Reflexionad sobre ello —dijo Avi volviéndose de nuevo hacia el grupo—. La historia de Saladino nos sugiere que existe algo más profundo que nuestra conducta, una cosa que los filósofos denominan nuestra «forma de estar» o nuestra consideración hacia los demás. El filósofo Martin Buber demostró que en todo momento, con independencia de lo que estemos haciendo, estamos siempre en el mundo en modo «Yo-Ello» o «Yo-Tú». Dicho de otro modo, estamos siempre viendo a los demás como objetos (como obstáculos, por ejemplo, o como vehículos o cosas irrelevantes) o como personas. Por expresarlo según la historia de Saladino, hay dos formas de tomar Jerusalén: enfrentándose a personas o enfrentándose a objetos.

—¿Y a quién le importa cómo la tomas? —espetó Lou sintiéndose de repente lleno de energía para otro asalto—. Si tienes que tomarla, tienes que tomarla. Es así de simple. Un soldado no puede darse el lujo de preocuparse por la vida de la persona que le está mirando desde el otro extremo de la lanza o del tambor de la pistola. De hecho, sería incluso peligroso invitarle a que tuviera en cuenta esa vida. Podría hacerle dudar a la hora de abrir fuego.

Este comentario hizo cristalizar una duda que también había estado tomando forma en la mente de Pettis.

—Sí, Lou, ese es un buen argumento —dijo—. ¿Qué opinas de eso? —le preguntó a Avi—. La preocupación que manifiesta Lou ante la posibilidad de que los soldados puedan ver a sus enemigos como personas es legítima, ¿no? A mí también me parece que podría ser una fuente de problemas.

—Da la sensación de que podría suponer un buen problema, ¿verdad? —asintió Avi—. Sin embargo, ¿consideras que supuso un problema para Saladino?

—Pues sí —replicó entonces Lou, envalentonado por el apoyo de Pettis—. Los enemigos que dejó marchar con las riquezas de Jerusalén se aprovecharon totalmente de él.

—¿Crees que ver a los demás como personas significa que tengamos de dejarlos marchar con riquezas? ¿Qué tengamos que dejarlos que se aprovechen de nosotros? —inquirió Avi.

—Pues sí, eso parece —contestó Lou—. Al menos, eso es lo que parece que nos has querido dar a entender.

—No, no es eso lo que Avi quiere decir —discrepó Elizabeth—. Mira el diagrama, Lou. Tienes las conductas en la parte de arriba y las dos formas básicas de ver a los demás abajo. Lo que Avi está diciendo es que todo lo que ha escrito en la zona de las conductas (tomar Jerusalén, por ejemplo, o pagar a la gente con el tesoro) puede hacerse de cualquiera de las dos maneras: con el corazón en paz o con el corazón en guerra.

—Entonces, ¿a quién le importa cómo lo hagas? —repitió Lou—. Si tienes que tomar Jerusalén, toma Jerusalén. ¿Qué más da cómo lo hagas? ¡Ponte a ello!

Avi contempló pensativo a Lou.

—Le importa a Cory —respondió.

—¿Eh?

—Le importa a Cory.

—¿Qué es lo que le importa?

—Le importa que le veas como una persona o como un objeto.

Lou no respondió.

—Ver a una persona como un objeto inferior es una forma de violencia, Lou. Duele tanto como un puñetazo en la cara. De hecho, en muchos sentidos duele todavía más. Los golpes se curan más rápido que las cicatrices emocionales.

Lou dio la impresión de querer responder, pero finalmente no lo hizo y reclinó la espalda en su asiento mientras discutía consigo mismo acerca de su hijo.

—Seguro que también les importó a los habitantes de Jerusalén —continuó diciendo Avi—. Pero todavía más que a ellos, te importa a ti, Lou. Es importante para ti que te vean como una persona o como un objeto. De hecho, hay pocas cosas que te importen más que eso.

—Si dices eso es porque no sabes nada de mí —replicó Lou sacudiendo la cabeza en señal de disconformidad—. No me puede importar menos lo que los demás piensen de mí. Pregúntale a mi mujer.

Lou no fue capaz de captar la triste paradoja que encerraba su comentario, completamente autobiográfico en ese día concreto. A su lado, Carol se ruborizó ligeramente; no estaba preparada para la atención que de repente se había centrado en ella.

Avi sonrió con amabilidad.

—Pues fíjate, Lou, yo creo que sí te importa.

—En ese caso, te equivocas.

—Es posible —admitió Avi asintiendo con la cabeza—. No sería la primera vez. Pero hay algo sobre lo que deberías reflexionar: ¿ha sido importante para ti conseguir que los demás estuvieran de acuerdo contigo esta mañana?

Lou recordó sus esperanzas anteriores de que Elizabeth compartiera su punto de vista y la energía que sintió cuando tuvo la impresión de que Pettis sí lo hacía.

—Si así fue, entonces sí te importa —continuó diciendo Avi—. De todas formas, en último término tú eres el único que puede contestar a esa pregunta.

Lou sintió una punzada, algo parecido a lo que notamos cuando se nos ha dormido un pie o una pierna y empieza a despertar.

—Este asunto de la forma de estar tiene una gran importancia práctica —explicó Avi—. En primer lugar, pensad en una situación empresarial difícil; una negociación complicada, por ejemplo. ¿Quién creéis que tiene más posibilidades de llegar a un acuerdo en circunstancias adversas, un negociador que ve a las otras partes como objetos o el que las ve como personas?

Esta pregunta picó el interés de Lou, porque estaba en mitad de una negociación sindical que no avanzaba.

—El que las ve como personas —respondió Pettis—. Sin ningún género de dudas.

—¿Por qué? —preguntó Avi.

—Porque ni a los negociadores ni a cualquier otra persona le gusta tratar con engreídos. Antes preferirían meterles un dedo en el ojo que intentar ayudarles.

Avi rió.

—Es cierto, ¿no os parece? —asintió—. De hecho, ¿no os habéis dado cuenta de que en ocasiones nos dedicamos a meterle el dedo en el ojo a alguna persona aunque eso perjudique nuestros intereses?

Esta pregunta hizo que los pensamientos de Lou se remontaran a una reunión de urgencia que había tenido dos semanas atrás. Kate Stenarude, Jack Taylor, Nelson Mumford, Kirk Weir y Don Shilling, cinco de los seis ejecutivos principales de la empresa de Lou, estaban sentados ante la mesa de reuniones de la empresa Zagrum. Le dijeron a Lou de todo menos bonito. Le amenazaron con marcharse a menos que les concediera más libertad para dirigir sus departamentos. Le llamaron metomentodo y le acusaron de ser un gestor totalmente deficiente y un fracaso a la hora de controlar la empresa. Uno de ellos (Jack Taylor concretamente, un dato que Lou se juró a sí mismo no olvidar jamás) le pintó incluso como un tirano.

Lou les escuchó en silencio, sin mirarles siquiera a la cara. Pero por dentro estaba echando chispas.

«¡Ingratos! —bramaba para sus adentros—. ¡Ingratos incompetentes, ineptos, chaqueteros!».

—¡Idos al infierno, entonces! —rugió finalmente—. ¡Si en esta empresa el nivel es demasiado alto para vosotros, más vale que os vayáis, porque yo no lo voy a bajar!

—No estamos hablando del nivel, Lou —defendió Kate—. Estamos hablando de la atmósfera de opresión en la que estamos trabajando. El asunto ese de la escalera, por ejemplo —poco tiempo atrás, Lou había mandado retirar una escalera de la zona donde trabajaba el equipo de ventas, un acto que simbólicamente había entorpecido el intento de Kate de poner en marcha un nuevo sistema de incentivos en su departamento—. Es una nimiedad, pero refleja muy bien la situación.

—Solo resulta opresivo para aquellos que no son capaces de estar al nivel de la empresa, Kate —le espetó ignorando su queja concreta—. Sinceramente, Kate, después de todo lo que he hecho por ti… —y sacudió la cabeza con gesto de disgusto—. Todo lo que eres me lo debes a mí y así me lo pagas. —Los miró curvando los labios con una mueca de desprecio supino y exclamó—: Habría esperado más de vosotros. ¡Pues muy bien, ya os estáis yendo! Todos. ¡Fuera de aquí!

La Crisis de Marzo, como se conoció en la sede de Zagrum esta reunión y la deserción subsiguiente, había llevado a la empresa a suspender prácticamente su actividad durante las dos semanas anteriores a la ida de Lou a Camp Moriah. Lou estaba preocupado por su futuro.

—Desde el punto de vista económico —siguió diciendo Avi, obligando a Lou a regresar al presente—, es una estrategia de locos. Y, sin embargo, la practicamos. De hecho, es casi como si nos viéramos obligados a ello. Podemos llegar a colocarnos en una posición en la que actuamos compulsivamente de una manera que nos hace la vida mucho más difícil. Es lo que sucede cuando, por ejemplo, favorecemos el resentimiento en nuestra pareja o el enfado en un niño. Y, sin embargo, lo hacemos. Y esto nos lleva a la primera razón de por qué la forma de estar es tan importante: cuando nuestro corazón está en guerra, somos incapaces de ver con claridad. Solo podemos tomar decisiones con la mente clara en la medida en que tenemos el corazón en paz.

Lou pensó en lo que acababa de oír mientras daba vueltas a las decisiones que había tomado en relación con Kate y los otros empleados que acababan de abandonarle.

—Y hay otra razón por la cual la forma de estar es tan importante —continuó diciendo Avi—. Pensad otra vez en la negociación de la que hablábamos. Los negociadores que consiguen más éxitos entienden las preocupaciones y los problemas de los demás tan bien como los suyos propios. Sin embargo, ¿quién será más capaz de tener en cuenta y entender así las posturas de la otra parte, la persona que ve a los otros como objetos o la que los ve como personas?

—La que los ve como personas —respondió Ria. Pettis y casi todos los demás asintieron.

—Así es como lo veo yo también —dijo Avi—. Las personas que tienen el corazón en guerra hacia los demás son incapaces de tener suficientemente en cuenta las objeciones y los desafíos que les plantean los otros, y eso les impide encontrar una forma de sortearlos.

Lou se acordó del callejón sin salida en que se encontraba con el sindicato.

—Y, por último, dejadme añadir una tercera razón a la importancia de la forma de estar —dijo Avi—. Pensad en las experiencias que habéis vivido en los últimos años con los chicos que nos habéis traído. ¿Alguna vez habéis tenido la sensación de que reaccionaban de forma injusta con vosotros cuando estabais haciendo lo imposible por ser cariñosos y justos con ellos?

Los pensamientos de Lou volaron hasta una conversación que había mantenido con Cory dos días antes.

—Entonces, ¿todo es culpa mía, no es así, papá? —había vociferado Cory con sarcasmo—. Tú eres el gran Lou Herbert que jamás ha cometido un error en la vida, ¿verdad?

—No seas chiquillo —le había respondido Lou, orgulloso de poder permanecer tan tranquilo ante semejante falta de respeto.

—Tiene que ser de lo más embarazoso tener un hijo como yo, un drogadicto, un ladrón. ¿No es cierto?

Lou no le había contestado y se felicitaba a sí mismo por haber sido capaz de no entrar al trapo. Ahora, sin embargo, al reflexionar sobre ello, tuvo que admitir que Cory tenía razón. Lou estaba marcadamente orgulloso de sus dos hijos mayores, Mary, de veinticuatro años, doctorada en el MIT, y Jesse, de veintidós, que estaba a punto de licenciarse en el *alma mater* de Lou, la Universidad Syracuse. Cuando comparaba a Cory con ellos, se avergonzaba de su hijo menor. Así era.

—Muy bien, pues déjame decirte una cosa, papáááá —había seguido diciendo Cory, prolongando sarcásticamente la última palabra para darle más énfasis—. Ser el hijo de Lou Herbert es un infierno, si he de serte sincero. ¿Sabes lo que se siente al saber que tu padre te considera un fracaso?

»Sí, ya sé lo que estás pensando: "si es que eres un desastre". Llevo años oyéndotelo decir. Jamás fui tan bueno como Mary o Jesse. Al menos, no para ti. Pues bien, oye lo que voy a decirte. Tú no eres tan bueno como mamá ni, por decirlo claramente, como ninguno de los demás adultos que conozco. Como padre eres mucho peor de lo que yo seré jamás como hijo. Y en el trabajo eres igual de desastre. ¡Por qué, si no, te iban a dejar colgado Kate y los demás!

Esta conversación había demostrado una vez más a Lou que tratar con educación a Cory no le llevaba a ningún lado. Cory le faltaba al respeto tanto si Lou gritaba como si permanecía callado.

—Voy a sugeriros algo a este respecto —siguió diciendo Avi, obligando a Lou y a los demás a centrar de nuevo la atención en lo que les estaba contando—. Es una idea que, al principio, quizá no aceptéis, en especial en lo que respecta a vuestros hijos. Pero aquí la tenéis: en líneas generales, respondemos más a la forma de estar de los demás con respecto a nosotros que a su conducta. Es decir, nuestros hijos responden más a la consideración en que los tenemos que a lo que les decimos o hacemos. Podemos tratarlos de forma justa, por ejemplo, pero si nuestros corazones están guerreando contra ellos mientras lo hacemos, ellos no van a considerar en absoluto que los estemos tratando de forma justa. De hecho, nos responderán como si les estuviéramos tratando de lo más injustamente.

Avi paseó la mirada por el grupo.

—Aunque la conducta es muy importante —añadió—, la mayoría de los problemas que surgen en casa, en el trabajo y en el mundo en general no son fallos estratégicos, sino fallos en la forma de estar. Como ya hemos analizado, cuando tenemos el corazón en guerra no podemos ver con claridad las situaciones en las que nos encontramos, no podemos considerar la postura de los demás con la seriedad suficiente como para resolver los problemas difíciles, y acabamos provocando una conducta hiriente en las otras personas.

»Si tenemos problemas graves, es porque estamos fallando en la parte más profunda de la solución. Y cuando fallamos en este nivel más profundo, estamos fomentando nuestro propio fracaso.

5

EL PATRÓN DEL CONFLICTO

—De hecho —dijo Avi—, cuando tenemos el corazón en guerra, no solo estamos *fomentando* el fracaso, sino también *invirtiendo* en él. Voy a poner un ejemplo.

»Un sábado regresé a casa alrededor de las seis menos cuarto de la tarde, justo quince minutos antes de la hora a la que había quedado con un amigo para jugar al tenis. El problema era que también había prometido a mi mujer, Hannah, que iba a segar el jardín.

En la sala se oyeron unas cuantas risitas de complicidad.

—Pues bien, corrí al garaje, saqué el cortacésped y segué el jardín a toda prisa. Mientras me cruzaba corriendo con Hannah camino de las escaleras, le murmuré que había quedado con mi amigo Paul para jugar al tenis. Había llegado al pie de las escaleras cuando Hannah me gritó:

»"¿Y no vas a recortar los bordes?".

»Me detuve en seco.

»"No hace falta recortarlos —dije—. Todavía no".

»"Yo creo que sí", me respondió ella.

»"Venga, mujer —argumenté—. No creo que nadie se vaya a dedicar a pasar junto a nuestra casa para comentar: '¡Mira, Marge, los Rozen no han recortado los bordes del césped!'. Quién va a hacer algo así —y al ver que mi argumento no le convencía lo más mínimo, añadí—: además, pasé las ruedas del cortacésped por la acera mientras segaba los bordes. Ha quedado estupendo".

»"Dijiste que ibas a segar el jardín —me contestó Hannah—, y eso significa recortar también los bordes".

»"¡En absoluto! —rebatí—. Segar el jardín es segar el jardín; recortar los bordes es recortar los bordes. No hace falta recortarlos cada vez que se siega. Es absurdo. Además, llego tarde al partido de tenis. ¿Quieres tener a Paul esperando? ¿Es eso lo que quieres?".

»Creí que con eso la había convencido, pero ella me espetó: "Bueno, entonces supongo que tendré que recortar *yo* los bordes".

Volvieron a escucharse más risitas de complicidad.

—Quería que te sintieras culpable, ¿eh? —Era la primera vez que Miguel intervenía aquella mañana y su voz tenía un tono grave en consonancia con su aspecto físico. Su mujer, Ria, no pareció muy contenta con el comentario.

—Exactamente —respondió Avi—. Yo no quería que lo hiciera ella, así que le contesté que a lo mejor podría hacerlo cuando volviera. Y con esas palabras me puse el traje de tenis y me fui.

»Cuando volví a casa, ya había anochecido. Por primera vez había conseguido vencer a Paul y me sentía muy contento. Me fui directo a la cocina, abrí la nevera y me serví un buen vaso de zumo de naranja. Hannah entró cuando estaba en mitad de un trago largo. Rápidamente dejé el vaso, y estaba a punto de decirle: "¡He ganado a Paul!" cuando ella me preguntó: "¿Vas a recortar los bordes?".

»Mi entusiasmo se desvaneció al instante y me volvió a inundar la irritación de un par de horas antes. "¿Llevas dos horas esperando para ver si recorto los bordes? —le pregunté por pincharla—. ¡Me parece una actitud de lo más *lamentable!*". "Pero dijiste que lo harías cuando volvieras", me respondió Hannah.

»"Dije que *a lo mejor* lo hacía. Pero eso fue antes de saber que iba a ser totalmente de noche" —disparé. "Pero dijiste que lo harías", insistió ella.

»"¿Es que quieres que me saque un ojo o algo parecido? —repliqué—. ¿Es eso lo que quieres? Es noche cerrada. No podría ponerme las gafas de sol".

»"Entonces voy a recortarlos *yo*", me respondió.

—¡Déjale que lo haga! —vociferó Lou—. Si tanto interés tiene en que se recorten los bordes, que lo haga ella.

Unas cuantas personas rieron por lo bajo ante esta respuesta, sobre todo Miguel. Carol frunció los labios.

—Pues no fue eso lo que hice, Lou —respondió Avi—. Lo que hice fue levantar la cabeza, respirar hondo y decir: «Muy bien, voy a recortar los bordes para mantener la paz en la familia». Y me fui muy ofendido hasta el garaje, saqué la recortadora y estuve recortando bordes durante dos buenas horas. ¡Si quería que se recortaran, los iba a tener bien recortaditos!

Unos cuantos miembros del grupo rieron también ante esta exclamación. Miguel lo hizo con tantas ganas que casi se ahoga.

—Y ahora pensad en ello —siguió diciendo Avi—. Cuando volví a entrar en casa, ¿creéis que por haber recortado los bordes conseguí mantener la paz en la familia?

Todos los participantes sacudieron la cabeza, hasta Lou, aunque apenas fuera consciente de ello.

—Y no mantuve la paz en la familia por una razón muy simple: todavía tenía el corazón en guerra con Hannah. Ella se mostraba igual de mezquina, desconsiderada, exigente, irrazonable y fría tanto si recortaba los bordes como si no lo hacía. Cambiar mi conducta exterior no hizo que cambiaran en absoluto mis sentimientos hacia ella. De hecho, cuantos más bordes recortaba en la oscuridad, peor me sentía hacia ella. Cuando me cargué un trozo de valla porque no veía bien, me invadió una sensación perversa de satisfacción. Aquello era una demostración clara de lo irrazonable que estaba siendo Hannah.

»Como podréis imaginar, cuando por fin entré en casa, cada una de nuestras palabras, de nuestras miradas y de nuestros gestos dejaba entrever lo que sentíamos el uno hacia el otro. De hecho, nos mostrábamos aún más desagradables que antes con el otro…, lo que, dicho sea de paso, me enfadó todavía más. ¡Había puesto mis ojos en peligro haciendo algo que ella me exigía de una forma irracional y aun así estaba enfadada conmigo! "Lo menos que podía hacer es estar agradecida —pensé—. ¡Pero no, es imposible complacerla!".

Miguel se atragantó de la risa. Se apretó la boca con un puño para intentar ahogarla.

—¿Qué te pasa, Miguel? —preguntó Avi.

Miguel alzó la mano pidiéndole a Avi que esperara un momento a que recobrara el control de sí mismo.

Avi sonrió abiertamente mientras contemplaba a aquel hombretón intentando controlar un ataque de risa.

Aclarándose la garganta, pudo por fin decir con voz ahogada:

—Perdón. Es que tu historia me ha recordado algo que sucedió hace dos noches.

Ria abrió mucho los ojos mientras se giraba hacia él.

—Tenía que fregar los platos. Sabía que Ria se iba a enfadar muchísimo si no lo hacía. Y eso que al día siguiente tenía que madrugar para ir a trabajar.

Lou sonrió por lo bajo ante la imagen de aquel hombretón inclinado sobre la pila fregando obedientemente los cacharros.

—Y cuando terminé —siguió relatando Miguel—, ella entró en la cocina. Y empezó a husmear. Quería saber si había fregado.

—¡No es verdad! —protestó Ria con demasiada energía.

—Sí que lo es. Como haces siempre.

—Solo entré para comer algo.

—Ah, ya —exclamó Miguel riéndose—. ¿Y por eso miraste en el fregadero? ¿Estabas buscando algo de comer allí?

Ahora fue Lou el que estalló en una carcajada.

Ria empezó a sonrojarse.

—Bueno, no tendría necesidad de hacerlo si fregaras como debes —masculló.

Miguel sacudió la cabeza.

—Supongo que nos estás contando esto —interrumpió Avi—

porque en ese momento te invadieron esos sentimientos belicosos de los que estábamos hablando, ¿no es así, Miguel?

—Efectivamente. ¿Y a quién no le invadirían? Acaba de admitirlo ella misma —dijo señalando a Ria—. Siempre está mirando lo que hago, comprobándolo. Nunca le parece suficientemente bueno.

Carol se removió en su asiento junto a Lou.

—Quizá no esté comprobando lo que haces, Miguel. A lo mejor sencillamente está cansada de tener que hacerlo todo ella.

Lou estaba boquiabierto, en parte porque se sentía un poco identificado con Miguel en aquel momento y en parte porque no le pegaba nada a Carol eso de poner en un compromiso a alguien.

—¿Qué te ha hecho Miguel, Carol? —preguntó—. También podríamos decir que esta mujer debería estar agradecida de que su marido friegue los cacharros aunque sea él quien cargue con la responsabilidad de traer a casa el dinero para la familia.

—Ah, ¿entonces las mujeres no cargan con su parte de responsabilidades, Lou?

La que hablaba era la mujer que Lou había visto al fondo de la habitación antes de que empezara la reunión pero a la que todavía no conocía. Se había cansado de que Lou se adueñara del diálogo y no pudo dominarse por más tiempo.

—Incluidas las cargas laborales —continuó diciendo—. ¿O es que nos estás diciendo que solo los hombres saben de eso? A lo mejor es que, para ti, las mujeres ni siquiera tienen nombre. Quizá sean solo esta mujer o aquella otra. Peor aún, es posible que yo solo sea esa mujer *negra*. ¿Es así como nos ves? ¿Deberíamos estar contentas de poder hacer algo por vosotros? ¿Es así como funcionan tu casa y tu empresa?

Para Lou aquello fue un ataque por la espalda. Estaba a punto de saltar cuando Avi cortó:

—Estamos hablando de tener el corazón en guerra. Gwyn, Lou, Carol, Miguel, Ria y todos los demás, ¿captáis lo que estoy queriendo decir? ¿Cómo nos vemos unos a otros en este momento? ¿Cómo aliados? ¿Cómo enemigos? Estos son los sentimientos belicosos.

Lou echó una ojeada a su atacante, sentada al otro lado de Elizabeth.

«De modo que se llama Gwyn», pensó.

Avi hizo una pausa.

—Venga, echad un vistazo a vuestro alrededor —dijo después—. ¿Estamos viendo personas o estamos viendo objetos?

La mayoría de los presentes evitó mirar cara a cara a los demás a pesar de la invitación que les habían hecho.

—Cuando empezamos a ver a los demás como objetos —siguió diciendo Avi—, empezamos a provocarlos para que nos compliquen la vida. De hecho, empezamos a invitarlos a que nos hagan desgraciados. Empezamos a incitar a los otros a que hagan exactamente aquello que odiamos.

—¿Y eso? —preguntó Lou.

—¿No te das cuenta? —preguntó Avi a su vez—. ¿No ves que nuestras emociones están empezando a escapársenos y que estamos empezando a provocar comentarios y sentimientos hostiles en los demás?

Lou tuvo que admitir que sí lo estaba percibiendo.

—Podemos ver el mismo patrón en mi historia con Hannah —siguió diciendo Avi—. Vamos a ilustrarlo con un diagrama y creo que lo veréis con más claridad.

»Para empezar, Hannah me pidió que recortara los bordes, ¿no es así? Y luego se quejó y me dio la lata cuando no quise hacerlo.

Entonces dibujó en la pizarra el siguiente diagrama:

DIAGRAMA DE LA CONFABULACIÓN

AVI	HANNAH
3. YO HAGO	4. ELLA VE
2. YO VEO	1. ELLA HACE Insiste en que yo haga lo que me está pidiendo Se queja Da la lata

—¿Por qué lo llamas confabulación? —inquirió Pettis.

—En seguida lo vas a ver —contestó Avi—. Asegúrate de que vuelvo sobre ello, ¿vale?

Pettis asintió.

—Cuando Hannah me pidió que recortara los bordes, ¿cómo creéis que empecé a verla o a considerarla?

—Como una persona exigente —respondió Miguel. Y mirando a Ria añadió—: Y también poco razonable.

Avi lo fue anotando en la zona que había marcado con un 2.

—Aceptémoslo —dijo Lou—. Fue una pesada, lisa y llanamente. No estoy diciendo que siempre lo sea. Lo más probable es que sea una mujer maravillosa, pero, en este caso, podría sencillamente haberlo hecho ella misma y dejar de quejarse.

—De acuerdo, Lou —Avi soltó una risita mientras escribía «pesada» en la pizarra—. ¿Podríamos decir con justicia que yo estaba viéndola como un objeto?

—Al menos como un obstáculo, sin lugar a dudas —respondió Lou.

Avi añadió esto también a la lista.

—Entonces, cuando yo estaba viendo a Hannah (tal y como hemos enumerado en el 2) como una pesada y demás, ¿cómo actué? ¿Qué fue lo que hice?

—Protestaste —dijo Gwyn—. Considerabas que no tenías por qué hacerlo y se lo dijiste. Aunque debo añadir que de una forma un tanto infantil.

Avi sonrió con buen humor.

—Efectivamente, Gwyn. Gracias.

—De nada —respondió ella con voz todavía un poco cortante.

—De modo que protesté —repitió Avi mientras lo escribía en la zona que había marcado con el número 3—. ¿Y qué más hice?

—Yo diría que intentaste ayudarla a ver la situación de un modo más razonable —aportó Elizabeth—. No creo que te estuvieras comportando de una forma infantil. Te mostraste molesto, pero no infantil. Después de todo, habías segado el jardín aunque no tuvieras tiempo para ello. Solo intentabas llegar puntual a tu cita.

—Sí, *su* cita —apostilló Gwyn—. Esa es la cuestión. Es posible que ella también hubiera hecho sus planes. ¿Qué pasa con lo que ella quería hacer? ¿Es que eso no importa?

—Muy bien, Gwyn, cuéntame —interrumpió Lou—. ¿Qué planes podía tener Hannah que requirieran que Avi recortara los bordes del césped justo en ese momento? ¿Qué tendría eso que ver con los planes *de ella*, suponiendo que tuviera alguno?

—¿Suponiendo que tuviera alguno? —repitió Gwyn sarcásticamente—. ¿Es que las mujeres no podemos tener planes, Lou?

—Por supuesto que podéis tener planes. No es eso lo que estoy diciendo. Pero no me convirtáis a mí en vuestro plan. No intentéis gobernar mi vida y luego actuéis como si estuviera conculcando vuestros derechos si no hago exactamente aquello que queréis que haga.

—De modo que también eres un racista —disparó Gwyn asintiendo con la cabeza, como diciendo «si ya lo sabía yo».

—¿Racista? ¿De qué estás hablando? ¿Qué demonios te pasa? ¿Es que te he hecho algo en algún momento?

—Gwyn, Lou —imploró Avi—, tengamos la fiesta en paz. Podemos no estar de acuerdo en muchas cosas, pero la forma de hacerlo supone una gran diferencia. Si empezamos a vernos unos a otros como objetos, llegaremos a un punto en el que no nos va a quedar más remedio que vernos con desagrado en lugar de estar sencillamente en desacuerdo. Y cuando eso sucede, acabamos provocándonos unos a otros, tal y como hicimos Hannah y yo. No caigamos en la trampa que precisamente estamos intentando comprender y evitar.

Este comentario, así como la invitación que había hecho un par de minutos antes, parecieron rebajar algo el rencor que flotaba en la sala. Sin embargo, Avi sabía que era más que nada una ilusión. La ira —o, para ser más precisos, la guerra— se estaba cociendo bajo cuerda y amenazaba con barrer sus pensamientos y sus emociones.

DIAGRAMA DE LA CONFABULACIÓN

AVI	HANNAH
3. YO HAGO Protesto Le explico Obedezco con mi actitud	**4. ELLA VE**
↑	
2. YO VEO Un Objeto: Exigente Poco razonable Pesada	**1. ELLA HACE** Insiste en que haga lo que me está pidiendo Se queja Da la lata

(3 → 4, 1 ← 2)

—Volvamos a la historia —dijo.

—Yo le expreso mi protesta a Hannah —dijo señalando la zona marcada con el número 3— e intento explicarle la situación. Y luego, evidentemente, hasta termino recortando los bordes del césped. De hecho, lo hice con cierta ferocidad, ¿no es cierto?

La mayoría de los oyentes asintió.

—Teniendo en cuenta cómo actué y cómo veía yo a Hannah, ¿cómo creéis que me veía ella a mí?

—Como un hombre egoísta —respondió Gwyn.

—Y desconsiderado —dijo Ria.

—E inmaduro —añadió Gwyn.

—Efectivamente. Gracias. Eso creo, al menos —Avi sonrió con ironía y anotó estos comentarios en la zona 4—. Analicemos la situación —dijo mientras se apartaba de la pizarra.

—Si Hannah me está viendo y considerando tal y como hemos anotado en el número 4 (como un ser egoísta, desconsiderado e inmaduro), ¿resulta más o menos previsible que ella insista en que

yo haga lo que me está pidiendo y que se queje luego cuando no lo hago?

—Más —respondió el grupo.

—¡Por tanto, insistirá más en la conducta que hemos anotado en el número 1, es decir, que yo veré y haré más de lo que hemos puesto en los números 2 y 3 y entonces ella verá y hará más de lo que hemos escrito en el 4 y en el 1! Y seguiremos así, dando vueltas y más vueltas, cada uno de nosotros provocando al otro a hacer exactamente aquello de lo que nos quejamos. —Hizo una pausa para que la información calara en la mente de los presentes—. Reflexionad sobre ello. ¡Cada uno de nosotros acaba invitando al otro a mostrar exactamente la conducta que odia en él!

—Es de locos —observó Pettis.

—Efectivamente, Pettis. Lo es. Y como es de locos, lo denominamos *confabulación* en lugar de sencillamente *conflicto*.

Pettis no lo vio claro:

—Me parece que no entiendo la distinción.

—La palabra «conflicto» es algo pasivo —respondió Avi—. Es algo que nos sucede *a* nosotros. Por ejemplo, podríamos utilizarla para referirnos sencillamente a un malentendido. Sin embargo, muchos conflictos no son así en absoluto. Muchos son como el que hemos estado analizando: implican situaciones en las que las partes se esfuerzan activamente por perpetuar el problema. En estos casos, lejos de ser víctimas pasivas de un malentendido, nos convertimos en perpetuadores activos del malentendido. El término «confabulación» capta este elemento de participación activa con más precisión que «conflicto» y por eso lo utilizamos para describir aquellos conflictos en los que las partes fomentan exactamente aquello que están combatiendo —y diciendo esto, Avi escribió lo siguiente en la pizarra:

CONFABULACIÓN:
Un conflicto en el que las partes fomentan exactamente aquello que están combatiendo.

—Y tienes razón —añadió—, es de locos. Sin embargo, esta locura prevalece en muchos aspectos de nuestra vida. Describe muchas de las situaciones que se dan cuando los esposos discuten, cuando padres e hijos luchan entre sí, cuando los trabajadores de una empresa compiten entre ellos y cuando los países entran en guerra —Avi recorrió el grupo con la mirada—. También describe lo que acaba de suceder en esta sala, ¿no os parece? Estamos empezando a provocar en los demás exactamente aquellos comentarios y conductas de los que los acusamos.

»A pesar de la locura que supone, este patrón de violencia interpersonal e interior puede llegar a convertirse en la norma que rige nuestra vida y la vida de las empresas y países en los que trabajamos y vivimos.

»De hecho, esta locura se esfuerza por expandirse.

»Os lo voy a mostrar.

6

ESCALADA

—Echad una ojeada por la sala —volvió a invitar Avi—. ¿Con quién os apetecería juntaros para charlar si hiciéramos un descanso? Adelante. Mirad a vuestro alrededor.

Gwyn lanzó una mirada furtiva a Ria y a Carol. Miguel miró rápidamente a Lou, pero luego apartó la vista cuando Lou se giró hacia él. Lou interrogó con la mirada a Elizabeth, pero ella no se dio por enterada. Daba la sensación de que no le apetecía que la incluyeran en este emparejamiento.

—¿Y de qué os gustaría charlar con estas personas? —preguntó Avi.

La sala se mantuvo en silencio pero las miradas iban de un lado para otro y Avi tuvo claro que el grupo estaba respondiendo en silencio a su pregunta.

—Gwyn —dijo Avi rompiendo el silencio—, si me permites el atrevimiento, ¿cuál de las personas que están en esta sala es con la que más te gustaría hablar y en qué crees que consistiría vuestra conversación?

—Pues yo creo que Ria. Y quizá Carol. ¿Que de qué íbamos a hablar? Pues me imagino que de sus maridos —respondió con una sonrisa burlona.

—¿Y sobre qué aspectos de sus maridos? —preguntó Avi.

—Pues de si siempre son tan intolerantes o solo cuando están en público.

Avi metió baza antes de que Lou pudiera contraatacar.

—Observad lo que acaba de suceder. Gwyn termina hablando con Ria y Carol. ¿Y sobre qué? Pues sobre cómo cada una de ellas es tratada de una forma injusta por otra persona. Acabamos reuniendo aliados (reales, aparentes o potenciales) como forma de sentirnos justificados en nuestra propia opinión acusadora de otras personas.

»Y como consecuencia, los conflictos tienden a propagarse.

Y añadiendo más recuadros al diagrama que había dibujado en la pizarra, dijo:

—Así.

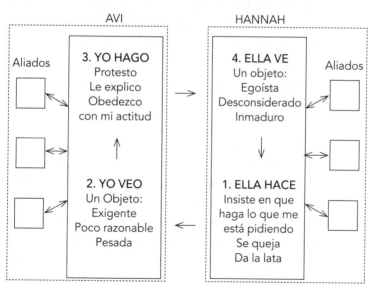

»De este modo, lo que empezó como un conflicto entre dos personas se convierte en un conflicto entre muchas, porque cada una recluta a otras para que respalden su postura. ¡Todo el mundo empieza a actuar de una manera tal que invita al otro bando a hacer crecer el problema que le molesta! Lo hemos comprobado en esta sala en los últimos minutos. Y también fue lo que sucedió en mi casa, porque Hannah y yo encontramos formas de involucrar a nuestros hijos en la disputa. Yo, por ejemplo, solía poner visiblemente los ojos en blanco cada vez que Hannah me exigía algo. Y me solidarizaba con los niños cuando consideraba que estaba siendo demasiado dura con ellos. De ese modo conseguí que los críos se sintieran maltratados, igual que yo.

—Qué actitud más nauseabunda —exclamó Gwyn.

—Tienes razón —asintió Avi—. Lo es.

»Y me apostaría una buena cantidad de dinero —continuó diciendo— a que vuestras compañías respectivas funcionan de la misma forma, con trabajadores que reclutan a sus colegas y a otras personas contando cuentos, lo que da lugar a que las empresas se dividan en bandos enfrentados, un grupo que se queja sin parar del otro y el otro que hace exactamente lo mismo. Hasta que, finalmente, las empresas están llenas de personas que emplean sus energías mayormente en mantener el conflicto, lo que llamamos confabulación, y que por tanto no se centran plenamente en conseguir los objetivos de producción.

»¿Estoy en lo cierto? —preguntó Avi con mucho énfasis.

Aunque no dijo nada, Lou tuvo que admitir internamente que veía este patrón reflejado a la perfección en Zagrum. También reconoció que Cory y él estaban inmersos en un círculo vicioso parecido. Cuanto más duro se mostraba con Cory, más se rebelaba este y, cuanto más se rebelaba Cory, más le presionaba Lou. No es que pusiera los ojos en blanco, como Avi, pero sí intentaba reclutar aliados quejándose de Cory ante Carol y ante los demás.

—Me da la sensación de que muchos de los conflictos mundiales son también confabulaciones —propuso Elizabeth—. El conflicto en mi región del mundo, en Irlanda del Norte, por ejemplo. Ambos lados están fomentando exactamente aquello contra lo que combaten.

—Y lo mismo sucede en el conflicto entre israelíes y palestinos —asintió Avi—. De hecho, el concepto de confabulación explica cómo un conflicto personal antiguo está amenazando ahora al mundo entero. Recordemos la historia de Abraham y sus hijos, Isaac e Ismael. Cada uno de estos dos hijos, según el designio atribuido a Dios en las Escrituras, se convirtió en padre de una nación: Isaac en el padre de los israelitas e Ismael en el padre del pueblo árabe. Como tales, ocupan un lugar especial en la creencia de judíos, cristianos y musulmanes de todo el mundo.

»Los judíos y los cristianos creen que Isaac fue el hijo elegido y que poseía unos derechos específicos concedidos a él y a su progenie, y que incluían el derecho a la tierra. Creen que Dios le pidió a Abraham que ofreciera a Isaac en sacrificio como prueba de su fe. Según el Antiguo Testamento, el sacrificio debía tener lugar en un cerro "de la tierra de Moriah", un lugar que hoy en día está dentro de Jerusalén. Siglos más tarde, el rey Salomón construyó un templo en una colina de Jerusalén, supuestamente en el mismo lugar donde Abraham iba a ofrecer a su hijo a Dios. Esta colina se conoce como Monte Moriah, de donde toma su nombre Camp Moriah. En la actualidad, este monte está coronado por el complejo de la mezquita de Al Aqsa, construida originalmente por los musulmanes tras la conquista inicial de Jerusalén de la que hablamos anteriormente. El mundialmente famoso santuario conocido como la Cúpula de la Roca, situado dentro de este complejo de catorce hectáreas, ocupa el lugar desde el que, según los musulmanes, el profeta Mahoma ascendió al cielo en una visión nocturna. También se cree que es el punto en el que tuvo lugar la vivencia entre Abraham y su hijo.

»Lo que nos lleva de nuevo a Ismael.

»Aunque el Corán no nos dice nada sobre ello, muchos musulmanes creen que Dios ordenó a Abraham que sacrificara a Ismael, no a Isaac. También creen que fue Ismael, y no Isaac, el hijo elegido. Y por último, creen que fue Ismael, y no Isaac, el que recibió el derecho a la tierra. De este modo tenemos una disputa entre hermanos, los que creen que Isaac fue el hijo elegido y los que consideran que lo fue Ismael. Los descendientes de cada uno de ellos consideran que tienen derecho a la tierra, a la herencia y a la bendición primigenia del profeta Abraham.

Avi señaló el Diagrama de la Confabulación.

—Podríais sustituir mi nombre por el de Isaac y el de Hannah por el de Ismael, y el diagrama también serviría para ese conflicto. Los creyentes de cada bando están provocando en el otro el mismo maltrato del que se quejan.

—¿Y qué sucede si el punto de vista de una de las partes es el correcto, Avi? —intervino Lou—. ¿Nos estás sugiriendo que todas las partes en conflicto están igual de equivocadas, aun en el caso de que las pretensiones de una de ellas sean claramente falsas?

—¿Y qué pretensiones consideras que son claramente falsas en este caso, Lou? —Todos los presentes en la sala giraron la cabeza al mismo tiempo. El que había formulado la pregunta era Yusuf, que había entrado de nuevo en la habitación uno o dos minutos antes sin que nadie se diera cuenta.

—Bueno, Yusuf —respondió Lou tras mirarle de arriba abajo durante unos momentos—, yo creo que las tuyas.

—¿Las mías?

—Sí.

—¿Y cuáles serían mis pretensiones?

Lou se arrepintió al instante del atrevimiento que había permitido una contrarréplica tan fácil.

—Bueno, la verdad es que no sé cuál es tu opinión personal a este respecto, Yusuf —respondió intentando salvar la brecha que había abierto su respuesta anterior—. Hablaba más bien de la opinión de tu pueblo.

—Ah. ¿Y qué pueblo es ese?

—Los descendientes de Ismael —contestó Lou con forzada indiferencia—. El pueblo árabe.

Yusuf asintió.

—Otra característica de este tipo de conflictos —dijo señalando la pizarra— es la propensión a demonizar al otro. Una forma de hacerlo es agrupando a los demás en categorías sin vida: blancos intolerantes, por ejemplo, o negros perezosos, estadounidenses ricos, europeos arrogantes, árabes violentos, judíos manipuladores, etcétera. De este modo convertimos a masas de personas desconocidas en objetos y a muchos de ellos en enemigos nuestros.

—Yo no estoy convirtiendo a nadie en enemigo mío, Yusuf. Solo estoy mencionando a aquellos que me han declarado a mí enemigo suyo.

—¿Y eso han hecho todos los árabes? —preguntó Yusuf—. ¿Todos te han declarado a ti, Lou Herbert, enemigo suyo?

En un principio, Lou se batió en retirada ante esta pregunta, pero luego apoyó la espalda contra su asiento con una mirada de confianza redescubierta bailándole en los ojos.

—¿Por qué insistes en cambiar de tema?

—No creo estar haciéndolo, Lou.

—Sí que lo estás haciendo —arguyó Lou—. No dejas de responder a mis preguntas con otras preguntas que no tienen ninguna relación con ellas. No quieres entrar en el tema hacia el que van dirigidas mis preguntas y por eso te dedicas a crear espejismos.

Yusuf no dijo nada.

—Voy a proponerte una cosa, Yusuf. Responderé a tus preguntas cuando tú hayas respondido a las mías.

—Me parece justo —accedió Yusuf—. ¿A qué quieres que te responda?

7

LO CORRECTO Y LA FORMA CORRECTA

—Muy bien, en primer lugar —empezó a decir Lou—, te pregunté si supondría alguna diferencia en un conflicto que una de las partes estuviera en lo correcto y la otra estuviera equivocada. Te lo pregunto una vez más: ¿tiene alguna importancia?

—Sí —respondió Yusuf—, sí importa. Pero no como tú crees.

—¿Qué quieres decir con eso?

—Vamos a ver, Lou —respondió Yusuf lentamente—, ¿alguna vez has tenido un conflicto con alguien que creyera que estaba equivocado?

Lou pensó en Cory y en la reunión con sus cinco ejecutivos amotinados.

—No —respondió fríamente—. Pero eso no significa que no lo estuviera.

—Es cierto —asintió Yusuf—. Pero verás, es imposible solucionar ningún conflicto mientras todas las partes estén convencidas de que tienen razón. La solución solo se puede alcanzar cuando al menos una de las partes empieza a considerar que podría estar equivocada.

—¿Y si no estoy equivocado? —saltó Lou.

—Si no estás equivocado, entonces estarás dispuesto a considerar en qué podrías estarlo.

—¿Qué tipo de trabalenguas es ese?

Yusuf sonrió.

—Es un trabalenguas solo en apariencia, Lou, porque estamos

muy poco habituados a considerar el efecto que se esconde tras nuestras palabras, nuestros actos y nuestros pensamientos. Hay dos formas de apoderarse de Jerusalén o de llevar a cabo prácticamente cualquier otra estrategia o conducta, como ya os explicó Avi. Eso significa que hay una forma en la que yo puedo estar equivocado incluso en el caso de que tomar Jerusalén sea lo mejor que se puede hacer, incluso lo más correcto. Si no estoy abierto a ver cómo podría estar equivocado de esta forma más profunda, podría vivir toda mi vida convencido de que tenía razón en un conflicto determinado, pero sin conseguir encontrar una solución duradera.

»La forma más profunda de estar en lo cierto o de estar equivocado —continuó diciendo— es nuestra *forma de estar* con los otros. Yo puedo tener razón en la superficie (en mi conducta o en mi postura) y estar totalmente equivocado por debajo, en mi forma de estar. Podría, por ejemplo, gritarles a mis hijos lo importantes que son las tareas domésticas y tener toda la razón en lo que respecta a esa importancia. Sin embargo, ¿crees que estaría fomentando su ayuda y su cooperación si mi corazón está en guerra y lo demuestro con los gritos?

La mente de Lou retrocedió de nuevo a Cory y a lo difícil que le había resultado dirigirle tan solo una palabra educada durante casi dos años.

—Por tanto, Lou —continuó diciendo Yusuf—, en tus conflictos con otras personas, aunque estés convencido de que tenías razón en la postura que tomaste, ¿puedes afirmar que también tenías razón en tu *forma de estar* con ellos? ¿Puedes decir que los has estado viendo como personas y no como objetos durante vuestras discusiones y que, por tanto, tu corazón estaba en paz y no en guerra hacia ellos?

Lou permaneció en silencio y se encorvó ligeramente en su asiento. Sabía que la respuesta a aquella pregunta era evidente para todos los presentes. No solo no tenía el corazón en paz hacia los demás, sino que le daba la sensación de que se deleitaba demasiado a menudo con guerras interpersonales.

Esta idea le hizo retroceder en sus recuerdos una vez más.

Lou se había criado en Athens, Nueva York, un pintoresco pueblecito situado a orillas del río Hudson, doscientos kilómetros al norte de Manhattan y cincuenta al sur de Albany. Su padre cultivaba manzanos y trabajaba sin parar los siete días de la semana para ganar lo justo para vivir con estrecheces. Vivían en una casita de maderas blancas de la época de la guerra civil estadounidense a solo cincuenta metros de la orilla oeste del Hudson. Su granja era bastante modesta, de tan solo cuatro hectáreas, pero la más bonita de Greene County, porque ocupaba una península que se proyectaba en el Hudson. Desde el piso de arriba de la casa se podían ver las montañas de Catskill elevándose por encima de los árboles hacia el oeste. El enclave era tan hermoso que el padre de Lou jamás se decidió a abandonarlo, aunque podría haber tenido una explotación mucho más importante en cualquier otro lugar.

Durante la juventud de Lou, la familia solo poseía un vehículo, un camión rojo de 1942, con una plataforma de madera roja a juego, de un metro de altura, en la parte trasera. El camión traqueteaba y tosía como un fumador de noventa años. Lou se crió convencido de que la cuneta de la carretera no era más que un segundo carril, porque su padre solía pegarse a las hierbas que delimitaban las calles para dejar pasar a los otros vehículos.

Fue, por tanto, un gran acontecimiento cuando la familia compró un coche nuevo. Por aquel entonces Lou tenía dieciséis años y ardía en deseos de enseñárselo a sus amigos del pueblo. Al día siguiente de llegar el coche a casa, Lou pidió a su padre que se lo dejara para hacer unos recados. Al ver la emoción de su hijo, el padre accedió al instante.

Lou corrió hacia el camino de entrada a la casa y puso en marcha el automóvil. El suave ronroneo del motor le llenó de felicidad y acarició el salpicadero rebosante de ilusión. En ese momento se acordó de que se había dejado la cartera en casa y corrió a buscarla. ¡Cuando volvió a salir, comprobó espantado que el coche había desaparecido! Lou recordó la sensación de pánico que le invadió y luego el terrible pensamiento de que el coche podría haber rodado por la cuesta hasta caer en el Hudson.

«¿No puse la palanca en punto muerto? —gritó mentalmente mientras corría a toda velocidad por el camino—. ¿No puse el freno?».

Al dar la curva comprobó con horror la presencia de huellas de neumático muy claras y recientes que bajaban por la colina hacia el río. Lou saltó al borde del peñasco y miró hacia el agua, unos seis metros por debajo de él. Allí estaban los faros del coche de su padre, levantados hacia él, como mirándole. Se quedó petrificado viendo cómo el agua absorbía lentamente el vehículo hasta tragárselo por completo.

Caminó aturdido hacia la casa preguntándose cómo iba a dar la noticia. Entró en la granja y vio a su padre de espaldas sentado en su sillón de orejas favorito. Estaba leyendo el periódico. Durante unos momentos, Lou barajó la posibilidad de deslizarse en silencio y por su mente discurrieron a toda velocidad ideas de fuga.

—¿Te has olvidado de algo? —le preguntó su padre sin girarse.

—No —respondió Lou sintiéndose arrinconado. No había escapatoria porque su padre sabía que estaba en casa. No tenía dónde esconderse.

—Papá —dijo con voz entrecortada—. Yo… —no podía continuar—. Yo…

Abrió la boca buscando aire y valor para contar lo que había sucedido.

—Papá, yo… el coche… —tartamudeó jadeando—. Creo que se me olvidó poner el freno —dejó escapar por fin—. Está en el río, papá. ¡El coche se ha caído al río! Lo siento muchísimo —exclamó y estalló en sollozos—. ¡Lo siento muchísimo!

Lo que sucedió a continuación se grabó tan profundamente en su mente que Lou estaba seguro de que, si alguna vez sufría alzhéimer o alguna otra enfermedad parecida, aquello sería lo último que se borrase de su memoria.

Permanecía allí temblando, en espera de la respuesta de su padre. Este no se volvió, sino que siguió sentado sosteniendo el periódico abierto ante él. Subió lentamente la mano izquierda hasta la esquina de la hoja y la pasó para seguir leyendo. Y entonces pronunció la frase que Lou jamás olvidaría. Le dijo:

—Bueno, entonces supongo que tendrás que llevarte el camión.

Al recordar aquella escena, Lou se quedó otra vez estupefacto. No había habido castigos, ni regañinas, ni enfado visible alguno. Solo «Bueno, entonces supongo que tendrás que llevarte el camión».

En ese momento Lou comprendió que el corazón de su padre estaba en paz con él, una paz tan poderosa que no podía romperse ni siquiera por una provocación tan grande como la pérdida repentina de un coche que tanto había costado conseguir. Es posible que, en su sabiduría, el padre supiera que Lou era ahora la última persona que dejaría caer un coche al río. Es posible que, en ese instante, adivinara que una regañina no serviría para nada y que solo conseguiría hacer sufrir a un hijo que ya estaba sufriendo mucho.

«Un hijo que ya estaba sufriendo mucho. —Lou se tambaleó ante esta idea. Él también tenía uno así, pero rara vez le había evitado una regañina—. ¿En qué me he convertido? —se preguntó en silencio—. ¿Por qué paso tan rápido a la guerra?».

—Yo sí le he visto cuando está así, Yusuf —dijo Carol. Su voz trajo a Lou de vuelta al presente alejándole de sus pensamientos atribulados—. Yo he visto a Lou cuando tiene el corazón en paz. De hecho, lo he visto muchas veces.

Lou se giró hacia ella con la boca ligeramente entreabierta por la sorpresa.

—Lou puede ser cariñoso y atento, a pesar de cómo le habéis visto durante gran parte de esta mañana —añadió en tono de disculpa. Tras un momento de pausa, dijo—: ¿Puedo contar una historia?

—Nos encantaría —asintió Yusuf.

—Pero antes tengo que pedirte perdón, Miguel. Cuando dije que Ria tenía que hacerlo todo me mostré muy grosera. Fue una actitud terriblemente desconsiderada y presuntuosa por mi parte. Lo siento muchísimo. Espero que me perdones.

Miguel se aclaró la garganta.

—No te preocupes —sonrió—. Olvídalo.

—Gracias —respondió Carol—. Lo siento muchísimo.

Luego se volvió de cara al grupo.

—Muy bien, pues vamos con la historia. No va a resultarme nada fácil. Jamás se la he contado a nadie, aparte de Lou y de otra persona de la que voy a hablaros. Pero estoy pensando que a todos podría resultaros provechoso escucharla.

»Después de casada pasé varios años guardando un secreto: era bulímica. Y me avergonzaba de ello. No quería decepcionar a Lou ni correr el riesgo de perderle o de perder su amor. Por eso no se lo dije. Pero de repente sucedió algo que me hizo darme cuenta de que podía estar matándome a mí misma. No solo en el sentido emocional y psicológico, sino también en el físico. Llevaba mucho tiempo aquejada de una terrible fatiga y al fin acudí a mi médica, que me sometió a muchas pruebas y después me preguntó a bocajarro si tenía algún trastorno alimentario. Al principio lo negué. Sin embargo, cuando me mostró los resultados de los análisis y me dijo que mi cuerpo se estaba viniendo abajo y que mi salud y quizá hasta mi vida corrían peligro, al final me derrumbé emocionalmente y le conté la verdad entre sollozos.

»Pero ahora venía la parte más difícil. Sabía que tenía que contárselo a Lou, porque el problema había dejado de ser simplemente un trastorno físico. Necesitaba su ayuda y, aunque no la hubiera necesitado, no podía seguir ocultándoselo. Y se lo conté, terriblemente preocupada por la posibilidad de que pudiera ser el principio del fin de nuestro matrimonio.

»Sin embargo, no fue así. Creo que se sintió dolido porque yo se lo hubiera estado ocultando, pero no le dio más vueltas. Al menos, no que yo sepa. Su preocupación por mí fue inmediata y abrumadora. Creo que en mi vida me he sentido tan agradecida a nadie como a él en ese momento y en los meses siguientes. Acordamos que todas las noches le diría cómo me había ido durante el día. Hubo muchos días en que tuve que contarle humildemente que había sucumbido. Sin embargo, tanto si había sucumbido como si no lo había hecho, él me masajeaba suavemente la espalda hasta que me dormía. Y entre sus caricias nocturnas y su falta de críticas cuando escuchaba mis problemas, poco a poco fui curándome. Desde entonces no he vuelto a sentirme tentada hacia la bulimia, y de eso hace ya muchos años.

Mientras Carol contaba su historia, la atmósfera de la sala empezó a cambiar. El rostro de Lou, que durante gran parte de la mañana había estado contraído por la impaciencia y la acritud, se suavizó. La misma Carol pareció revivir con una especie de convicción y confianza personal. Y al fin Gwyn, la rival más encarnizada de Lou hasta ese momento, se relajó por primera vez en la última hora. La tensión había desaparecido de su cara y de sus extremidades, y se inclinó hacia adelante con actitud de interés y no de beligerancia. Elizabeth también pareció mostrarse de otra manera; su anterior aire desapasionado dio lugar a una atención concentrada. Escuchó a Carol con enorme interés.

—En fin —terminó diciendo Carol—, pensé que podría resultar útil contar esta historia. Lou está lejos de ser el hombre perfecto —dijo con una suave sonrisa—, pero en el fondo es un buen hombre. Por eso quise casarme con él y por eso sigo estando contenta de haberlo hecho, a pesar de que muchas veces nos ponemos a prueba el uno al otro.

Lou dejó caer ligeramente la cabeza. Alguno podría pensar que se había cansado de recibir una atención quizá demasiado efusiva para su gusto. Sin embargo, la realidad era que se sentía avergonzado. Recordaba muy bien la experiencia que había relatado Carol, pero reconocía que rara vez había estado a la altura de ese ideal.

—Gracias, Carol, por compartir tu historia con nosotros —dijo Yusuf—. Es una historia maravillosa. Muchas gracias.

Carol asintió con la cabeza en señal de reconocimiento.

—Gwyn —siguió diciendo Yusuf—, siento curiosidad. ¿Qué sensaciones te ha producido escuchar esta historia?

La pregunta pilló a Gwyn con la guardia baja y tuvo que recomponerse unos momentos antes de responder.

—No entiendo bien lo que quieres decir.

—¿Ha influido en la impresión que tienes de Lou?

Gwyn reflexionó durante un momento.

—Supongo que sí, en cierto modo.

—Elizabeth —preguntó Yusuf—, ¿y a ti? ¿Te ha influido en algo la historia?

Elizabeth miró unos instantes a Lou y respondió:

—Sí.

—¿En qué te ha influido?

Elizabeth se volvió de nuevo hacia Yusuf.

—Me ha recordado a una persona —respondió con suavidad sin añadir nada más.

—¿De modo que las dos pensáis ahora que Lou tenía razón en todo lo que ha dicho hoy?

—No —dijo Gwyn rápidamente, pero sin el encono que se había traslucido en su voz hasta ese momento.

—Bueno, creo que en ningún momento he pensado que Lou estuviera totalmente equivocado —respondió Elizabeth—. Supongo que me ha parecido interesante, digámoslo así.

—Creo que preferiría haber estado equivocado —bromeó Lou.

—Bueno, tampoco has estado totalmente en lo cierto —apostilló ella.

—Así me gusta mucho más —confesó Lou.

—¿Y qué nos dices tú, Lou? —preguntó Yusuf—. ¿Crees ahora que Gwyn tenía razón, por ejemplo, y que tú estabas equivocado?

—No, señor. —Esta formalidad al expresarse sorprendió a todos, incluido al propio Lou.

—Sin embargo, ¿cuándo creéis ambos que tendríais más posibilidades de solventar las diferencias que podáis tener, ahora o hace media hora?

Ambos cruzaron rápidamente sus miradas.

—Supongo que ahora —respondió Lou.

Gwyn asintió con la cabeza.

—¿Y por qué creéis que es así? —preguntó Yusuf—. Seguís sin estar de acuerdo con la postura del otro, así que ¿por qué creéis que ahora seríais más capaces de encontrar una solución?

Pettis respondió por ellos.

—Es lo que habéis estado diciendo Avi y tú: creo que el relato de Carol ha humanizado a Lou. Y, no sé, quizá Lou, al oír el relato con nosotros, ha humanizado un poco al grupo. Tal y como decíais, creo que ahora estamos viendo a los otros más como personas.

—Efectivamente —asintió Yusuf—. Y eso marca una diferencia, ¿no os parece?

Pettis y el resto del grupo asintieron con la cabeza.

—Por tanto, si queremos encontrar soluciones duraderas para los conflictos complicados o las guerras externas en las que nos encontramos inmersos, primero tenemos que salir de las guerras internas que están envenenando nuestros pensamientos, nuestros sentimientos y nuestra actitud hacia los demás. Si no somos capaces de acabar con la violencia que albergamos en nuestro interior, no tenemos ninguna posibilidad de poner fin a la violencia de fuera.

—¿Y eso cómo se hace? —preguntó Pettis.

—Para comprender cómo mejorar nuestra paz —respondió Yusuf—, primero tenemos que entender cómo y por qué nos hemos vuelto hacia la guerra. Pero ahora es hora de comer.

Todos los presentes miraron el reloj casi al unísono y se sorprendieron enormemente al comprobar la hora que era.

—Vamos a hacer un descanso para comer y nos volvemos a ver

aquí a las dos. Esta tarde veremos cómo nuestros corazones han pasado de la paz a la guerra. ¿Os parece bien?

Todos asintieron.

—Una cosita rápida antes de que os vayáis. Mientras estáis fuera, os propongo que intentéis ver como personas a todos los que encontréis: al conductor del coche de al lado, a la persona que os sirva en el restaurante al que vayáis, a vuestro cónyuge o la persona con la que estáis, etcétera. Haced el propósito de ver a los demás como personas durante los próximos noventa minutos y vamos a ver qué sucede. ¿De acuerdo?

El grupo, que estaba empezando a levantarse, asintió.

—Teri y Carl —llamó Yusuf—, ¿puedo hablar con vosotros un momento?

Mientras Lou abandonaba la sala, oyó decir a Yusuf:

—Vuestra hija, Jenny...

—¿Sí?

—Está corriendo.

SEGUNDA PARTE
De la paz a la guerra

8

REALIDAD

—¿Has oído, Carol? —dijo Lou caminando tras ella en dirección al aparcamiento—. Jenny, la chica esa que esta mañana estuvo gritando y montando el numerito... pues ha echado a correr.

—¿Por dónde?

—Por ahí, por las calles. Ha echado a correr por todo el pueblo.

Carol se detuvo.

—¡Qué horror! —exclamó recorriendo la calle con la vista—. Pobre chica. Estaba descalza. ¿Crees que deberíamos ponernos a buscarla?

—Estoy seguro de que Yusuf y su equipo se han hecho cargo de la situación —respondió Lou.

Anteriormente, Carol habría considerado semejante contestación como una indirecta sarcástica, pero ahora creyó percibir un atisbo de respeto en la voz de su marido.

Lou consultó su reloj.

—Escucha, Carol, tengo que hacer unas llamadas.

—¿Ahora?

—Sí. La situación en la oficina está muy complicada. Tengo que hablar con un par de personas.

—¿Y no puedes hacerlo más tarde?

—Lo más probable es que, cuando salgamos esta tarde, ya se hayan ido a casa. No voy a tener más remedio que llamarlos ahora.

—Antes nunca te importó llamarles a su casa los viernes por la noche —dijo ella con una cierta provocación en el tono de voz—. ¿Por qué ahora, de repente, te importa tanto?

Lou era consciente de lo que Carol estaba buscando, pero no quería darle la satisfacción de confesarle que, en realidad, estaba teniendo en cuenta lo que Avi y Yusuf habían dicho. Evitando una respuesta directa a su pregunta, dijo:

—Bueno, preferiría no tener que llamarles a casa, si puedo evitarlo. No con toda la agitación en la que estamos inmersos. Supongo que no quiero aumentarla.

—De acuerdo —respondió Carol—. Te traeré algo de comer.

—Gracias —dijo Lou, y se dio la vuelta para buscar un sitio privado en el que poder hacer sus llamadas.

Sabía a quién tenía que llamar en primer lugar: a su secretaria. Sin embargo, le respondió el contestador.

«¿Dónde se habrá metido?», pensó antes de darse cuenta de lo que estaba haciendo.

—Por favor, deje su mensaje —decía una voz agradable.

—Susan, soy Lou. Te llamaba solo para que me contaras cómo van las cosas. Volveré a intentarlo más tarde. —En ese momento revivió la forma tempestuosa en la que había abandonado la oficina el día anterior y sintió un ligero remordimiento. De pronto se encontró diciendo—: Ah, y una cosa más... Esto..., yo... —se interrumpió—. Siento haberme enfadado tanto contigo ayer al salir. No era mi intención. Supongo que estaba sobrecargado con todo lo que está sucediendo y acabé desquitándome contigo. Lo siento. Bueno, esto es todo. Buen servicio.

«¿Buen servicio? —repitió Lou mentalmente mientras colgaba el teléfono—. ¿No eres capaz de decir nada mejor que buen servicio? —Lou sacudió la cabeza—. Vaya, cuando Vietnam se mete en tu organismo, no puedes sacudirte de encima las costumbres militares».

Aparte de la pizca de desasosiego que le había producido una despedida tan castrense, Lou se sentía bien por haber llamado a Susan.

Sin embargo, la siguiente llamada iba a ser más complicada. Tenía que hablar con Kate, Kate Stenarude, la que había dirigido el motín del personal ejecutivo.

Kate había sido uno de los veinte empleados originales de Zagrum. Entró como ordenanza tras licenciarse en Historia en la universidad. Resultó ser una adquisición brillante, porque poseía una combinación de inteligencia, simpatía e impulso profesional que la catapultó rápidamente hasta los puestos más elevados del departamento de ventas. A pesar de su juventud, hasta la Crisis de Marzo había sido, en opinión de todo el mundo, la sucesora de Lou..., si es que alguna vez este decidía retirarse, claro está. El amor que le profesaba todo el personal era en parte producto de una esperanza desesperada, porque ella era la única persona que poseía la visión empresarial y la inteligencia necesarias para dirigir el funcionamiento de la empresa y, al mismo tiempo, un profundo aprecio por las personas que la rodeaban, con independencia de su rango o posición. Cuando entraba cada mañana por la puerta de Zagrum como una de las ejecutivas de la empresa, caminaba, hablaba, saludaba y reía igual que el día que entró por primera vez. No caminaba como un personaje importante, sino como una empleada más. Y la gente la quería por ello.

Así pues, cuando salió del edificio aquella lluviosa mañana de marzo, «escoltada», siguiendo órdenes de Lou, por los miembros del equipo de seguridad, que se disculpaban ante ella, fue como si el corazón y el alma de la empresa hubieran salido con ella. Lou lo sabía, aunque hasta ese momento había estado intentando negarse a sí mismo toda la trascendencia que tenía su marcha. Sin embargo, lo cierto era que su pérdida perjudicaba más a la empresa que la pérdida de los otros cuatro ejecutivos juntos. Y probablemente más, incluso, que una hipotética marcha del mismo Lou.

Tenía que llamarla.

«¿Pero qué le voy a decir?», se preguntaba.

Permanecía allí de pie con la misma incertidumbre torpe que le embargó una vez cuando, en su adolescencia, estuvo intentando motivarse para llamar a una chica y pedirle que saliera con él.

«¡Qué demonios, llámala ya!», se gritó a sí mismo para desembarazarse de aquella timidez de adolescente.

Marcó el número y esperó: un timbrazo, dos, tres, cuatro.

Con cada uno de los timbrazos iba sintiendo cómo se volvía a acumular el pánico en su interior, hasta que se dijo a sí mismo que, si no lo cogía al sexto, colgaría.

Todavía no había terminado de sonar el sexto toque cuando colgó. Un espasmo de alivio liberó gotitas de sudor en su frente.

«Bueno, lo he intentado —se dijo a sí mismo—. Ya la encontraré más tarde».

Sin embargo, su corazón, que iba a mil por hora, le dijo que quizá no volviera a reunir valor suficiente para llamarla en varios días. Eso si es que alguna vez lo reunía.

«Y ahora, a lo importante», pensó mientras marcaba el número de John Rencher, el presidente del sindicato local, que le estaba amenazando con convocar una huelga.

—¿Diga? —respondieron.

—John —más que un saludo fue una orden de atención.

—Sí.

—Soy Lou Herbert.

Silencio.

Justo en ese momento se acordó de los deberes que les había puesto Yusuf: ver a todo el mundo como personas.

—Escucha, John —dijo con la voz más amable que pudo emitir—, me estaba preguntando si podríamos reunirnos a mi vuelta para echar otro vistazo a tu propuesta.

—Échale otro vistazo tú mismo —replicó Rencher—. La tienes desde hace una semana.

—Bueno, pensaba que tú y yo podríamos llegar más lejos si charláramos sobre el tema —respondió Lou con toda la amabilidad que fue capaz.

—O sea, que quieres que cedamos todavía más.

—Bueno, después de todo, es una negociación.

—No, Lou, es un ultimátum. Vamos a cerrar la empresa hasta que accedas a nuestras demandas. Has forzado demasiado a nuestra gente. Se ha terminado.

—Escúchame, hijo de Satanás —explotó Lou—, puedes coger a todos esos imbéciles observarrelojes que se dedican a no hacer nada en todo el día e irte con ellos a arruinar cualquier otra empresa si te apetece. Pero si me dejas plantado, ya puedes olvidarte de Zagrum. El sindicato no volverá a entrar por mi puerta jamás. ¿Te has enterado?

—¿Te has enterado? —repitió Rencher.

—He dicho «¡te has enterado!».

Pero se había cortado la llamada. Rencher había colgado.

Lou bufó rebosando frustración y lanzó el teléfono contra la pared.

—Estúpidos deberes —murmuró—. Ver a las personas como personas —repitió sarcásticamente con soniquete—. Menuda broma. Yusuf no ha trabajado en el mundo real ni un solo día. ¡No tiene ni idea de lo que es la vida! Estupendo, Yusi, adelante —dijo burlonamente—, prueba tus métodos blanditos con el sindicato. Sí, seguro que funcionan. Y con los terroristas. Y también con Cory. Seguro que se ponen panza arriba y jadean felices tras recibir un poquito de ese amor tuyo de Oriente Próximo. Se rió al observar la paradoja de la frase y luego sacudió la cabeza, en parte por ira y en parte por el disgusto—. Qué pérdida de tiempo. Todo esto no es más que una terrible pérdida de tiempo.

Cuando Carol regresó de comer con una caja de comida para Lou en la mano, Lou la interceptó antes de que entrara en el edificio.

—Carol, nos vamos.

—¿Qué? —barboteó ella sorprendidísima.

—Ya me has oído. Nos vamos.

—¿Que nos vamos? —repitió incrédula—. ¿Y por qué?

—Porque esto es una pérdida de tiempo, y yo no me puedo permitir perder el tiempo.

Carol le miró con recelo.

—¿Qué ha sucedido en tus llamadas de teléfono, Lou?

—Nada.

—En serio, Lou. ¿Qué ha pasado?

—Muy bien, te lo voy a decir, si realmente quieres saberlo. He vuelto de un tirón a la realidad, eso es lo que ha pasado. Alguien me ha hecho recuperar el sentido. Venga. Nos vamos.

Y empezó a caminar hacia el coche.

Carol no se movió.

—Carol, he dicho que nos vamos.

—Ya te he oído, pero no voy a permitirlo. Esta vez no, Lou. Nos jugamos demasiado.

—Efectivamente, Carol, nos estamos jugando demasiado. Por eso tenemos que irnos.

—No, Lou. Por eso tenemos que quedarnos. Eso que, en tu opinión, nos estamos jugando, sea lo que sea, está en juego precisamente porque no captábamos lo que estamos empezando a aprender aquí. Yo no me voy, Lou.

—Muy bien, Carol. Haz lo que te parezca —respondió Lou agitando despectivamente la muñeca—. *Yo* me voy.

Carol permaneció en silencio. La esperanza que se había ido desarrollando en su interior a lo largo de la mañana empezaba a desvanecerse.

«Considérale una persona, considérale una persona —se repetía para sus adentros—. Tienes que seguir viéndole como una persona».

—Lou...

Él se detuvo y se volvió hacia ella.

—¿Sí?

—Cariño, si te vas, te abandono.

—¿Qué?

En ese momento, Carol comprendió de repente lo mucho que amaba a aquel hombre. A pesar de la beligerancia que él mostraba, no se sentía furiosa contra él. Y la cabezonería de él no borraba de su memoria las muchas cosas maravillosas que había hecho por ella y por otras personas. Evidentemente no era ningún santo, pero había ocasiones, sobre todo en algunos de esos momentos privados que componen la mayor parte de la vida, en que se preocupaba y amaba y actuaba con santidad. Era mucho mejor en privado que en público, exactamente lo contrario de lo que sucedía con gran parte de las personas que conocía. Y, en su opinión, aquel estilo de fortaleza privada y debilidad pública demostraba más bondad y carácter que el de las personas que escondían su debilidad privada sacándose de la manga una fortaleza pública.

«Sí —pensó—, volvería a aceptarle si tuviéramos la oportunidad de empezar de nuevo».

Por eso se sorprendió a sí misma cuando se oyó decir:

—Te abandono, Lou. Y lo digo muy en serio.

Lou se quedó plantado durante un momento en absoluto silencio. Todos los músculos de su cuerpo se habían congelado, como si tuvieran miedo de moverse hacia el lugar donde pudiera llevarle el movimiento.

—Carol —dijo finalmente casi en tono de súplica—, no puedes estar hablando en serio.

Carol asintió con suavidad.

—Sí, Lou, muy en serio. Lo siento.

»No me malinterpretes. Yo no quiero dejarte. Sin embargo, lo haré.

Esta respuesta dejó a Lou totalmente desconcertado.

—Escucha, Lou, creo que necesitamos esto. Creo que Cory lo necesita de nosotros. Y creo que nosotros lo necesitamos por él y por nosotros mismos. Y tú podrías necesitarlo por Zagrum también. Y por Kate.

Esta última mención de Kate sirvió para enganchar a Lou, porque le recordó la sensación que había experimentado cuando supo que tenía que llamarla, algo que parecía haber sucedido mucho tiempo atrás.

Encorvó los hombros y dio un profundo suspiro.
—De acuerdo, Carol —musitó tristemente—. Tú ganas. Me quedaré.
Luego hizo una pausa.
—Pero solo hasta esta noche.

9

EL PRINCIPIO DE UNA IDEA

Lou picoteó la comida mexicana que Carol le había traído mientras el grupo volvía a reunirse en la sala. El ambiente entre ellos era mucho más ligero de lo que había sido al principio, cuando todavía se estaban evaluando unos a otros. La tensión de los diálogos mantenidos durante la sesión matutina parecía haberse desvanecido. De hecho, Gwyn estaba enfrascada en una conversación con Miguel y parecía sentirse a gusto. Elizabeth y Carol estaban en la parte posterior de la sala mirando juntas un folleto de Camp Moriah.

En ese momento, Pettis se acercó a Lou por detrás.

—De modo, Lou —dijo como si estuviera retomando una conversación anterior—, que estuviste cuatro años en Vietnam.

Lou asintió.

—Mi más sincera admiración, amigo mío. Yo también estuve, pero era muy distinto volar por encima de la jungla que estar allí abajo. Soy consciente de ello.

Lou asintió agradecido. En épocas de paz, los pilotos siempre se consideran superiores a los machacas de allí abajo, como ellos dicen. Y eso provoca a los soldados de infantería un complejo de inferioridad, aunque jamás osarían admitirlo. Sin embargo, en tiempos de guerra, la psicología cambia. Los pilotos que vuelan tan alto desarrollan en seguida una profunda admiración por los compañeros que están en el suelo. Y los soldados que están en el suelo, aunque se sienten agradecidos por la cobertura que reciben cuando oyen el rugir del avión de apoyo sobrevolando por encima de ellos, si les presionaran dirían que esos adinerados chicos del aire jamás se ensucian lo bastante los uniformes ni acercan sus partes vitales lo suficiente al punto de mira del enemigo como para conocer su auténtico valor... o miedo. En Vietnam y en otros lugares parecidos, las tropas de infantería reciben toda la admiración y el respeto de los demás militares.

—Gracias, Pettis. Es agradable estar con otro veterano. Cuéntame, ¿a qué te dedicas en Texas?

Unos cinco minutos más tarde, Avi y Yusuf entraron en la sala y todo el mundo, Lou y Pettis incluidos, tomó asiento. Lou dirigió la vista hacia los padres de Jenny, que parecían estar bien, algo sorprendente dadas las circunstancias.

—Bienvenidos otra vez —les saludó Avi—. Antes de seguir avanzando, ¿alguien tiene alguna pregunta sobre lo que sea?

Lou levantó rápidamente la mano. Era la primera vez que no se limitaba sencillamente a soltar un comentario.

—¿Qué ha pasado con Jenny?

—Jenny está muy bien —respondió Yusuf—. Como algunos ya sabréis, echó a correr después de que empezáramos la reunión esta mañana.

—¿La habéis cogido? —siguió interrogando Lou.

—Pues lo cierto es que no estamos intentando cogerla, Lou —contestó Yusuf—. Esto es un programa voluntario, de manera que no obligamos a nadie a participar en él. De todas formas, nos aseguraremos de que no corra ningún peligro. Y lo haremos de una forma que la invite, en la medida de lo posible, a tomar la decisión de unirse a nosotros.

Lou estaba perplejo.

—Entonces, ¿qué es lo que estáis haciendo?

—Dos de nuestros empleados la están siguiendo e intentando entablar con ella una conversación seria, y detrás les sigue un camión de apoyo por si resultara necesario, pero sin que ella lo vea. Todo irá bien. ¿Algo más? —y sonrió.

Lou volvió a levantar la mano.

—Todo esto de ver a las personas como personas o como objetos —dijo con un deje de desdén en la voz—, ¿de dónde procede?

Avi habló en primer lugar.

—Pues procede de una investigación filosófica. A lo mejor nos vendría bien hacer un breve resumen.

Miró a Yusuf y este asintió.

Avi se volvió de nuevo hacia el grupo.

—No sé yo si debería empezar a hablar de filosofía —dijo con una sonrisilla de disculpa—. Sobre todo nada más comer. De todas formas, voy a intentarlo, al menos durante un par de minutos. Aquel que esté seguro de que no le apetece entrar en temas filosóficos, que se tape los oídos durante unos momentos. —Paseando la mirada por la sala, continuó—: ¿Conocéis todos al filósofo René Descartes?

—No era mal filósofo... para ser francés —bromeó Elizabeth. Había dejado de cogerse con fuerza las manos y estaba reclinada cómodamente en su asiento.

—Efectivamente, no era malo —dijo Avi sonriendo. Y volviéndose a los demás, siguió—: Descartes es el padre de lo que se conoce como era moderna de la filosofía, y aún hoy es famoso por su ambiciosa teoría filosófica, una teoría con la que pretendía explicar toda la existencia. Su premisa básica es la famosa *Cogito ergo sum* o «Pienso, luego existo».

La mayoría de los presentes conocía la frase.

—Observaréis que esta premisa inicial de Descartes se basa en unos supuestos muy importantes. El primero de ellos es el de la primacía de la conciencia humana independiente, lo que Descartes denominó el Yo.

»Cientos de años después de Descartes, una serie de filósofos empezó a cuestionar los argumentos de la filosofía moderna que Descartes puso en marcha, en particular este supuesto individualista central que sustenta toda su obra. Uno de estos filósofos fue

Martin Heidegger. Si Heidegger hubiese sido contemporáneo de Descartes, quizá le habría planteado una pregunta: «Dime, René, ¿dónde has adquirido el lenguaje que te ha permitido formular la idea de "Pienso, luego existo"?».

Avi recorrió el grupo con la mirada para permitir que la cuestión calara en sus mentes.

—Evidentemente —continuó—, Descartes adquirió esas palabras, y la capacidad de pensar con ellas, de otras personas. Eso significa que no las hizo aparecer de un Yo independiente e individualizado.

»Pensad en lo que esto supone para la teoría de Descartes. Existe una especie de hecho bruto que sencillamente se enunciaría así: el hecho de que *estamos en el mundo con otras personas*. Descartes pudo formular la teoría de que el yo independiente era lo más importante solo porque había adquirido el lenguaje estando en un mundo *con otras personas*.

—Ah —exclamó Elizabeth—; por tanto, lo importante es el hecho de estar en el mundo con otras personas y no la idea de un yo independiente. ¿Es eso lo que estás sugiriendo?

—Exactamente —asintió Avi—. El supuesto fundamental de Descartes queda refutado por las condiciones que le hicieron posible formularlo. Por eso Heidegger, entre otros, con su ataque al individualismo, apartó la atención del mundo filosófico del yo independiente y la centró en la idea de estar con otras personas.

»Un contemporáneo de Heidegger llamado Martin Buber, al que ya mencioné esta mañana, coincide con Heidegger en que la forma de estar en el mundo es lo más importante de la experiencia humana. Observó que básicamente existen dos formas de estar en el mundo: podemos estar viendo a los demás como personas o podemos estar viéndoles como objetos. A la primera forma de estar la bautizó como la forma Yo-Tú, y a la segunda, como Yo-Ello, y planteó que todos estamos siempre, en todo momento, o en Yo-Tú o en Yo-Ello, viendo a los demás como personas o viéndoles como objetos.

»Entonces, Lou —dijo volviéndose hacia él—, eso es un modo muy largo de decir que fue Martin Buber el primero que observó estas dos formas básicas de estar o que, al menos, las formuló de esta manera. Fue el primero en articular las diferencias que se producen en la experiencia humana cuando vemos a los demás como objetos y cuando los vemos como lo que son, como personas. Y paseando su mirada por el resto del grupo añadió—: Muy bien, ya podéis destaparos los oídos.

—Bueno, casi —interrumpió Yusuf con una sonrisa—. Déjame añadir un pensamiento más. La observación de Buber de estas dos formas de estar planteó la cuestión de cómo se puede pasar de una a la otra, de ver a las personas como personas, por ejemplo, a verlas como objetos, y viceversa. Pero es una cuestión que Buber no respondió. Se limitó a observar las dos formas de estar y sus diferencias. Dejó para nosotros la tarea de averiguar de qué manera podemos cambiar nuestra forma de estar; si es que queremos cambiarla, claro está.

»En lo que a nosotros nos interesa, la cuestión que Buber no abordó es la que debemos responder. Hasta ahora hemos estado sugiriendo que el problema básico de nuestros hogares, nuestros centros de trabajo y nuestros campos de batalla es que nuestro corazón está demasiado a menudo en guerra, es decir, que insistimos con demasiada frecuencia en ver a las personas como objetos. Y ya hemos visto cómo un corazón en guerra invita a los demás a ver a las otras personas como objetos y a guerrear. De aquí se deduce que, para encontrar la paz, primero tenemos que comprender cómo hemos dejado a un lado la paz y hemos elegido la guerra.

—Hay veces en las que no elegimos la guerra —terció Lou—. Es la guerra la que nos elige a nosotros.

—Así es, Lou —asintió Yusuf—. Hay veces en las que nos vemos obligados a defendernos; tienes toda la razón. Pero eso no es lo mismo que afirmar que nos veamos obligados a despreciar, a enfadarnos, a denigrar, a menospreciar. Nadie puede obligarnos a tener el corazón en guerra. Cuando nuestros corazones entran en guerra, es porque nosotros mismos lo hemos elegido.

—¿Cómo? —exclamó Lou.

—Eso es exactamente lo que vamos a ver a continuación —respondió Yusuf.

10

ELEGIR LA GUERRA

—Yo me crié —empezó a decir Yusuf— en un pueblecito de casas de piedra enclavado en las colinas que rodean el límite occidental de Jerusalén. El pueblo, Deir Yassin, había sido el hogar de mi familia durante al menos dos siglos. Sin embargo, todo terminó a primeras horas de la mañana del 9 de abril de 1948, el momento culminante de las luchas entre árabes y judíos con motivo de la fundación de Israel. Por aquel entonces yo tenía cinco años. Recuerdo que me despertaron los gritos y los disparos. Nuestro pueblo estaba siendo atacado por los que más tarde supe que eran miembros de un grupo militar judío clandestino. Mi padre me sacó de la cama y nos metió a mis dos hermanas y a mí en su habitación. Luego sacó un rifle de debajo del colchón y, poniéndose las botas, salió corriendo de la casa.

—¡No salgáis de casa! —nos gritó—. No salgáis por nada del mundo, ¿me habéis oído?, hasta que yo vuelva, si Dios quiere.

»Esas fueron las últimas palabras que oí decir a mi padre. Cuando todo terminó y abandonamos la protección de los muros de piedra, las calles estaban cubiertas de cadáveres y de trozos amputados de cuerpos humanos. Mi padre estaba entre los fallecidos.

—Qué horror —dijo Ria.

—Fue hace ya muchos años —respondió Yusuf—. Aquellos días y los años siguientes fueron complicados para mi familia y para mí, no voy a negarlo. Pero no fuimos los únicos que sufrimos tragedias.

Elizabeth alzó la voz:

—Iba a decir que tengo algunos amigos judíos que cuentan historias muy parecidas.

—Seguro que sí —respondió Yusuf—, y yo también. Un pueblo judío llamado Kfar Etzion fue atacado por fuerzas árabes en esos mismos días, por ejemplo. Toda la población fue prácticamente masacrada, así que no puedo decir que mi suerte fuera peor que la suya. Al contar mi historia no quería dar a entender que los árabes hayan sido los únicos que han sufrido injustamente. Lo siento, si eso es lo que ha parecido. El padre de Avi, por ejemplo, fue asesinado mientras defendía su país contra un ataque árabe. Eso le dolió a él tanto como a mí perder a mi padre. En el transcurso de los años y de los siglos, la violencia se ha empleado odiosamente en todas direcciones. Es la verdad, trágica y sangrienta.

Lou se alegró al oír que Yusuf asumía las atrocidades de los árabes, pero no por eso dejó de sentirse incómodo. Tenía la sensación de que Yusuf se apresuraba a equiparar el sufrimiento de los árabes con el de los israelíes cuando, en su opinión, la balanza del sufrimiento injustificado se inclinaba claramente en favor de estos últimos. No estaba seguro, pero creía que podría encontrar en Elizabeth Wingfield una aliada para esta idea.

—Después de la muerte de mi padre —siguió diciendo Yusuf—, mi madre nos llevó de pueblo en pueblo hasta que finalmente encontramos refugio en Jordania. Nos instalamos en un campo de refugiados de un pueblo llamado Zarqa, al noroeste de la ciudad de Amán. Cuando Jordania se anexionó la Ribera Occidental después de la guerra de 1948, la que en Israel se conoce como Guerra de la Independencia, mi madre nos volvió a trasladar a la orilla occidental del río Jordán. Nos mudamos al pueblo de Belén, situado a pocos kilómetros de Deir Yassin.

»Al reflexionar ahora sobre ello poniéndome en el lugar de mi madre, puedo afirmar que actuó con mucha valentía cuando tomó la decisión de asentarse tan cerca del lugar donde tuvo lugar su tragedia personal. Años más tarde me contó que sintió la necesidad de regresar lo más cerca posible de sus raíces. Nos establecimos en Belén con su hermana, mi tía Asima.

»La economía de Belén, tal y como estaba entonces la situación, dependía en gran medida de los cristianos que peregrinaban al lugar de nacimiento de Jesús. La guerra había reducido gravemente el número de visitantes y por eso a los comerciantes les costaba encontrar clientes. A mí me contrataron como gancho callejero a los ocho años. Mi trabajo consistía en conseguir que los occidentales se apiadaran de mí y luego conducirles a las tiendas de las personas que me habían contratado. En un inglés muy defectuoso empecé a relacionarme con Occidente.

»Por lo que respecta a los judíos, tenía pocas oportunidades y escasos deseos de relacionarme con ellos. Habían sido expulsados de la Ribera Occidental cuando Jordania se anexionó este territorio. Las penetraciones por las fronteras en ambas direcciones, ya fuera por motivos militares o económicos, solían terminar con disparos y muertes. Los judíos eran nuestros enemigos.

»Al menos esta es la imagen simplista que más a menudo se recita y se recuerda. La verdad era un poco más sutil. Lo sé porque trabajé en las mismas calles que un ciego judío y ambos intentábamos conseguir el mismo dinero occidental de las mismas billeteras occidentales.

»Y esto me lleva a la historia que quiero compartir con vosotros. Llegué a conocer a aquel hombre, Mordechai Lavon, bastante de cerca. A menudo trabajábamos en las calles a pocos metros el uno del otro y, aunque estaba muy familiarizado con su voz y él con la mía, jamás me dirigí a él, aunque él sí intentó entablar conversación conmigo de vez en cuando.

»Un día tropezó cuando pedía limosna a un viandante. El monedero que llevaba se cayó y, al chocar contra el suelo, se abrió y las monedas salieron despedidas en todas direcciones.

»Mientras sus manos buscaban a tientas primero el monedero y luego las monedas, a mí me asaltó una idea repentina. Podríais llamarlo la sensación de que tenía que hacer algo, algo que en ese instante supe que era lo que tenía que hacer. Creo que sería exacto, de hecho, denominarlo deseo. Es decir, sentí el deseo de ayudarle, primero a levantarse y luego a recuperar las monedas.

»Evidentemente, podía elegir. Podía actuar siguiendo este deseo u oponerme a él. ¿Qué creéis que hice?

—Me imagino que le ayudaste —dijo Carol.

—No, no le ayudó —respondió Lou con sonrisa de suficiencia—. Si lo hubiera hecho, no nos estaría contando esta historia.

Yusuf sonrió.

—Efectivamente, Lou. Tienes razón. Me resistí al deseo de ayudar a Mordechai. Una forma más fuerte de decirlo es que traicioné ese deseo y actué de forma contraria a lo que en ese momento sabía que era lo correcto. En lugar de ayudarle, me di media vuelta y me alejé en dirección contraria.

Y siguió diciendo:

—Mientras me alejaba, ¿qué tipo de cosas suponéis que empecé a decir y a pensar acerca de Mordechai Lavon?

—Pues que no tendría que haber estado allí —respondió Gwyn—. Tanto tú como el resto de los vecinos estabais siendo muy buenos por dejarle estar allí. Después de todo, era vuestro enemigo, el que os había robado la paz. Una amenaza sionista. Un fanático.

—Mmmm —empezó a decir Elizabeth en tono de duda—, ¿quién era el fanático?

—No estoy diciendo que Mordechai fuera un fanático —contestó Gwyn.

—Ni yo tampoco —asintió Elizabeth.

—Ah, ya veo —dijo Gwyn—. Entonces yo soy la fanática. ¿Es eso lo que estás diciendo?

—No lo sé. Solo preguntaba —respondió Elizabeth con calma.

—Mira, Elizabeth, es posible que Mordechai fuera un fanático y es posible que no lo fuera. ¿Quién sabe? Lo único que estoy diciendo es que probablemente Yusuf lo veía de esa manera, lo mismo que sus convecinos. Eso es todo. ¿Algún problema?

—En absoluto. Muchas gracias por la aclaración —contestó Elizabeth bajando la vista y alisando una arruga de su falda.

—No hay de qué. Y gracias a los británicos por dividir las tierras de Mordechai y Yusuf. Con un poquito de ayuda por parte de los franceses, claro está. Eso tuvo mucho que ver.

El aire se cargó de electricidad. Lou se inclinó hacia adelante para no perderse detalle de lo que iba a suceder a continuación.

Elizabeth permaneció unos momentos en silencio.

—Sin duda la historia ya se ha encargado de cuestionar aquella actuación, ¿no es cierto? —dijo finalmente sin ningún atisbo de veneno en la voz—. Siento haberte molestado con mi comentario sobre el fanatismo. Fue un poco descarado por mi parte. Diría que fue una actitud casi americana, pero eso me expondría demasiado, ¿no te parece? —y sonrió con timidez.

La electricidad pareció abandonar el aire tan rápido como había llegado.

—No, mejor no ser americanos ahora, ¿verdad? —dijo Gwyn sonriendo.

—No lo permita el cielo —bromeó Elizabeth.

—Por un momento tuve la tentación de poner a Lou entre las dos —dijo Yusuf, lo que provocó una gran carcajada.

—¿Qué es lo que os resulta tan gracioso? —preguntó Lou con mucha flema.

Entre las risas de todos los presentes, Yusuf escribió en la pizarra: «Sin derecho a estar allí», «Me roba la paz», «Amenaza sionista» y «Fanático» para resumir cómo veía a Mordechai.

—Muy bien —dijo cuando terminó de escribir—, si yo estaba empezando a ver a Mordechai tal y como habéis mencionado, ¿cómo suponéis que podría estar empezando a verme a mí mismo?

—Como una víctima —respondió Pettis.

—Como mejor que él —añadió Gwyn.

—No sé —expuso Carol—, es posible que te sintieras mal contigo mismo; como si no fueses suficientemente bueno. En lo más profundo de tu corazón creo que sentiste que no estabas siendo muy buena persona.

—Es posible —asintió Gwyn—, pero no era culpa suya, después de todo lo que había pasado. Si era malo, era por culpa de lo que los demás le habían hecho a él.

—No sé —discrepó Lou—. Eso me suena a excusa barata.

—Ya analizaremos si era o no una excusa barata —interrumpió Yusuf—. Pero creo que lo que ha dicho Gwyn describe con claridad lo que, al menos en ese momento, yo consideraba verdad.

—De acuerdo —accedió Lou.

—¿Qué más? —preguntó Yusuf.

—Estoy pensando en el hecho de que te alejaras después de ver la caída de las monedas —respondió Pettis—. Por un lado, veo que la sensación de victimismo te incitó a alejarte. Pero creo que también pudo haber otro motivo.

—Continúa —invitó Yusuf.

—Bueno —contestó Pettis—, estoy pensando que, al alejarte rápido, te estabas dando una excusa a ti mismo. Es posible que te fueras movido por la necesidad de ser visto como una buena persona.

—¿Qué quieres decir? —preguntó Lou—. Si se dio la vuelta y se fue, ¿cómo podía convertirle eso en una buena persona?

—No es que lo convirtiera en buena persona —aclaró Pettis—. Sin embargo, al hacerlo le resultaba más fácil *reivindicar* que lo era. Si no hubiera tenido necesidad de ser visto como buena persona, se habría quedado a contemplar los esfuerzos de Mordechai. Sin embargo, se alejó de allí rápidamente para que pareciera que no había visto lo sucedido. De ese modo conservaba su reputación, su reivindicación de ser buena persona.

Yusuf empezó a reírse.

—Un comentario muy interesante, Pettis. Me recuerda algo que sucedió esta misma mañana. Me estaba preparando un sándwich y observé que se me había caído un trozo de lechuga al suelo. Me habría resultado muy fácil agacharme a recogerlo, pero no lo hice. ¡Lo que hice, en cambio, fue empujarlo con el pie para meterlo debajo del mueble! No habría tenido que hacerlo si no me importara demostrarle a mi mujer, Lina, que soy una buena persona: ordenada, responsable y demás. De ser así, sencillamente lo habría dejado ahí.

—¿Y por qué no lo recogiste? —objetó Gwyn—. ¡Desde luego!

—Sí —asintió Yusuf—. ¿Y por qué no recogí las monedas? Eso es exactamente lo que estamos empezando a analizar.

Y añadió «Necesidad de ser bien visto» a la lista que estaba haciendo en la pizarra.

—Muy bien —dijo volviéndose de nuevo hacia el grupo—. Entonces, cuando veía a este hombre y me veía a mí mismo tal y como hemos analizado, ¿cómo suponéis que estaba viendo las circunstancias en las que me había visto envuelto?

—Como injustas —respondió Gwyn.

Yusuf empezó a escribir en la pizarra.

—Un agravio —añadió Ria.

—Y muy duras —dijo Pettis—. Teniendo en cuenta todo lo que habías sufrido, imagino que te sentirías enfadado o deprimido.

—Sí —asintió Elizabeth—. De hecho, es posible que sintieras incluso que el mundo entero se había puesto en contra tuya, en contra de tu felicidad, de tu seguridad, de tu bienestar.

—Excelente. Muchas gracias —dijo Yusuf cuando terminó de escribir—. Ahora me gustaría aprovechar una cosa que ha dicho Pettis, el hecho de que yo pudiera sentirme enfadado o deprimido. ¿Se os ocurre alguna otra cosa que yo pudiera sentir teniendo en cuenta cómo veía todo lo demás?

—Podrías estar amargado —respondió Gwyn.

—Excelente —dijo Yusuf añadiendo «Amargado» a «Enfadado» y «Deprimido» en el diagrama—. Sin embargo, si me hubierais preguntado por qué me sentía así, ¿qué creéis que os habría respondido?

—Que no era culpa tuya —contestó Pettis—. Habrías dicho que era culpa de los israelíes, que te sentías así solo por lo que ellos os habían hecho a tu pueblo y a ti.

Yusuf asintió.

—Es decir, que sentía que mi enfado, mi depresión y mi amargura estaban justificadas. Y que también lo estaba mi opinión negativa de Mordechai. Estaba haciendo una rectificación.

Y diciendo esto, añadió las palabras «Justificado» al diagrama.

—Esto es lo que me estaba diciendo mi experiencia —dijo señalando a la pizarra—, que no estaba haciendo nada malo y que la culpa era de otros. Eso es lo que yo creía, ¿verdad?

Cómo me veo a mí mismo	Cómo veo a Mordechai
Mejor que otros Una víctima (y, por tanto, los demás están en deuda conmigo) Malo (pero así me han hecho otros) Necesidad de ser bien visto	Sin derecho a estar allí Me roba la paz Amenaza sionista Fanático
Sentimientos	**Cómo veo el mundo**
Enfadado Deprimido Amargado Justificado	Injusto Un agravio Muy duro Contra mí

—Probablemente... —respondió Pettis, dando voz a la idea más extendida en la sala.

—Que no era responsable de lo que veía y sentía —continuó Yusuf.

—Sí.

—¿Y era verdad? —preguntó Yusuf—. ¿De verdad habían sido unas fuerzas exteriores las que me habían hecho ver y sentir de esa manera, tal y como creía cuando estaba en este cuadro? ¿O era más bien yo el que había elegido ver y sentir así?

—¿Estás sugiriendo que eras tú el que habías elegido estar enfadado, deprimido y amargado? —preguntó Gwyn con incredulidad.

—Estoy sugiriendo que yo estaba eligiendo hacer algo que,

como resultado, me hacía sentirme enfadado, deprimido y amargado. Una elección que nadie más que yo hacía...; no la hacían Mordechai ni los israelíes.

Yusuf contempló los rostros perplejos de todos los presentes.

—A lo mejor os aclara un poco poner el diagrama en su contexto.

Y añadió lo siguiente:

—Como recordaréis —empezó—, en un principio yo tuve el impulso o el deseo de ayudar a Mordechai. Sabía que eso era lo

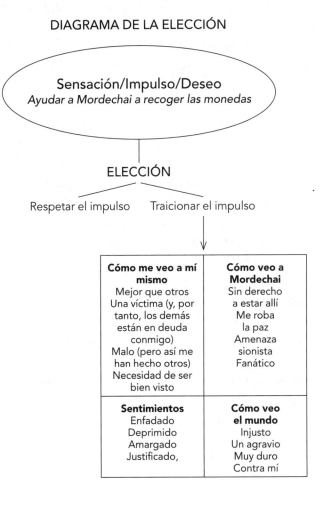

correcto. Pero aquello me ofrecía una posibilidad de elección. Podía respetar ese impulso y ayudarle o traicionarlo y elegir la opción de no ayudarle. Y eso significa que no siempre hacemos lo que sabemos que es lo correcto, ¿no os parece?

El grupo se mostraba inseguro.

—Por ejemplo —continuó diciendo Yusuf—, no siempre pedimos perdón cuando sabemos que deberíamos hacerlo, ¿verdad?

Lou pensó en la disculpa que todavía le debía a Kate.

—Cuando nuestra pareja, nuestro hijo o nuestro vecino está teniendo problemas con algo en lo que podríamos ayudarle muy fácilmente, no siempre ofrecemos nuestra ayuda. ¿Y no es también cierto que a veces retenemos información que sabemos que podríamos compartir con los demás? En el trabajo, por ejemplo, cuando sabemos que una información concreta podría ayudar a un colega, hay veces que nos la guardamos, ¿no es verdad?

La mayoría de los presentes asintió con actitud pensativa, incluido Lou, que conocía muy bien este tipo de situaciones.

—Cuando elijo actuar en contra de lo que me dicta mi buen sentido, cometo lo que aquí, en Camp Moriah, denominamos una autotraición. Es una traición a mi propio criterio de cuál sería la forma correcta de actuar en un momento determinado; no al juicio ni a la norma de otro, sino a lo que yo mismo considero que es lo correcto en ese momento.

»Este tipo de autotraiciones como las que acabo de mencionar son tan comunes que resultan casi aburridas. Sin embargo, cuando profundizamos un poco más descubrimos que tienen algo fascinante.

Y paseando la vista por todo el grupo, continuó diciendo:

—Elegir la opción de traicionarme a mí mismo es elegir la opción de ir a la guerra.

11

NECESIDAD DE GUERRA

—¿Por qué dices que elegir la opción de traicionarse a uno mismo es elegir la opción de ir a la guerra? —preguntó Lou, preocupado por semejante afirmación.

—Porque, cuando me traiciono a mí mismo —respondió Yusuf—, creo dentro de mí una nueva necesidad, una necesidad que me hace ver a los demás de manera acusadora, una necesidad que me hace preocuparme por cosas diferentes a la verdad y las soluciones, una necesidad que invita a los demás a responder de la misma manera.

—¿Y qué necesidad es esa? —preguntó Pettis.

Yusuf se volvió de nuevo hacia el Diagrama de la Elección.

—Al principio, cuando sentí el deseo de ayudar a Mordechai, ¿cómo diríais que le veía? ¿Era para mí una persona o un objeto?

El grupo murmuró colectivamente:

—Era una persona.

—¿Y al final, cuando yo me encontraba en este cuadro, creéis que seguía siendo para mí una persona?

Todos miraron el diagrama.

Pettis respondió:

—No, le habías deshumanizado. Era casi una caricatura.

—Entonces, ¿qué era para mí en ese momento, una persona o un objeto?

—Un objeto —respondió Pettis.

—¿Y qué necesidad surge de esto?

Pettis y los demás lo miraron intrigados.

—No entiendo bien lo que quieres decir —respondió.

—A lo mejor esta analogía os sirve de ayuda —propuso Yusuf—. Mi padre era carpintero. Cuando yo tenía cuatro o cinco años, recuerdo que le acompañé a una obra. Estaban reconstruyendo una casa. Me acuerdo sobre todo de una pared, en la zona de la cocina, que estaba torcida. Lo recuerdo bien porque mi padre me enseñó una cosa. «Mira, Yusuf —me dijo, en árabe, por supuesto—, tenemos que rectificar esta pared». «¿Rectificarla, padre?», le pregunté. «Sí, hijo. Cuando algo está torcido hay que ponerlo derecho. Esta pared no está recta y por eso tenemos que rectificarla».

Yusuf paseó de nuevo su mirada por todo el grupo.

—Ahora que disponéis de esta analogía, volved a echar un vistazo al diagrama.

La voz suave de Carol respondió inmediatamente:

—En el relato necesitabas rectificar lo que te habían hecho. Esa es la necesidad de la que hablas, ¿no es verdad?

—Efectivamente, Carol —repuso Yusuf sonriendo—, esa es. ¿Y tenía alguna necesidad de rectificar cuando sentí el deseo de ayudar a Mordechai?

—No.

—¿Por qué no?

—Porque en ese momento no tenías la sensación de que hubiera algo torcido.

—Exacto —afirmó Yusuf pronunciando la palabra con fuerza y alegría—. ¿Lo habéis entendido todos?

Varias cabezas asintieron por la sala, pero no con suficiente convicción, a juicio de Yusuf.

—Vamos a dejar claro este punto —dijo—. ¿Qué era lo que estaba torcido cuando le di la espalda a Mordechai pero no lo estaba antes?

—Tu forma de verlo —respondió Carol.

—Eso es —afirmó Yusuf—. ¿Y qué estaba torcido en mi forma de verlo?

—Que habías dejado de verlo como una persona —contestó

Pettis—. Mordechai había dejado de importar. Al menos, ya no importaba igual que tú.

—Exacto. De hecho, al principio de la historia yo quería ayudarle precisamente *porque* le veía como una persona. Sin embargo, en el momento en que empecé a conculcar la llamada básica de su humanidad, creé dentro de mí una nueva necesidad, una necesidad que no existía justo antes: tenía que justificarme por transgredir la verdad que yo conocía en ese momento, es decir, la verdad de que él era un ser humano y tenía tantos derechos como yo.

»Al transgredir esta verdad, toda mi forma de percibir la situación se apresuró a justificarme. Pensad un poco en ello. ¿Cuándo suponéis que las diferencias personales entre Mordechai y yo, fueran las que fuesen, me parecían mayores: antes de traicionar lo que me dictaba mi buen sentido, el deseo de ayudarle, o después?

—Después —respondió todo el grupo.

—¿Y cuándo suponéis que el grupo en el que metí a Mordechai, el de los israelíes, me parecía peor? ¿En el momento en el que sentí el impulso de ayudarlo o cuando no quise hacerlo?

—Cuando no quisiste hacerlo —repitió todo el grupo.

—Veis, por tanto, que cuando me traiciono a mí mismo, las faltas de los demás se hinchan inmediatamente en mi corazón y en mi mente. Empiezo a «terribilizarlos». Es decir, empiezo a convertirlos en algo peor de lo que realmente son. Y lo hago porque, cuanto peores son, más justificado me siento, más tengo que rectificar la situación. Un hombre necesitado que está en la calle pasa a representar, de pronto, una amenaza para mi paz y mi libertad. Una persona a la que quiero ayudar se convierte en un objeto al que puedo culpar.

Y diciendo esto, Yusuf se giró hacia la pizarra y añadió algo al diagrama que estaban analizando. Cuando estaba terminando, Gwyn preguntó:

—¿Y qué pasaría si Mordechai fuera realmente un problema? ¿Qué pasaría si en lugar de ser un ciego amable fuera un maldito racista de tomo y lomo? ¿Qué pasaría si él estuviera de acuerdo con las personas que habían arrojado a tu familia de vuestro hogar? ¿No estarías justificado entonces para actuar así?

—¿Qué necesidad tendría de justificarme, de rectificar mi forma de actuar, si esta no estuviera torcida? —preguntó Yusuf dándose la vuelta para mirar al grupo.

Gwyn se mostró claramente decepcionada por esta respuesta.

—Lo siento, Yusuf, pero creo que no puedo aceptar esta contestación. Me da la impresión de que estás sencillamente disculpando a las personas malas.

La mirada de Yusuf pareció enternecerse ante este comentario.

—Aprecio la seriedad con la que estás intentando entender todo esto, Gwyn —dijo—. Me pregunto si estarías dispuesta a intentar entender otra cuestión con la misma seriedad.

—Es posible —respondió Gwyn pensativamente.

Yusuf sonrió. Al ser él mismo una persona reflexivamente escéptica, apreciaba a aquellos que le escuchaban con una dosis saludable de escepticismo precavido.

—Te preocupa la posibilidad de que esté disculpando a Mordechai, de que no le haga responsable de los males que él o su clan pudieran haber cometido. ¿Es eso lo que piensas?

Gwyn asintió.

—Sí.

—Hay una pregunta que he aprendido a plantearme a mí mismo, Gwyn, cuando me siento molesto con otras personas: ¿estoy yo a la altura de lo que les estoy pidiendo a ellos? Dicho de otra forma, si me preocupa la posibilidad de estar disculpando a otros, ¿me preocupa también la posibilidad de estar disculpándome a mí mismo? ¿Soy tan firme a la hora de erradicar mi propia intolerancia como cuando exijo a otros que erradiquen la suya?

Hizo una pausa para que la pregunta calara bien en la mente de su auditorio.

—Si no lo soy, estaré viviendo en una especie de niebla que oscurece toda la realidad que tengo a mi alrededor y dentro de mí.

Como si fuera un piloto metido en un banco de niebla cuyos sentidos le dicen justo lo contrario de lo que indica su panel de instrumentos, mis sentidos me estarán mintiendo sistemáticamente, mintiéndome sobre mí mismo, sobre los demás y sobre mis circunstancias.

Y centrando su atención claramente en Gwyn y captando su mirada, añadió:

—Mis Mordechais podrían no tener tantos prejuicios como yo creo que tienen.

—Es posible que los tuyos no —le desafió Gwyn—, no puedo saberlo. Pero los míos sí los tienen.

Yusuf la miró pensativamente.

—Tal vez tengas razón —dijo con tono de resignación—. Es posible que tus Mordechais estén llenos de prejuicios. Es cierto que algunas personas lo están. Y puede incluso que hayas sufrido crueles maltratos. A todos los que sois padres, por ejemplo —dijo mirando a la sala—, seguro que os han tratado terriblemente mal en algunas ocasiones, de forma injusta, desagradecida. ¿No es así?

Muchas cabezas asintieron.

—Y es posible que os hayan maltratado también en el trabajo, que os hayan culpado injustamente, ignorado o despreciado. Quizá pertenezcáis a una religión que, en vuestra opinión, está siendo tratada con prejuicios, o a un grupo étnico al que consideréis que se está privando sistemáticamente de sus derechos, o a una clase a la que se ignora o se desprecia. Conozco un par de cosas acerca de este maltrato. Sé lo que se siente y sé lo terrible que es. Desde mi propia experiencia puedo decir que hay pocas cosas que resulten tan hirientes como el desprecio de los demás.

—Efectivamente —asintió Gwyn con fervor. Otros asintieron también.

—Pero hay una peor —prosiguió Yusuf—. Por muy doloroso que resulte recibir el desprecio de otra persona, mucho más debilitante es estar lleno de desprecio hacia otro. Y también en esto hablo por mi dolorosa experiencia. Mi propio desprecio hacia otros es el dolor más debilitante de todos, porque, cuando estoy sumido en él, cuando veo a los demás con resentimiento y desdén, me condeno a vivir en un mundo desdeñoso y resentido.

»Y esto me lleva de nuevo a Mordechai. ¿Creéis que yo estaba lleno de resentimiento o de desdén cuando sentí el deseo de ayudarle?

El grupo volvió a mirar el diagrama.

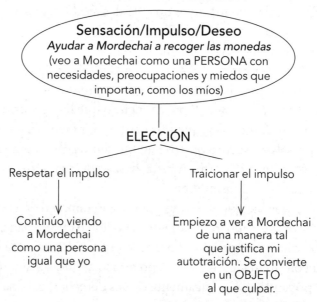

DIAGRAMA DE LA ELECCIÓN

Sensación/Impulso/Deseo
Ayudar a Mordechai a recoger las monedas
(veo a Mordechai como una PERSONA con necesidades, preocupaciones y miedos que importan, como los míos)

ELECCIÓN

Respetar el impulso → Continúo viendo a Mordechai como una persona igual que yo

Traicionar el impulso → Empiezo a ver a Mordechai de una manera tal que justifica mi autotraición. Se convierte en un OBJETO al que culpar.

Mi corazón entra en guerra

Cómo me veo a mí mismo	Cómo veo a Mordechai
Mejor que otros	Sin derecho
Una víctima (y, por tanto,	a estar allí
los demás están	Me roba
en deuda conmigo)	la paz
Malo (pero así me	Amenaza
han hecho otros)	sionista
Necesidad de ser bien visto	Fanático
Sentimientos	**Cómo veo el mundo**
Enfadado	Injusto
Deprimido	Un agravio
Amargado	Muy duro
Justificado	Contra mí

—No —respondió Ria, y los demás la imitaron.
—¿Y al final de la historia —preguntó Yusuf—, cuando me encuentro en este cuadro viéndole como un fanático y una amenaza sionista? ¿Creéis que en ese momento estaba resentido?
El grupo leyó otra vez los sentimientos enumerados en la casilla: enfadado, deprimido, amargado, justificado.
—Sí —asintieron.
—¿Y por qué me sentía así? —siguió preguntando Yusuf—. Es evidente que había tenido que soportar una buena ración de penalidades. ¿Era esa la causa de mi amargura, de mi enfado, de mi resentimiento y de mis deseos de rectificación?
—Probablemente —respondió Gwyn.
—Volved a mirar el diagrama.
—No —contestó Pettis—, lo que sentías no se debía a las penalidades que sufriste.
—¿En qué te basas para decir eso? —preguntó Yusuf.
—Pues en que todas las penalidades que sufriste ya las habías sufrido al principio de la historia. Sin embargo, no te habían impedido ver a Mordechai como una persona cuando sentiste el deseo de ayudarle a recoger las monedas.
—Exacto —respondió Yusuf—. Entonces, ¿qué es lo único que cambió entre el principio de la historia, cuando no me sentía enfadado ni amargado, y el final, cuando sí lo estaba? Solo sucedió una cosa entre el momento en que vi a Mordechai como una persona y cuando lo vi como un objeto. ¿Qué fue?
—Tu decisión de traicionarte a ti mismo —respondió Pettis.
—Entonces, ¿cuál era la causa de mi enfado, de mi amargura, de mi resentimiento, de mi afán de rectificación y de mi falta de paz? ¿Eran Mordechai y su pueblo? ¿O, por el contrario, era yo mismo?
—Bueno, según el diagrama eras tú mismo —respondió Lou.
—Pero no te convence la idea.
—Pues no del todo —explicó Lou—. Vamos a ver, ¿no sería

posible que tuvieras sencillamente un lapsus momentáneo de memoria cuando se cayeron las monedas de Mordechai, un momento en el que las penalidades que habías sufrido no estuvieran en primer plano de tu mente? Me da la sensación de que eso fue lo que seguramente sucedió. Y un instante después volviste a la realidad y te acordaste de todo lo que habías sufrido a manos de los israelíes. No fue que la amargura empezara justo en ese momento. Ya la sentías anteriormente. Y es posible que la sintieras, como dijo Gwyn, por lo que os habían hecho los israelíes a tu familia y a ti.

—¡Vaya, no me digas que ahora te pones de mi parte! —exclamó Gwyn bromeando.

—Eso parece. A mí también me preocupa —respondió Lou con sorna.

Yusuf sonrió.

—Una muy buena pregunta, Lou. Tienes razón, desde luego, al decir que no era la primera vez que me sentía enfadado y amargado contra los israelíes. Y también la tienes cuando das a entender que la muerte de mi padre y las penalidades que eso provocó en mi familia tuvieron algo que ver en lo que sucedió. Pero yo creo que su papel fue distinto del que estás sugiriendo. Me da la sensación que estás diciendo que acabé sintiéndome así hacia Mordechai por lo que su pueblo nos había hecho a mi familia y a mí. Es decir, que las penalidades que había sufrido habían *provocado* los sentimientos que tuve hacia Mordechai. ¿Es eso a lo que te refieres?

—Al menos es una posibilidad, sí.

—Y lo que yo propongo es algo completamente distinto. Lo que sugiero es que mis sentimientos hacia Mordechai no fueron provocados por algo que otras personas me habían hecho a mí, sino por algo que yo estaba haciéndole a Mordechai. Fueron el resultado de la decisión que yo mismo había tomado con respecto a Mordechai. Por tanto, ¿cómo podríamos evaluar estas dos teorías tan diferentes?

Y paseó la mirada por todo el grupo.

—No sabría cómo evaluarlas —dijo Elizabeth—, pero la teoría de Lou conduce a un resultado de lo más deprimente.

—¿A qué resultado? —preguntó Yusuf.

—Pues al de que todos somos simples víctimas, impotentes ante las dificultades, condenados inevitablemente a estar amargados y enfadados.

—No es eso lo que yo estoy diciendo —discrepó Lou.

—Yo creo que sí —argumentó Elizabeth—. Has dicho que la única razón por la que Yusuf no estaba amargado al principio de la historia era sencillamente porque durante unos momentos no estaba pensando en sus penalidades. Recordarlas fue lo que le hizo volver a sentirse amargado y enfadado. Si eso no hace que una persona se sienta impotente ante las penalidades, entonces no sé qué podría hacerlo.

Lou tuvo que admitir que tenía un punto de razón. Él tampoco creía en esa especie de victimismo indefenso. Sabía de muchísimas grandes personas que habían sufrido maltratos espantosos sin amargarse por ello, y eso le impedía creer que el maltrato nos quita todas las posibilidades de respuesta.

«Pero sí que influye ¿no es verdad?», se preguntó, pensando ahora en Cory.

—Unos puntos muy interesantes a tener en cuenta, Elizabeth —dijo Yusuf—. Si no te importa, voy a seguir el hilo de tu idea.

—Desde luego.

Yusuf miró al grupo.

—No tener un recuerdo en el primer plano de la mente es algo totalmente distinto a haberlo olvidado. Os puedo asegurar que no ha habido ni un solo instante tras la muerte de mi padre en que haya sido capaz de olvidar que murió y cómo murió. Una vez dicho esto, Lou tiene razón al decir que el nivel y la naturaleza de mi atención suelen ser distintos en cada momento. Lou razonaba que eso fue lo que me permitió ver a Mordechai de forma distinta en el instante en que tuve la inclinación de ayudarle. Sin embargo, la teoría de Lou está planteada justo al revés de lo que sucedió. No fue que viera a Mordechai como una persona porque no estuviera dando vueltas a mis penalidades, sino todo lo contrario: no estaba dando vueltas a mis penalidades porque veía a Mordechai como una persona. Solo sentí la necesidad de dar vueltas a mis penalidades cuando necesité una justificación para tratar mal a Mordechai. En ese momento, las penalidades fueron la excusa que necesitaba. Cuando no necesitaba una excusa, no tenía que estar dándoles vueltas.

—Vaya, ¿entonces una mujer maltratada es culpable de odiar a su maltratador? —se burló Gwyn—. Lo siento mucho pero me niego a aceptarlo.

Yusuf inspiró profundamente.

—Yo tampoco lo acepto, Gwyn —respondió—. ¿Me permitís que os cuente una historia?

Gwyn no respondió. Yusuf sacó una hoja de papel de una carpeta que tenía en una mesa situada en una esquina de la sala.

—Esto pertenece a una carta que recibí hace unos años —explicó—. La escribió una antigua alumna nuestra que pasó por momentos muy difíciles en su matrimonio. En lugar de intentar explicaros la situación, voy a dejar que hable por sí misma.

Y empezó a leer.

> Cierto viernes, hace ya más de un año, mi exmarido vino a visitarme a casa de mis padres. Venía con relativa frecuencia. Aparentemente lo hacía para ver a nuestra hija, aunque su verdadero objetivo era reconquistarme. Ese día, poco antes de irse, me pidió que le enseñara una copia de la póliza de nuestro seguro de vida. Me preguntó si estábamos al corriente de pagos y me pidió que confirmara su interpretación de la cláusula de suicidio. Cuando cerré la puerta tras él esa noche, sus intenciones eran evidentes. David iba a suicidarse. Le dije adiós creyendo que no iba a volver a verle con vida nunca más.

Apenas podía esconder mi emoción.

Verás, poco después de nuestra boda, aquel novio tan encantador que había sido se convirtió en un hombre violento. En unos meses llegó a tenerme tan aterrorizada que era incapaz de hacer nada, ni siquiera encender la televisión, sin contar con su aprobación. Era extremadamente celoso y muy pronto me obligó a tirar mi libreta de direcciones, mis anuarios del instituto e incluso fotografías de mi familia. Me amenazaba, me humillaba en público, coqueteaba abiertamente con otras mujeres y finalmente llegó incluso a violentarme en nuestra intimidad.

Durante todo ese tiempo, sin embargo, en algunas ocasiones mostraba una ternura y un arrepentimiento tan asombrosos que durante dos años fui incapaz de decidirme a dejarle. Al final, apremiada por mi consejera matrimonial, escapé a casa de mis padres. Gracias al amor y al apoyo con que estos me recibieron, poco a poco fui empezando a liberarme de los vínculos de apego que tenía hacia David. Él, sin embargo, intentó recuperarme cada vez con más urgencia. Yo le temía, pero, al mismo tiempo, le necesitaba. Me sentía incapaz de liberarme de nuestra relación. En resumidas cuentas, estaba entusiasmada pensando que mi pesadilla podría terminar si él se suicidaba.

Me quedé destrozada cuando apareció en casa a la mañana siguiente. Estaba muy deprimido y empezó a contarme lo que le había sucedido la noche anterior. Admitió que había pensado suicidarse. Un amigo le había conseguido unas pastillas y decidió esperar hasta la noche para tomarlas, con el fin de que nadie pudiera encontrarle. Cuando llegó la hora, se sentó a escribir una nota de suicidio y a hacer testamento. Pero apenas llevaba unas líneas escritas cuando se fue la luz. Ni siquiera veía lo suficiente para acabar de escribir la nota a mano. Al sentir que no podía completar adecuadamente lo que se había propuesto, no fue capaz de seguir adelante con sus planes. Entonces me dijo que a lo mejor había sido el destino el que se había interpuesto para mantenerle vivo y se trataba de una señal de que él y yo todavía nos pertenecíamos el uno al otro.

Cuando me contó aquella historia, yo me puse furiosa. Había estado en un tris de librarme de él, prácticamente a punto de conseguirlo, y un pequeñísimo giro del destino me lo había impedido. Seguía ligada a aquel hombre cruel e inestable, al hombre que había destruido mi confianza en mí misma, que mostraba toda la intención de seguir atormentándome el resto de mi vida. Jamás había estado tan consumida por el odio. Mi decepción era tan intensa que supe inmediatamente lo que debía hacer. Sabía, sobre todo en vista del estado emocional en que se encontraba en ese momento, que si manejaba correctamente la situación, lo más probable era que volviera a intentar suicidarse. De modo que abrí la boca para decirle fríamente que seguía considerándole un monstruo horrible y que jamás volvería con él, hiciera lo que hiciese. Y estuve a punto de decirle que no me importaba si vivía o moría y que, en último caso, le prefería muerto. Estaba dispuesta a ser todo lo cruel que fuera necesario para volver a empujarle al suicidio.

Sin embargo, me detuve. Seguía cegada por el odio, pero me detuve. Vi que estaba a punto de animar a un ser humano a matarse y me quedé atónita ante lo lejos que estaba dispuesta a llevar mi odio. Le miré y de repente me vino algo a la memoria, algo que aprendí en Camp Moriah. Recordé su condición de persona, su humanidad. Tenía ante mí a una persona. Una persona con unos problemas emocionales increíbles, pero, a pesar de todo, una persona. Con sus propias heridas profundas. Con sus propias cargas pesadas. Él mismo había sido criado en un entorno de maltrato, con muy poco amor y prácticamente nada de ternura.

Aquella idea me hizo llorar. Sin embargo, cuál no sería mi sorpresa cuando me di cuenta de que no eran lágrimas de desesperación, sino de compasión. Después de todo, tenía ante mí a un hombre que había intentado acabar con su vida. Y de repente me encontré rodeándole con el brazo para consolarle. Fue un momento que aún hoy no consigo entender del todo. A pesar de lo que me había hecho, estaba consumida de amor. Y lo que más me sorprendió fue que, a partir de ese momento —el momento en que empecé a ver a David como una persona—, jamás volví a sentir tentaciones de retomar la relación. Hasta entonces había creído que amar a David significaba que tenía que seguir con él. Esa era, en parte, la razón que me hacía sentirme atrapada. Sin embargo, lo que sucedió fue que, al quedar libre de la necesidad de justificarme por no amarle, fui capaz de dejarle. Y de hacerlo de forma compasiva y tranquila, sin la amargura que podría haberme pesado durante el resto de mi vida.

Tal y como aprendí en Camp Moriah, cuando empecé a ver personas, el mundo se transformó a mi alrededor. Ahora me siento libre, no solo de una relación malsana, sino también de unos sentimientos que, de no ser así, me habrían envenenado por dentro. Está claro que mi vida habría sido más fácil si no me hubiera casado con David. Sin embargo, jamás dejaré de alegrarme de no haberle animado a morir.

Y diciendo esto, Yusuf levantó la vista. Aclarándose la garganta dijo:

—Cuando veo una persona que está siendo maltratada, se me parte el corazón. ¡Qué carga tan cruel tiene que soportar! Si conozco a esta persona y compruebo que está rabiosa por dentro, ¿debería sorprenderme? Evidentemente, no. Considero que, en esas circunstancias, ¿quién no lo estaría?

»Sin embargo, ante una cuestión así, las historias como la que os acabo de leer me llenan de esperanza. Estas historias me demuestran que se puede volver a encontrar la paz, incluso en el caso de que gran parte de la vida haya sido una guerra.

»Aunque nada de lo que haga en el presente podrá borrar el maltrato del pasado, mi forma de actuar en el presente determina cómo gestiono los recuerdos de ese maltrato. Cuando veo a los demás como objetos, para justificarme me obsesiono con las injusticias que sufrí y mantengo vivos dentro de mí el maltrato y el sufrimiento. Cuando, por el contrario, los veo como personas, me libero de la necesidad de justificarme. De ese modo, me libero de la necesidad de centrar excesivamente mi atención en todo lo malo que me han hecho. Quedo libre para dejarlo atrás y para no ver solo lo malo en los demás, sino también lo regular y lo bueno.

»Sin embargo, eso es imposible si mi corazón está en guerra. Un corazón en guerra necesita enemigos que justifiquen su batallar. Es mayor su necesidad de enemigos y maltratos que su deseo de paz.

—¡Qué asco! —musitó Ria.

—Efectivamente, qué asco —asintió Yusuf—. Un dirigente político israelí, que ocupaba un puesto muy elevado en el gobierno del país, me dijo en cierta ocasión: «nuestros enemigos y nosotros somos perfectos los unos para los otros. Cada uno le da al otro razones para no tener que cambiar nunca». Por desgracia, lo mismo sucede en nuestros hogares y en el trabajo. Las guerras externas que nos rodean empiezan por una guerra interior que pasa inadvertida: una persona empieza a ver a los demás como objetos y los demás utilizan esto como justificación para hacer lo mismo. Este es el germen, y la germinación, de la guerra. Cuando llevamos este germen dentro de nosotros, no somos sino guerras esperando declararse.

—¿Y qué podemos hacer para evitarlo? —preguntó Carol.

—Para empezar —respondió Yusuf—, tenemos que aprender a buscar aquellas cosas en las que necesitamos justificarnos.

12

EL GERMEN DE LA GUERRA

—La justificación tiene algunas señales que la delatan —empezó a explicar Yusuf—. Ya he mencionado algunas: cómo empezamos a «terribilizar» a los demás, por ejemplo. De hecho, esta señal es una subcategoría de un grupo más amplio de señales que podríamos denominar exageraciones. Cuando tenemos el corazón en guerra, tendemos a exagerar las faltas de los demás. Eso es lo que llamamos «terribilizar». También tendemos a exagerar las diferencias que existen entre aquellos a los que acusamos y nosotros. Apreciamos muy pocas cosas en común entre ellos y nosotros, cuando la realidad es que somos similares en muchos aspectos, si no en la mayoría. También exageramos la importancia de todo aquello que pueda justificarnos. Si yo hubiera tenido una cita cuando a Mordechai se le cayeron las monedas, por ejemplo, de repente me habría parecido vital acudir a ella. Si hubiera llevado un libro en la mano, es posible que de repente hubiera sentido la necesidad imperiosa de enterrar la nariz en él y empezar a leerlo. Siempre que necesitamos justificarnos, cualquier cosa que pueda aportarnos esa justificación adquiere inmediatamente una importancia exagerada en nuestra vida. La autotraición lo corrompe todo, hasta el valor que damos a las cosas.

»Pensad un poco. ¿En qué momento de lo sucedido con Mordechai empecé a dedicar toda mi energía a culpar a otras personas? ¿Antes de traicionarme a mí mismo o después?

El grupo centró la mirada en la pizarra.

—Después —respondió Pettis el primero.
—¿Y en qué momento de la historia empecé a sentirme una víctima?
—Después de traicionarte a ti mismo —dijo Ria.
—¿Y en qué momento de la historia se me calentó la cabeza con la cuestión de quién actúa correctamente y quién está equivocado? ¿Antes de traicionarme a mí mismo o después?
—Después.
—¿Veis el patrón? Me traicioné a mí mismo y todo mi mundo cambió. Cambió porque había elegido una forma de estar en el mundo diferente, una forma que me exigía justificarme. Como necesitaba justificarme, empecé a verlo todo de un modo que me sirviera para justificarme. Los demás, yo mismo, el mundo, mi pasado, mi presente, mi futuro, mis penalidades, mis responsabilidades, mi forma de ver las cosas: todo se transformó; se transformó para que yo pudiera sentirme justificado.

»Cuando estamos un tiempo traicionándonos a nosotros mismos, desarrollamos unos estilos característicos de autojustificación. Alguien, por ejemplo, puede justificarse viéndose mejor que los demás. Si me creo superior, puedo excusar muchos pecados. Otra persona puede encontrar justificación en considerar que tiene derecho a cosas que no está recibiendo. Después de todo, si los demás no me dan lo que deberían darme, no es culpa mía si se lo reprocho o les trato mal. Y así sucesivamente.

»Hay infinitas formas de sentirse justificado, pero me gustaría presentaros cuatro de las más comunes. Son unos tipos de justificación que todos utilizamos, en mayor o menor grado, pero es posible que descubramos que algunos están más marcados en nosotros que los demás. Lo que yo espero es que, al señalar estos tipos, podamos vernos con algo más de claridad y descubrir algunos aspectos en los que nuestro corazón está en guerra.

»El primero de ellos es uno que reconoceréis inmediatamente en la historia de Mordechai. Es lo que llamamos el tipo de justificación "mejor que", que se ilustra en el cuadro de "mejor que". Este tipo de justificación no nos permite ver a los demás como personas, porque nos obliga a verlos con prejuicios, como inferiores a nosotros, menos hábiles, quizá, o menos importantes, menos cultos, menos honestos, etcétera. Siempre menos y, por tanto, siempre objetos.

Después de explicar esto, Yusuf dibujó el siguiente cuadro:

CUADRO DE «MEJOR QUE»

Cómo me veo a mí mismo	Cómo veo a los demás
Superior	Inferiores
Importante	Incapaces/Irrelevantes
Virtuoso/En lo cierto	Falsos/Equivocados
Sentimientos	**Cómo veo el mundo**
Impaciencia	Competitivo
Desdén	Problemático
Indiferencia	Me necesita

—Me gustaría hacer una pregunta —dijo Pettis cuando Yusuf terminó de rellenar las casillas del cuadro.

—Adelante.

—¿Qué pasa si una persona tiene realmente menos talento para algo, por ejemplo, y si yo soy mejor en alguna cosa? ¿Sugieres que el simple hecho de señalarlo es una autojustificación?

—No necesariamente —contestó Yusuf—. Cuando veo a las personas como personas, puedo observar sus puntos fuertes y sus puntos flacos relativos. Lo diferente de este cuadro, sin embargo, es que me siento superior o mejor que los demás por estos puntos fuertes o puntos flacos. Los utilizo para llevar la cuenta de la valía relativa de los demás y de la mía propia. Por eso, cuando estoy metido en este cuadro, estoy haciendo algo más que limitarme a apuntar las diferencias; estoy juzgando la valía de otras personas basándome en estas diferencias.

»Voy a ilustrároslo con una historia. Hace unos años fui a celebrar el Día de San Valentín con mi mujer, Lina, a un restaurante mexicano muy agradable. Cuando el camarero nos sentó a la mesa, capté inmediatamente una vaharada del olor corporal más repugnante que podáis imaginar. ¡Y procedía de la mesa de al lado! Al volver la vista hacia allí pude ver a una persona desaliñada y de aspecto poco aseado que, evidentemente, era la fuente de aquel pestazo. Me enfadé muchísimo. "¡Cómo se atreve a acudir a un sitio público en ese estado! —me decía furioso para mis adentros—. ¡Y el Día de San Valentín, para más inri! ¡Nos va a echar a perder la velada!". En un santiamén aquel tipo se había convertido, en lo que a mí concernía, en un patán desconsiderado y asqueroso.

—Qué considerado también por tu parte —murmuró Elizabeth con una sonrisa ladina bailándole en el rostro.

—No hacía más que observar los defectos de otra persona —dijo Yusuf impertérrito.

—Sin duda —respondió Elizabeth con complicidad.

—Y hablando de defectos, Lina no parecía demasiado molesta por el olor. No tengo claro qué era lo que más me fastidiaba, si el olor en sí o el hecho de que a Lina no le molestara. Empecé a dar la lata y a quejarme de tal modo que finalmente Lina pidió al camarero que nos sentara en cualquier otra mesa. Por suerte, desde nuestro nuevo sitio, al otro lado del comedor, la peste de aquel hombre solo me llegaba muy débilmente.

»Sin embargo, cuando nos sirvieron nuestros platos, el hedor corporal venía con ellos. "¿Será que el camarero también apesta?", me pregunté. Parecía un hombre bastante aseado, así que miré a mi alrededor para ver si el otro se había acercado a nosotros. Sin embargo, seguía sentado a su mesa, en el otro extremo de la sala. ¡Y entonces comprobé que el olor procedía de mi plato! Resultó ser que los frijoles que servían en aquel restaurante tenían un aroma peculiar, un aroma que yo había confundido con el olor corporal.

—Quién se lo iba a imaginar... Frijoles patanes —bromeó Elizabeth.

—Efectivamente —rió Yusuf.

—Una buena historia, si tenemos en cuenta el resultado —dijo Gwyn—. ¿Pero qué habría sucedido si el hombre hubiera realmente apestado? ¿Qué habría pasado si no te hubieras equivocado?

—Eso es exactamente lo que yo os quiero preguntar a vosotros, Gwyn —asintió Yusuf—. ¿Qué opináis? ¿Qué habría pasado si yo hubiera estado en lo cierto?

—Yo puedo decir algo sobre eso —opinó Elizabeth—, pues llevo en ese tipo de cuadro desde que empezamos esta mañana.

—Vaya —dijo Yusuf—. ¿Y eso?

—Me he sentido muy molesta con mi hermana porque no hizo el esfuerzo de estar aquí por su hijo. Como alguien tenía que venir, lo he hecho yo. Una combinación de circunstancias peligrosa para alguien que tiene tendencia a sentirse superior, ¿no os parece? —sugirió soplando para apartarse el pelo de los ojos en actitud burlona de exasperación—. He estado aquí sentada reflexionando sobre ello mientras hablabas y esto es lo que me ha venido a la mente: sigo pensando que mi hermana tendría que haber hecho el esfuerzo de venir. Creo que en ese aspecto tengo razón. Pero no he sido capaz de limitarme a observar el problema. Me he llegado a obsesionar con él. He estado tan sumida en pensamientos y sentimientos improductivos como tú, Yusuf, te obsesionaste con aquel tufo.

—Sí —asintió Yusuf riendo entre dientes—. Estás sugiriendo que, aun en el caso de que tenga razón en una cosa, mi experiencia emocional será completamente distinta según si estoy metido en ese cuadro o si estoy fuera de él.

—Pues sí, eso es lo que me estaba preguntando —respondió Elizabeth—. Tal y como has escrito en la casilla de los sentimientos, a mí me impacientaba tener que estar aquí y rebosaba desdén por mi hermana y su marido, porque no ganaran más, porque para ellos esto no supusiera la prioridad económica que debería haber sido.

Me embargaba la sensación de que son una familia muy problemática, de que, en mi opinión, mi hermana siempre toma las decisiones equivocadas, de que les falla a sus hijos y demás.

Elizabeth hizo una breve pausa, con la mente a muchos kilómetros de distancia, con su familia.

—Creo que me he convertido en una sabelotodo insufrible —murmuró con la mirada perdida.

—En ese caso —contestó Yusuf—, tienes eso en común con muchos de nosotros. Yo, sin duda, me justifiqué de este modo con respecto a Mordechai, por ejemplo, ¿no es así?

La mayor parte de los presentes asintió, pero Elizabeth seguía sumida en sus pensamientos.

—Vamos a analizar un segundo tipo muy común de justificaciones, ¿os parece? —dijo Yusuf encaminándose a la pizarra—. Es lo que llamamos el cuadro de «yo merezco».

»Por cierto —añadió mientras empezaba a escribir—, las personas que van por la vida sintiéndose mejores que los demás suelen creerse merecedores de muchas cosas, por lo que estos dos tipos de justificación suelen ir unidos.

CUADRO DE «YO MEREZCO»

Cómo me veo a mí mismo	Cómo veo a los demás
Merecedor	Equivocados
Maltratado/Víctima	Maltratadores
No apreciado	Desagradecidos
Sentimientos	**Cómo veo el mundo**
Con derechos	Injusto
Privado de mis derechos	Parcial
Resentimiento	En deuda conmigo

Cuando Yusuf terminó de escribir, dijo:

—Cuando estoy metido en este tipo de cuadro, suelo sentirme maltratado, victimizado, con derechos, privado de ellos, resentido y demás. En vuestro opinión, ¿pensaba o sentía alguna de estas cosas en la historia de Mordechai?

—Sí —respondió todo el grupo.

—Creo que estáis en lo cierto —asintió Yusuf—. Si hubiera sido consciente de hasta qué punto este tipo de pensamientos y sentimientos están concebidos para justificarme, podría haber reconocido que había en mi forma de estar algo torcido. Podría haber encontrado la forma de volver a ver a Mordechai como lo que era, como una persona.

»Pero, evidentemente, no reconocí que aquello estaba torcido y seguí viendo a Mordechai más o menos como un objeto durante muchos años. Y también a la mayoría de los otros Mordechais que conocí. Es decir, en la historia de Mordechai me sentía justificado como "mejor que" y como "yo merezco", y probablemente también en la de los frijoles. Cuando veo a los demás de forma torcida, lo que necesito en ese momento es una justificación, y conseguiré encontrarla sea como sea, o bien considerándome a mí mismo como mejor que el otro, con derechos, o bien ambas cosas a la vez.

»Antes de dejar la historia de los frijoles —continuó diciendo Yusuf—, quiero tratar dos puntos adicionales. En primer lugar, observad cómo mis cuadros de "mejor que" y "yo merezco" hacen que tenga más probabilidades de equivocarme con este hombre. ¿Cuándo tendré más probabilidades de confundir la fuente del hedor que tanto me molestó, cuando miro a los demás con desdén y resentimiento o cuando los veo sencillamente como personas?

—Cuando los miras con desdén y resentimiento, sin lugar a dudas —respondió Pettis.

—Por tanto, observad —siguió diciendo Yusuf— que, cuanto más seguro estoy de tener razón, más probabilidades tengo de equivocarme. ¡Mi necesidad de tener razón aumenta las probabilidades de que me esté equivocando! Del mismo modo, cuanto más seguro estoy de que me están maltratando, más probabilidades tengo de no darme cuenta de que yo también estoy maltratando a otras personas. Mi necesidad de justificación oculta la verdad.

—Interesante —dijo Pettis sopesando mentalmente aquellas ideas. Los demás parecían estar analizándolas en profundidad también.

—Sí —asintió Yusuf—. Y una cosa más acerca de esta historia antes de seguir adelante. Para entrar en ella, voy a cambiar ligeramente la situación. Vamos a suponer que esta historia sucedió en casa o en el trabajo. Vamos también a asumir, como dijo Gwyn antes, que la persona tiene, efectivamente, un problema de mal olor corporal. En este caso, ¿qué versión de mí, la «mejor que», la «yo merezco» o la que ve a las personas como personas, suponéis que tendrá más probabilidades de conseguir ayudarla a solucionar el problema?

—Hombre, imagino que la que ve a las personas como personas será la que más pueda ayudar —respondió Pettis.

—¿Y por qué?

—Bueno, si te acercaras a él pensando que es un sucio piojoso o con actitud de que te debe algo, lo más probable es que de ese modo no hicieras más que fomentar su oposición a cualquier cosa que pudieras decirle.

—¿Está todo el mundo de acuerdo con esto? —preguntó Yusuf.

—No lo tengo muy claro —dijo Lou—. Me preocupa la posibilidad de que, si le ves como una persona, puedas no hablar con él. Podrías sencillamente limitarte a pasarlo por alto.

Yusuf sonrió.

—Todavía te preocupa la posibilidad de que el hecho de ver a los demás como personas signifique que eres demasiado blando, ¿no es así, Lou?

—Puede que sí y puede que no —Lou sonrió tímidamente—. Sencillamente, me da la sensación de que podrías pasar por alto este tipo de cosas para no herir los sentimientos de esa persona. Eso es lo único que quería decir.

—¿Crees que lo pasaría por alto si ese hombre realmente me importara? —respondió Yusuf—. ¿Crees que le dejaría ir apestando por ahí y, con ello, permitiría que todo el mundo pensara mal de él? ¿Es eso lo que haría una persona que realmente se preocupa por otra?

—Bueno, supongo que no —admitió Lou.

—De hecho —siguió diciendo Yusuf—, cuando dejo que las personas sigan haciéndose daño a sí mismas y haciendo daño a los demás sin hacer ni el más mínimo esfuerzo para ayudarlas a cambiar, rara vez lo hago porque las esté viendo como personas. Normalmente se debe a que mis actos están motivados por otro tipo de autojustificación, una justificación que muy a menudo hace que la gente se muestre blanda y que se sienta disculpada por su blandura.

—Eso es algo que me interesaría oír —dijo Lou.

—Ya me lo imaginaba —contestó Yusuf sonriendo.

13

MÁS GERMEN DE GUERRA

—De hecho —añadió Yusuf—, Avi os contará que su estilo de justificación más común le invita a mostrarse blando.

El grupo dirigió la mirada hacia el mencionado Avi.

—Es cierto —asintió este—. ¿Te parece que cuente unas cuantas ideas acerca de esto? —le preguntó a Yusuf.

—Adelante.

—Cuando encontramos la justificación en la blandura —empezó a explicar Avi—, suele deberse a que estamos en otro cuadro, el de un tercer tipo básico de justificación. Es un cuadro titulado «necesidad de ser visto como».

»Es algo parecido a esto:

CUADRO DE «NECESIDAD DE SER VISTO COMO»

Cómo me veo a mí mismo	**Cómo veo a los demás**
Necesito ser bien visto Farsante	Críticos Amenazadores Mi audiencia
Sentimientos	**Cómo veo el mundo**
Angustiado/Asustado Necesitado/Estresado Abrumado	Peligroso Me observa Me juzga

»Cuando estoy en este tipo de cuadro —explicó Avi tras terminar de dibujar el diagrama—, podría necesitar gustar a los demás, por ejemplo. Este tipo de cuadro me impide hacer lo que es útil y correcto cuando eso que es útil y correcto puede no gustarle a la otra persona. Voy a poneros un ejemplo.

»Cuando montamos Camp Moriah, contraté a un tal Jack como director del campo. El director es la persona que está a cargo de todo en el recorrido con los jóvenes. No tardé mucho en descubrir que me había equivocado. A Jack se le daba muy mal organizar a las personas. Tenía muy mal genio y siempre echaba la culpa de los problemas a los demás. Tenía un cuadro de "mejor que", que convertía a todos aquellos con los que trabajaba en inferiores. De ese modo, hacía caso omiso de todas las críticas, echaba la culpa de los fallos a las otras personas y solía tratar a sus compañeros con indiferencia y desdén. Generaba problemas allá donde estuviera. Evidentemente, me di cuenta de lo que estaba sucediendo y supe que, si Jack quería seguir con nosotros, tenía que cambiar su forma de trabajar y de organizar el trabajo de los demás. Y, sin embargo, jamás le dije nada de esto. Era una persona sumamente irascible y a mí me daba miedo enfrentarme a él. Y no lo hice. ¡En lugar de eso, empecé a desear que se fuera o que encontrara otro trabajo que le gustara más!

—De eso es de lo que yo estaba hablando —exclamó Lou—. Eso es exactamente lo que me preocupa de todo lo que estáis contándonos, que las personas se conviertan en unos seres tan blandos que queden paralizados.

—¿Y crees que yo veía a Jack como una persona en esta historia, Lou?

Lou reflexionó durante un segundo. Quería decir que sí, pero de repente empezó a comprender lo que pretendían explicar Yusuf y Avi.

—Si yo lo hubiera considerado una persona, me habría importado lo suficiente como para querer ayudarle a que le fueran bien las cosas, ¿no te parece? —dijo Avi.

Lou no respondió. Vio que, en estas cuestiones, tenía las de perder.

—Estoy de acuerdo, Lou, en que mi blandura como gerente fue un problema en este caso. Sin embargo, yo planteo la posibilidad de que me mostrase blando precisamente porque veía a Jack como un objeto, no porque lo viera como una persona. Estaba metido en un cuadro de «necesidad de ser visto como» que me impulsaba a agradar a los demás, o quizá a no tener problemas, y eso me llevaba a ignorar totalmente lo que habría sido más útil para Jack y para Camp Moriah. Como mencionó Yusuf hace un momento, con frecuencia este tipo de cuadro de justificación, la variedad «necesidad de ser visto como», nos invita a ser blandos.

Sin ser consciente de ello, Lou asintió casi imperceptiblemente.

—Este es también el tipo de justificación —interrumpió Yusuf— que Pettis observó en la historia de Mordechai cuando argumentó que quizá me di la vuelta movido por un deseo de no parecer insensible de forma gratuita. Dicho de otro modo, estaba haciendo una representación; tenía necesidad de conseguir que los demás me vieran de una forma que me sirviera de justificación. Es también el tipo de justificación que me impulsó a esconder la lechuga debajo del mueble de la cocina, donde nadie podría argumentar que la tenía que haber visto y, por tanto, haberla recogido. El hecho de esconder la lechuga demuestra que yo tenía necesidad de ser visto como una persona considerada, responsable u ordenada, cualidades que otros no me otorgarían si creyeran que había dejado allí la lechuga de forma consciente. Evidentemente, el hecho de no agacharme a recogerla, que no me iba a suponer un gasto de energía mayor que el de esconderla, sugiere que quizá yo también arrastro algún otro tipo de justificación de los que hemos analizado anteriormente. ¿Cuál creéis que podría ser?

—Eres demasiado importante para recoger la lechuga —respondió Gwyn—. A mí me parece que podría ser el tipo de justificación «mejor que».

—Efectivamente, Gwyn. Excelente —asintió Yusuf—. Creo que tienes razón. Lo que significa, dicho de otra forma, que consideré que Lina era tan poco importante que tenía que ser ella la que se preocupara por ese tipo de cosas.

Hizo una pausa para que todos captaran lo que quería decir.

—¿Qué creéis que puede suponer vivir con alguien que te considera así?

Aquel comentario sumió a Lou de golpe en un problema que apenas le había pasado por la cabeza hasta ese momento. No se había agachado a recoger trozos de lechuga o cosas así en casa desde hacía años, si es que alguna vez lo había hecho. A diferencia de Yusuf, jamás se preocupaba tampoco por esconder la evidencia. No le importaba si algo caía al suelo; no se preocupaba de semejantes trivialidades. Ahora, sin embargo, las palabras de Yusuf resonaron en su cabeza: *consideraba que Lina era tan poco importante que tenía que ser ella la que se preocupara por ese tipo de cosas. ¿Qué puede suponer vivir con alguien que te considera así?*

En ese momento, Lou supo que Carol podría responder muy bien a esa pregunta. Y supo también que probablemente ella estaba allí sentada pensando exactamente lo mismo. Y de repente notó una sensación que le resultó casi extraña por el mucho tiempo que llevaba sin percibirla: empezó a sentir un calor punzante. Luego notó que las orejas se le ponían coloradas y que se le sonrojaban las mejillas. Y entonces lo supo... ¡Estaba avergonzado! Y se sintió avergonzado de sentirse avergonzado, y notó que la cara se le enrojecía y le ardía aún más.

Miró el diagrama del cuadro de «mejor que»: superior, importante, virtuoso, con razón, impaciente, desdeñoso, indiferente; los demás son inferiores, incapaces, están equivocados, etcétera.

Sintió que le habían retratado.

Y entonces su mente retrocedió a una conversación que había mantenido con Cory en el avión:

—Papá, supongo que consideras que te he fallado —había dicho Cory—. Hasta estás enfadado por tener que ir en este avión. Crees que no es más que otra pérdida de tiempo por mi culpa.

Cory tenía razón. Lou estaba enfadado por tener que viajar en aquel avión, por tener que encontrarse ausente cuando su empresa se estaba deshaciendo. Y todo por culpa de un hijo que no sentía ni un asomo de gratitud por tanto como Lou le había ofrecido, un hijo que estaba tirando por tierra el nombre de la familia. «¡Es injusto que un niño pueda arruinar tantas cosas!», había gritado Lou para sus adentros.

La palabra «injusto» saltó de repente en su cabeza, y volvió a leer lo que estaba escrito en la pizarra, el cuadro de «yo merezco»: ves la vida como algo injusto y a los demás como seres desagradecidos y maltratadores; tienes tendencia al resentimiento y a sentirte con derechos.

«Es cierto —pensó Lou—. Efectivamente, tenía la sensación de que me merecía un hijo mejor…, como mi hijo mayor, Jesse». Y entonces las palabras de Yusuf volvieron a sonar en su mente: «¿Qué puede suponer vivir con alguien que te considera así?».

Lou sacudió la cabeza y volvió a leer los diagramas: el cuadro de «necesidad de ser visto como», necesidad de que piensen bien de ti, por ejemplo.

«No, eso me da exactamente igual —pensó Lou—. Ese no lo tengo».

Pero entonces se dio cuenta de que este tipo de autojustificación ve con frecuencia a los demás como una amenaza. Y en ese momento supo que, efectivamente, así era como él veía a Cory. Cory amenazaba el buen nombre y la reputación de la familia. Ponía en peligro la reputación de Lou.

«Maldita sea —pensó Lou muy sorprendido—, resulta que sí que me importa lo que los demás piensen de mí».

La voz de Avi trajo de nuevo a Lou al presente:

—Y por último, existe también una cuarta categoría común de autojustificación.

»Salió en la discusión sobre Mordechai cuando uno de vosotros mencionó el hecho de que Yusuf podría deprimirse al pensar que en realidad era una mala persona. Este tipo de justificación es el del cuadro «peor que».

Y dibujó lo siguiente:

CUADRO DE «PEOR QUE»

Cómo me veo a mí mismo No tan bueno como otros Inservible/Defectuoso Maldito	**Cómo veo a los demás** Aventajados Privilegiados Bendecidos
Sentimientos Impotente Celoso/Amargado Deprimido	**Cómo veo el mundo** Duro/Difícil Contra mí Me ignora

—¿Puedo preguntar una cosa acerca de este último tipo de justificación? —preguntó Carol.

—Por supuesto, Carol. Lo que quieras.

—He estado reflexionando sobre este tipo de forma de ver las cosas desde que contaste la historia de Mordechai. Con franqueza, me veo muy reflejada en él, pero no sé en qué me siento justificada cuando veo así las cosas. De hecho, a mí me parece que me ocurre todo lo contrario. Por ejemplo, cuando estaba sumida en el trastorno alimentario, me sentía despreciable e inútil. No me sentía justificada en absoluto.

Avi asintió.

—Déjame que te confiese una cosa —dijo—. Yo sufrí unos problemas de dicción terribles casi hasta que cumplí veinte años. Tartamudeaba muchísimo. No sabes lo embarazoso que me resultaba. Me apartaba de los demás y buscaba cualquier excusa para estar solo. ¿Era consciente de que tenía un problema? Sí. Y era un problema mío, lo sabía. Pero afectaba a mi forma de ver a los demás. Los miraba con anhelo, no por cariño ni porque me interesaran, sino por una especie de envidia irritante. Tenía envidia de no ser como ellos, de que a ellos no les costara hablar. Me asustaba la idea de bloquearme, de que me temblaran patéticamente los párpados cuando intentaba escupir las palabras. Imaginaba esta escena una y otra vez, y vivía sumido en un temor perenne a resultar ridículo.

»Entonces, ¿me sentía justificado? Depende del sentido que le demos a esta palabra. No estaba justificando mi tartamudeo, porque el tartamudeo es algo que no necesita justificación. Cuando tenemos problemas de dicción, no estamos mostrando ninguna conducta torcida hacia los demás. Ni en ese caso ni en el de ninguna otra discapacidad. Sin embargo, aunque no estaba justificando mi discapacidad, sí estaba justificando otra cosa. De hecho, lo que estaba haciendo en realidad era *utilizar mi discapacidad* para justificar otra cosa, algo que estaba torcido y que tenía que rectificar. Utilizaba mi discapacidad como justificación para separarme de los demás. Esta separación de los otros como personas era lo que tenía que justificar, porque era una actitud torcida. Me apartaba de la gente en cuanto tenía oportunidad para ello, no permitía que sus necesidades penetraran en mí y culpaba de ello a mi discapacidad. Me decía que no podían esperar que yo hiciera esto o lo otro debido a mi discapacidad. ¡Mi discapacidad era mi justificación! Era mi excusa para no implicarme en el mundo.

Al oír esta explicación, Carol empezó a asentir.

—Ya, ya lo pillo. Por tanto, en mi caso podría ser que no me sintiera justificada por mi trastorno alimentario, sino por haber empezado a utilizarlo como excusa para no estar mejor con las demás personas.

—Merece la pena que reflexionemos sobre ello —dijo Avi. Dirigió la vista hacia la pizarra y se quedó contemplando los cuadros que Yusuf y él habían escrito en ella—. Cuando miro estos cuadros y los comparo con los primeros años de mi vida, podría afirmar que me identifico sin duda con el de «peor que». Diría que también me identifico con el de «necesito que me vean como». De hecho, en mi vida las justificaciones de «necesito que me vean como» y de «peor que» han ido de la mano muchas veces. Aunque sufría por tartamudear, anhelaba terriblemente que los demás pensaran bien de mí. Esta situación me llevaba a no hablar apenas, porque tenía miedo de resultar estúpido. Tal y como sugiere el cuadro, veía a los demás como seres críticos y amenazadores, y tenía la sensación de que estaban constantemente observándome, escuchándome y evaluándome. Al apartarme de los demás, vivía en constante miedo y angustia. Y cuanto más me apartaba, más crecía mi angustia.

Carol sopesó esta información.

—Sí, yo también me veo reflejada en lo que estás diciendo. Creo que a veces me aparto e intento fundirme en las sombras. Lou es una persona con tantas habilidades y de tanto éxito que muchas veces considero que no estoy a su altura y acabo deprimiéndome muchísimo.

Avi asintió.

—Conozco esa sensación. Pasé casi todos mis primeros veinte años de vida sintiéndome igual.

—¿Y cómo lo solucionaste? —preguntó Carol—. ¿Fue algo tan sencillo como librarte de la tartamudez?

Avi sonrió.

—Te aseguro que librarme de la tartamudez no fue nada sencillo.

—No, no era eso lo que quería decir —dijo Carol poniéndose colorada.

—Ya, ya lo sé. No te preocupes. Te estaba tomando el pelo. Pero, en respuesta a tu pregunta, Carol, te diré que la tartamudez no era el problema.

Y diciendo esto, Avi se quedó unos momentos con la vista clavada en el suelo.

—¿Y por qué lo sé? —explicó volviendo a mirar al grupo—. Pues porque intenté suicidarme dos veces después de haber conseguido prácticamente superar la tartamudez.

Esta afirmación pareció vaciar de aire la habitación.

—Una vez con pastillas y la otra con una cuchilla de afeitar —dijo entrecerrando los ojos al recordarlo—. La segunda vez, mi madre me encontró tirado en el suelo del cuarto de baño en medio de un charco de sangre.

14

EL CAMINO HACIA LA GUERRA

Avi dejó a un lado los recuerdos de sus intentos de suicidio y miró a Carol a los ojos.

—Por eso, Carol, puedo afirmar que la tartamudez no era la causa de mis problemas. Lo que pasaba era que tenía el corazón en guerra, en guerra con los demás, conmigo mismo y con el mundo. Había estado utilizando la tartamudez como arma en esa guerra y me había colocado en una posición en la que veía y sentía de una forma torcida y autojustificadora. Ese era mi problema. Y no fui capaz de salir de él hasta que encontré la salida a mi necesidad de justificarme.

—¿Cómo? —la voz de Carol era apenas un susurro.

Avi le sonrió.

—Ese va a ser el tema de la conversación de mañana.

—¿Lo vas a dejar así? —le preguntó Lou—. ¿Acabas de decirnos que intentaste suicidarte dos veces y vas a dejarlo por hoy?

Avi rió entre dientes.

—¿Quieres saber más sobre ello?

—Bueno, no sé —dijo Lou reculando—. Es posible.

—Hablaré más de ello mañana —prometió Avi—. Sin embargo, durante los últimos cuarenta minutos de esta tarde, creo que sería mejor que diéramos un repaso a lo que hemos estado viendo hoy. De esa forma, para mañana lo tendréis todo bien asimilado.

»En primer lugar, hablamos sobre las dos formas de estar: una es con el corazón en guerra, cuando vemos a los demás como objetos, y la otra es con el corazón en paz, cuando vemos a los demás como personas. Y recordaréis que aprendimos que podemos tener todo tipo de comportamientos, ya sean duros, blandos o intermedios, en ambas formas de estar. Os voy a plantear dos preguntas: si podemos mostrar prácticamente cualquier comportamiento teniendo el corazón en paz o en guerra, ¿por qué debería importarme cómo estoy? ¿Tiene alguna importancia?

—Sí —respondió Carol—. Desde luego que sí.

—¿Y por qué? —preguntó Avi—. ¿Por qué crees que importa?

—Porque he visto cómo un corazón en guerra echa todo a perder.

Avi esperó a que Carol continuara.

—He estado actuando exteriormente con amabilidad hacia nuestro hijo Cory desde que empezó a tener problemas, pero sé que no era sincera. Y esto ha tenido dos consecuencias para mí. En primer lugar, creo que he estado adoptando un estilo de «yo merezco» que me llevaba a pensar que, mientras yo me estaba mostrando de lo más dulce y cariñosa, él se dedicaba a maltratarnos, a mí y a toda la familia. Y Cory es consciente de que eso es lo que siento. Lo sé porque me lo ha echado en cara muchas veces. Aunque yo siempre lo negaba —añadió con voz sumisa.

»Creo que he pasado los últimos años consumida por una sensación de culpa por no querer realmente a Cory, aunque pretendía que sí le quería —hizo una pausa mientras los ojos se le llenaban de lágrimas—. Y eso no es lo que hace una buena madre —y se le ahogó la voz mientras se secaba los ojos. Luego empezó a sacudir la cabeza—. Eso no es lo que hace una buena madre —volvió a dudar—. Creo que he adoptado un estilo de "peor que", de ser una mala madre.

—Creo que estás siendo demasiado dura contigo misma —dijo Lou—. Es cierto que Cory ha sido un chico muy difícil. No es culpa tuya.

—Depende del sentido que le des a eso, Lou —contestó Carol recuperando la compostura—. Ya sé que no soy responsable de las cosas que ha hecho. Pero sí lo soy de lo que yo he hecho.

—Claro —intercedió Lou—, pero tú solo has hecho cosas buenas. Yo soy el que se ha portado como un estúpido con él.

—Pero, Lou, ¿no entiendes lo que quiero decir? Estamos hablando de algo más profundo que lo que yo he hecho o he dejado de hacer. Ya sé que le he preparado la comida y le he lavado la ropa. He estado ahí recibiendo sus palabras insultantes y muchas más cosas. Pero eso no es más que la superficie. Lo importante es que, mientras representaba el papel de pacifista hacia afuera, por dentro mi corazón le estaba dando de bofetadas. Y a ti —añadió—, por cómo te peleabas con él. Pero yo también estaba en guerra, aunque de una forma disimulada, por lo que parecía que no lo estaba.

—¿Y quién no lo estaría, dadas las circunstancias? —argumentó Lou—. En guerra, quiero decir.

—¡Pero esa no puede ser la respuesta, Lou! No puede ser.

—¿Y por qué no?

—Porque entonces no tenemos ninguna salida. Eso significaría que toda nuestra experiencia vital, hasta nuestros pensamientos y sentimientos, estarían controlados y provocados por los demás. Significaría creer que no somos responsables de aquello en lo que nos hemos convertido.

—Maldita sea, Carol, ¿es que no ves lo que está haciendo Cory? Está consiguiendo que nos sintamos culpables por lo que él hace. ¿Y por qué no puede ser Cory responsable de sus actos?

—En el mundo que estás describiendo, Lou, no puede serlo. Si no podemos reaccionar ante un corazón en guerra más que poniendo también nuestros corazones en guerra, ¿cómo vamos a esperar y exigir que él actúe de forma distinta cuando nuestros corazones también están guerreando?

—¡Pero él fue quien provocó esta situación! —vociferó Lou—. ¡Siempre le hemos dado todo lo que necesitaba! ¡Es culpa suya! Estás a punto de dejarle que se vaya de rositas y asumir tú toda la culpa. ¡Y no lo voy a permitir!

Carol inspiró profundamente y exhaló con fuerza, con todo el cuerpo temblando de dolor. Bajó la vista hacia las rodillas y cerró los ojos con el rostro contraído por la aflicción.

Yusuf interrumpió:

—¿De qué tienes miedo, Lou?

—¿Miedo? Yo no tengo miedo de nada —respondió este.

—Entonces, ¿qué es lo que sientes que no puedes admitir?

—¡No estoy dispuesto a admitir que mi hijo destruya mi familia!

Yusuf asintió.

—Tienes razón, Lou. No puedes admitirlo.

Esa no era la respuesta que había esperado Lou.

—Pero eso no es lo que está sugiriendo Carol. No ha dicho que piense dejar que Cory se vaya de rositas. Solo está hablando de no irse ella misma de rositas.

—No, ha estado echándose la culpa de cosas que eran solo culpa de Cory.

—¿De qué, por ejemplo? ¿Ha dicho que el consumo de drogas y los robos fueran culpa suya?

—No, pero ha estado diciendo que ha sido una mala madre, cuando lo cierto es que cualquier hijo medio bueno no la habría hecho sentirse así.

—Y Cory tampoco, eso es lo que ella está diciendo —apuntó Yusuf.

—¿Cory no qué?

—No la ha hecho sentirse así.

—¡Claro que sí!

—Eso no es lo que yo le he oído decir a *ella*.

Lou se volvió hacia Carol.

—Mira, Carol —empezó a decir—, ya sé que estás molesta, pero no quiero que te eches encima más de lo que puedes soportar. No quiero que asumas problemas que no son tuyos, eso es todo.

Carol le sonrió con el rostro teñido de melancolía.

—Ya lo sé, Lou. Muchas gracias. Pero Yusuf tiene razón.

—¿En qué tiene razón?
—En que yo soy responsable de lo que siento, y no solo de lo que hago.
—¡Pero no te sentirías así si no fuera por Cory!
Ella asintió.
—Es posible que tengas razón.
—¿Lo ves? —saltó Lou—. Eso es lo que quiero decir.
—Creo que yo sí lo veo, Lou, pero mucho me temo que tú todavía no.
—¿Qué es lo que no veo?
—El hecho de que yo no me habría llegado a sentir como me siento si no hubiera sido por Cory no significa que él me haya hecho sentirme como me siento.
—Todo lo contrario; claro que es eso lo que significa —objetó Lou.
—No, Lou, en absoluto. Y lo sé por lo siguiente: ahora no me siento así. Cory ha hecho todo lo que ha hecho, todo lo que ha hecho en el pasado y todo aquello por lo que yo le culpaba de cómo me sentía… y, sin embargo, ahora no me siento así. Lo que significa que no ha sido él quien ha hecho que me sintiera así. La decisión siempre ha estado en mis manos.
—¡Pero él hace que tomar esa decisión resulte muy difícil! —exclamó Lou.
—Sí —intervino Yusuf—, es muy probable que sea así, Lou. Pero las decisiones difíciles siguen siendo decisiones. Nadie, haga lo que haga, puede privarnos de la capacidad de elegir nuestra propia forma de estar. Las personas difíciles siguen siendo personas y siempre tenemos en nuestra mano el poder de verlas como tales.
—Y de dejar luego que nos coman —musitó Lou.
—¡Eso no es lo que está diciendo, Lou! —imploró Carol—. Para ver a alguien como una persona no tienes necesariamente que ser blando. Nos lo demostró la historia de Saladino. Hasta en la guerra se puede estar con el corazón en paz. Pero ya lo sabes. Has estado

aquí el mismo tiempo que yo y eres muy listo. Y eso significa que, si todavía no lo has comprendido, es porque te estás negando a escuchar. ¿Por qué, Lou? ¿Por qué te niegas a escuchar?

Esta reprimenda pilló a Lou por sorpresa. En condiciones normales habría saltado ante un comentario tan incisivo y se habría lanzado contra el ser insufrible que se hubiera atrevido a formularlo. Sin embargo, en ese momento no sintió necesidad de hacerlo. Seguramente Carol, siempre humilde, siempre tímida, jamás le hubiera criticado tan directamente. Desde luego, no delante de otras personas. ¡Y sin embargo, allí estaba, contestando a su queja de que estaba permitiendo a otros irse de rositas con una negativa a dejarle a él irse de rositas! Lou se dio cuenta, maravillado, de que estaba empezando a aprender lecciones sobre dureza exterior de la persona más tierna que conocía. Le había preocupado la posibilidad de que aquel curso pudiera animar a la gente a volverse débil y blanda, y, sin embargo, Carol parecía estar transformándose en la dirección contraria ante sus ojos.

«Algunos de los cuadros de autojustificación hacen que la gente se vuelva blanda —recordó—. Es posible que Carol haya estado metida en alguno de esos cuadros y por eso el hecho de salir de ellos le anime a mostrarse más enérgica en determinadas ocasiones.

»Pero ese no es mi problema —pensó riéndose por lo bajo—. Si yo estoy en alguno de esos cuadros, tiene que ser en los que me animan a mostrarme duro; muy duro, de hecho —y volvió a reír entre dientes—. Por eso es posible que salir de ellos signifique que me voy a ablandar un poco».

A pesar de las revelaciones, aquella idea preocupó a Lou.

—Lou —la voz de Yusuf rompió su cadena de pensamientos—, ¿estás bien?

—Sí, muy bien. Estoy muy bien.

Luego se inclinó hacia Carol.

—Creo que estoy recuperando algo de oído —susurró.

«Maldita sea —pensó—, me estoy ablandando».

Pero de repente dejó de preocuparle la idea.

—Entonces —siguió diciendo Yusuf paseando la mirada por todo el grupo—, en respuesta a la pregunta de Avi, Carol ha sugerido la posibilidad de que aquello que se halla más profundo que nuestra conducta, es decir, nuestra forma de estar, importa. Y mucho. ¿Estáis de acuerdo?

Lou asintió junto con todos los demás.

—Entonces os voy a plantear otra pregunta. Si la elección de la forma de estar es importante, ¿cómo podemos cambiar de una forma de estar a la otra? En concreto, ¿cómo pasamos de la paz a la guerra, de ver personas a ver objetos?

—Traicionándonos a nosotros mismos —respondió Elizabeth.

—¿Y eso qué significa? —preguntó Yusuf.

—Es lo que ilustraste con la historia de Mordechai. Tuviste el impulso de ayudarle, lo que significa que le veías como una persona, pero te diste la vuelta y empezaste a buscar justificaciones para no ayudarle, por lo que se convirtió en un objeto para ti.

—Efectivamente, Elizabeth. Excelente —respondió Yusuf—. Eso es exactamente. Por tanto, la traición a mí mismo, este acto de violentar mis sentimientos hacia otra persona, provoca que vea a esa persona o personas de distinta manera; y no solo a ellas, sino también a mí mismo y al resto del mundo. Cuando no hago caso del impulso de pedir perdón a mi hijo, por ejemplo, puedo empezar a decirme que él es en realidad el que tiene que pedir perdón, o que es como un grano en el culo, o que si le pidiera perdón él lo iba a tomar como licencia para hacer lo que le diese la gana.

»Y esto significa que, cuando violento mis sentimientos hacia los demás y hacia cómo debería comportarme con ellos, inmediatamente empiezo a ver el mundo de una forma tal que justifique mi traición a mí mismo. En esos momentos, empiezo a ver y a vivir de una forma torcida, lo que al final acaba creando en mi interior la necesidad de justificarme, de encontrar una rectificación.

DIAGRAMA DE LA ELECCIÓN

Sensación/Impulso/Deseo
Ayudar a Mordechai a recoger las monedas
(Veo a Mordechai como una PERSONA con necesidades, preocupaciones y miedos que importan, como los míos)
Mi corazón está en paz

ELECCIÓN

Respetar el impulso

Continúo viendo a Mordechai como una persona igual que yo

Traicionar el impulso

Empiezo a ver a Mordechai de una manera tal que justifica mi autotraición. Se convierte en un OBJETO al que culpar.

Mi corazón entra en guerra

Cómo me veo a mí mismo	Cómo veo a Mordechai
Mejor que otros	Sin derecho a estar allí
Una víctima (y, por tanto, los demás están en deuda conmigo)	Me roba la paz
Malo (pero así me han hecho otros)	Amenaza sionista
Necesidad de ser bien visto	Fanático
Sentimientos	**Cómo veo el mundo**
Enfadado	Injusto
Deprimido	Un agravio
Amargado	Muy duro
Justificado	Contra mí

—¿Y qué pasa si desde un principio no sientes ese impulso de ayudar? —preguntó Lou—. Si he de ser sincero, yo rara vez lo tengo. ¿Significa eso que no me estoy traicionando a mí mismo?

—Es posible —concedió Yusuf—. Pero también podría significar otra cosa.

—¿El qué?

Yusuf señaló al Diagrama de la Elección.

—¿Qué crees que sucedería si me metiera en este cuadro con respecto a Mordechai y luego no saliera de él?

Nadie respondió durante unos momentos.

—No pasaría nada —dijo Lou finalmente—. Todo seguiría tal como estaba.

—Eso es, Lou. Lo cual significaría que al final estaría cargando con este cuadro, ¿no es así?

—Sí, supongo que sí —respondió Lou lentamente intentando asimilar las implicaciones.

En ese momento Yusuf añadió otra flecha al diagrama para indicar cómo podemos cargar con el cuadro.

—Dicho de otra forma —resumió Yusuf—. Si me meto en este cuadro y no salgo de él, acabo cargando con él. Y en mi próxima interacción con Mordechai, lo más probable es que empiece en este cuadro... desde el principio, ¿de acuerdo?

Yusuf esperó para ver si todos los que tenía enfrente habían comprendido la idea. Cuando le pareció que sí, continuó:

—Y si empiezo directamente desde dentro de este cuadro, ¿suponéis que tendré alguna posibilidad de sentir un impulso o deseo de ayudar a Mordechai la siguiente vez que me encuentre con él? A él o a todos aquellos con los que lo he juntado.

—Ah, ya veo —contestó Lou—. No, no la tendrías. Estarías molesto, amargado y enfadado desde el principio. Y en ese estado no es probable que sintieras ningún impulso de ayudarle.

—Eso es lo que estoy sugiriendo —asintió Yusuf—. Puedo terminar cargando con un cuadro enorme en el que desde el principio percibo a las personas como objetos. Cuando desarrollo estos cuadros tan grandes, cada vez que las justificaciones que aparecen en ellos se ven desafiadas o amenazadas, estallo. Si necesito que los demás me vean como una persona inteligente, por ejemplo, me angustiaré cada vez que crea que mi inteligencia puede ser puesta en entredicho..., como, por ejemplo, cuando me piden que hable en público o cuando creo que los demás me están evaluando. Si me siento superior, es muy probable que estalle de ira o desdén si los demás no reconocen que soy mejor o si percibo que alguien está intentando parecer mejor que yo. Y así con las demás justificaciones. Ya no tengo necesidad de traicionar mis impulsos hacia otra persona para cargar con el cuadro, porque ya estoy cargando con él. En esos casos estoy siempre al acecho por si veo alguna ofensa y estallo cada vez que mis justificaciones se ven amenazadas.

—Entonces, lo que estás diciendo es que, si descubro que no tengo muchos impulsos de este tipo, podría ser señal de que ya estoy cargando con ese cuadro, que ya llevo conmigo este cuadro, por decirlo de alguna manera.

—Efectivamente, estoy sugiriendo esa posibilidad.

Lou reflexionó sobre ello.

—Yo tengo una pregunta distinta de la de Lou —dijo Carol levantando la mano.

—Adelante.

—Mi problema no es que tenga muy pocos impulsos de ayudar. A mí lo que me preocupa es que tengo demasiados. Y francamente, cuando pienso en ello me siento un poco abrumada por tener que hacer todo lo que creo que debería hacer para no traicionarme a mí misma.

—Yo tengo el mismo problema —dijo Ria.

Yusuf asintió.

—Entonces, menos mal que no es eso lo que significa.

—¿No? —preguntó Carol esperanzada.

—No. Y para que veáis por qué no, echemos otro vistazo al Diagrama de la Elección. Observad dos de sus elementos. En primer lugar, daos cuenta de que utilizamos los términos «respetar» y «traicionar», no «hacer» y «no hacer». Observad también el uso de la palabra «deseo» junto a «sensación/impulso». Dicho de otro modo, esta sensación que estamos describiendo es algo similar a un deseo. ¿Me sigues? —preguntó a Carol antes de continuar.

—Sí. Respetar y traicionar, y deseo. Lo veo.

—Muy bien. Entonces déjame que te pregunte una cosa: ¿alguna vez te has encontrado en una situación en la que no pudiste hacer algo que sentías que debías hacer por alguien, pero aun así seguiste deseando haberlo hecho?

—Desde luego. Constantemente —respondió Carol—. Eso es exactamente de lo que estoy hablando.

Yusuf asintió.

—Observa cómo esas experiencias son distintas a esta mía. En mi caso, cuando no quise ayudar, ¿seguía teniendo deseos de hacerlo?

Carol miró el diagrama.

—No.

—Efectivamente, no. Muy bien. Observa, por tanto, la diferencia: en mi caso, empecé sintiendo un deseo de ayudar, pero acabé con indiferencia, mientras que en el tuyo empiezas con un deseo de ayudar y terminas con un deseo de ayudar.

Hizo una pausa para que captara bien lo que acababa de explicarle.

—Aunque es cierto que en este tipo de casos no conseguiste realizar aquello que sentías que sería lo más adecuado, aun así conservaste el impulso o el deseo que tenías al principio. Es decir, seguiste *deseando* ayudar. Me imagino que para que hubieras podido hacerlo tendrían que haber sucedido varias cosas más y sencillamente no pudiste hacer lo que considerabas más apropiado. ¿Es así?

Carol asintió.

—Así es la vida —exclamó Yusuf encogiéndose de hombros—. Con frecuencia vemos muchas cosas que serían las más adecuadas para un momento dado. Tanto si hacemos un servicio concreto como si no lo hacemos, la forma de saber si nos hemos traicionado a nosotros mismos es comprobar si seguimos deseosos de ayudar.

—Vale, ya lo pillo —dijo Carol—. Estás diciendo que la sensación que respeto o que no respeto es este deseo de ayudar, no el hecho en sí de hacer o no hacer algo concreto.

—Eso es, Carol. Eso es exactamente lo que quiero decir. Y por eso utilizamos los términos «respetar» y «traicionar» en el Diagrama de la Elección, en lugar de «hacer» y «no hacer».

»Por cierto —añadió—, esto demuestra que puedo, de hecho, comportarme de la forma que considero más adecuada y aun así estar cargando con el cuadro. Pensad en la historia de Mordechai. Pongamos que, cuando empecé a cargar con el cuadro, llega alguien que me conoce y, por vergüenza, por no querer parecer insensible, me giro y ayudo a Mordechai a recoger las monedas, pero me siento muy enfadado por haberme visto obligado a hacerlo. En ese caso, ¿lo estaría viendo como una persona mientras le ayudaba?

—No.

—¿Habría conservado mi deseo de ayudar?

—No, en absoluto.

—Por tanto, ¿habría respetado o traicionado mi impulso de ayudar?

—Lo habrías traicionado —respondió Carol—. Vale, ya lo he entendido. No es solo lo que hacemos, ¿verdad? Es algo más profundo que eso.

—Exacto. Mi corazón no estaría en paz aunque exteriormente le estuviera ayudando, lo que sugiere que estaba traicionando mi deseo original de ayudarle.

Carol hizo una mueca ante este comentario y se mordió el labio.

—Entonces esto me plantea otra pregunta.

—Dime.

—La situación que has descrito, la de conservar el deseo de ayudar aun cuando no puedo hacerlo, explica algunas de mis experiencias, pero no todas.

—Cuéntanos —la invitó Yusuf.

—Bueno, creo que muchísimas veces, cuando no puedo ayudar, tampoco me siento en paz. Para ser honesta, en ocasiones estoy ardiendo por dentro. Me siento abrumada, totalmente angustiada y estresada por no poder ayudar. Es algo que me reconcome por dentro, y no soy capaz de relajarme ni de encontrar la paz. Eso me pasa, por ejemplo, cuando la casa no está limpia. Me angustio cuando viene alguien y no he podido limpiar.

—Ah —respondió Yusuf—, entonces da la sensación de que en esos casos sí podrías estar cargando con el cuadro, ¿no es así?

Carol asintió.

—Y es posible que así sea, Carol. En último término, tú eres la única persona que lo sabe con certeza, pero da la sensación de que podrías haber desarrollado un cuadro hiperactivo de «necesidad de ser vista como». Es posible que estés cargando con un cuadro de «necesidad de ser vista como una persona que ayuda», por ejemplo, o «como una persona considerada, o amable, o una especie de supermujer». Todos los cuadros de «necesidad de ser visto como» multiplican en la mente la lista de obligaciones que consideras que deberías cumplir, y es muy probable que acaben con tu paz cuando no eres capaz de cumplirlas.

Carol se hundió ligeramente en su asiento.

—Me estás describiendo a la perfección —dijo—. Así es exactamente como soy.

Luego alzó la vista hacia Yusuf.

—¿Y de dónde vienen?

—¿De dónde viene *el qué*?

—Estos cuadros, como el de «necesidad de ser vista como».

—Vamos a echar otro vistazo al Diagrama de la Elección.

Y señalándolo, continuó:

—¿En qué momento de esta historia estuve cargando con algún cuadro, ya fuera el de «mejor que», el de «yo merezco», el de «peor que» o el de «necesidad de ser visto como»?

—Cuando traicionaste tu impulso.

—Exacto. Lo que significa que construimos nuestros cuadros durante toda una vida de elecciones. Cada vez que decidimos apartarnos y echar la culpa a otro, necesariamente nos sentimos justificados para hacerlo y empezamos a montar un cuadro de autojustificación que se va haciendo cada vez más fuerte con el tiempo.

—Pero, ¿por qué he desarrollado un cuadro de «necesidad de ser vista como», al contrario de lo que les sucede a otras personas?

—Buena pregunta, Carol —respondió Yusuf—. Si eres como la mayoría de la gente, lo más probable es que hayas desarrollado cuadros que incluyen elementos de cada uno de estos tipos de justificación.

—Yo creo que suelo estar situada en las categorías de «peor que» y «necesidad de ser vista como» —indicó Carol.

—Yo no —exclamó Lou—. En mi caso son las de «mejor que» y «yo merezco» todo el rato.

—Qué sorpresa —bromeó Gwyn.

—Sí, sorprendente —asintió Elizabeth.

—No quería decepcionaros —dijo Lou—. Era lo que esperabais de mí.

—¿Y por qué Lou y yo tenemos cuadros diferentes? —preguntó Carol volviendo a la pregunta que estaban analizando.

—Con respecto a los cuadros —respondió Yusuf—, no os dejéis engañar por las categorías. No son más que simples herramientas lingüísticas que nos ayudan a pensar con algo más de precisión en el tema de la justificación. Las diferencias que muestran son, en algunos aspectos fundamentales, algo artificial. Eso significa que aquello en lo que nos parecemos es mucho mayor que lo que nos distingue. Lo que Lou y tú compartís con todas las demás personas del planeta es la necesidad de justificaros que surge de toda una vida de autotraiciones. Si tenemos necesidad de justificarnos de distintas formas, se debe a que nos justificamos en un contexto y buscamos la justificación más fácil que podamos encontrar. Así, por ejemplo, si yo hubiera sido criado en un ambiente de críticas y exigencias, podría resultarme más fácil, en términos relativos, encontrar refugio en las justificaciones de «peor que» y «necesidad de ser visto como». Los que se criaron en ambientes acaudalados o beatos, por el contrario, pueden gravitar de forma natural hacia las justificaciones de «mejor que» y «yo merezco». Los cuadros de «necesidad de ser visto como» pueden surgir también con mucha facilidad en este tipo de circunstancias.

»Sin embargo, el punto clave, y el que además compartimos, es que todos buscamos justificaciones, de la forma que sea. Como buscar justificaciones es algo que hacemos nosotros, también podemos dejar de hacerlo. Tanto si encontramos la justificación en que somos peores como si la encontramos en que somos mejores, todos podemos hallar el camino hacia una situación en la que no tengamos necesidad de justificarnos. Podremos hallar el camino hacia la paz, una paz profunda, duradera y auténtica, aunque estalle la guerra a nuestro alrededor.

—¿Y cómo? —preguntó Carol.

—Como dijo Avi hace unos minutos, ese será el tema de mañana.

»Para esta noche os invitamos a reflexionar sobre los cuadros que cargáis y sobre la naturaleza de vuestras justificaciones predominantes.

»También os invitamos a considerar cómo vuestro cuadro, ese corazón en guerra que albergáis en vuestro interior, ha favorecido una guerra exterior entre las personas que forman parte de vuestra vida y vosotros.

»¿Os acordáis del Diagrama de la Conspiración? —preguntó señalando el dibujo sobre el conflicto de Avi y Hannah acerca de recortar los bordes del jardín.

La mayor parte del grupo asintió.

—Buscad esta noche ese patrón de conducta en vuestra propia vida. Observad cómo podéis estar fomentando en los demás las conductas de las que os quejáis. Reflexionad sobre los cuadros que podrían esconderse tras vuestras reacciones en esas situaciones. Intentad descubrir qué autojustificaciones estáis defendiendo.

Yusuf paseó la mirada por todo el grupo.

—En resumen, esta noche os invitamos a que reconozcáis las batallas y a que reflexionéis sobre vuestras guerras. Utilizando metafóricamente el conflicto de Oriente Próximo, todos somos palestinos e israelíes en algunas áreas concretas de nuestra vida. Creernos mejores no nos va a ayudar en nada ni a nosotros ni a nuestros seres queridos.

»Que tengáis una buena velada.

TERCERA PARTE
De la guerra a la paz

15

DISCULPAS

Lou apenas consiguió dormir esa noche. Daba vueltas y más vueltas mientras los errores cometidos durante los últimos treinta años se reproducían una y otra vez en su mente. Cory era un objeto para él, no podía negarlo. Su corazón se estremecía de furia con solo pensar en su nombre. Pero esa noche le invadía un sentimiento nuevo: deseaba librarse del dolor que le producía Cory, no librarse del propio Cory. Quería que su hijo regresara. O, por decirlo de una forma más precisa, estaba empezando a sentir deseos de volver a ser el padre de Cory.

Y hablando de dolor, el que sentía por haber echado a Kate se había agudizado. Al reconstruir lo que hasta entonces había considerado una reunión de amotinados en la sala de juntas, volvió a oír sus palabras y a contemplar su ceño fruncido. ¡Se había portado como un crío! No podía permitirse perder a Kate, pero su orgullo le había empujado por el borde del precipicio y le había cegado, impidiéndole ver algo cierto que sospechaba era evidente para todos los demás: que era Kate, y no Lou, la principal ejecutora del éxito de Zagrum Company.

«¿Cómo puedo haber estado tan ciego? ¿Qué voy a hacer? ¿Cómo puedo rescatar mi empresa?».

Sin embargo, cuando por fin empezó a clarear, sus pensamientos y su dolor estaban centrados en otro asunto. Durante treinta y un años, Carol (que había dormido a pierna suelta toda la noche) le había entregado su vida entera, mientras él, por su parte, le había dado muy poco a cambio. Se conocieron en un baile de la Universidad Syracuse. Carol había acudido con uno de los amigos de Lou. Este, que aquella noche estaba sin pareja, no podía quitarle los ojos de encima. Empezó la velada preguntándose si sería ético pasar por encima de su amigo. Al final de la noche, el asunto había dejado de ser una cuestión de ética para pasar a ser exclusivamente un problema de estrategia.

Durante los meses siguientes, Carol fue como una especie de contradicción para él. Por un lado era una muchacha afable y tranquila; reía con presteza, tenía siempre preparada alguna contestación encantadora y en ocasiones hasta ingeniosa. En resumen, era divertida. Divertida para conversar, divertida para bromear, divertida para estar con ella. Por otro lado, sin embargo, se mostraba instintivamente cautelosa. Era hija obediente de un predicador y había sido enseñada a recelar de los hombres y de sus intenciones. Su padre acostumbraba a pedir a todos los pretendientes que le acompañaran al sótano a «ver los trenes». Una vez allí, sin encender las luces siquiera, les amenazaba de muerte si se les ocurría hacer algo indecoroso con su hija. Lou, el último de una larga sucesión de muchachos, también recibió esta advertencia. Él estaba convencido de que, de haber sido un chico de instituto que viviera en el pueblo del predicador, la charla podría haber ejercido sobre él un efecto profundo. Sin embargo, como estaba ya en la universidad y no tenía ningún vínculo con la congregación ni con la religión del padre de Carol, la advertencia no hizo más que plantearle una serie de obstáculos prácticos. Para entonces estaba absolutamente colado por Carol Jamison. De todas formas, era consciente de que el señor Jamison tendría que darle su aprobación antes de que su hija pudiera llegar a enamorarse de verdad de él.

Pasó mucho tiempo con el padre y sus «trenes».

Entre las citas con Carol y las charlas de su papá, la nota media de Lou bajó muchísimo. Pero no había vuelta atrás. De todas formas, no dejaba de pensar en Carol durante las clases y las horas de estudio, así que no tenía sentido alejarse de ella para intentar mejorar sus notas. Al final Lou, que era cristiano pero no practicante, se ganó la confianza del sumamente religioso padre de Carol y se declaró. Fue entonces cuando aprendió una lección acerca de la independencia de la muchacha. Puede que compartiese las cautelas de su padre, pero no estaba dispuesta a acatar ciegamente lo que este hubiera aprobado. La primera vez que Lou se le declaró, ella le respondió que se lo tenía que pensar. Tuvo que guardarse el anillo de pedida durante cinco meses antes de que ella le permitiera ponérselo en el dedo. Aquel momento no se le borraría jamás de la memoria.

—Sí, Lou, me voy a casar contigo —le dijo de repente sin venir a cuento, una tarde lluviosa de domingo mientras volvían a casa después del servicio religioso.

—¿Cómo dices? —espetó Lou sin poderlo remediar.

—Me voy a casar contigo, Lou. Voy a dedicaros mi vida entera a ti y a nuestra familia.

Y así lo había hecho.

Al recordarlo, Lou fue consciente de que no había correspondido con la misma devoción. Era cierto que jamás había mirado a otras mujeres. No era ese su vicio. Su problema no era un interés lujurioso ocasional por otras mujeres, sino más bien un interés lujurioso constante hacia sí mismo, hacia su propio éxito, hacia su posición social en el mundo.

Había empezado de una forma sumamente inocente, cuando tomó la decisión de enrolarse en los marines e ir a Vietnam. Mientras Carol reflexionaba sobre su propuesta de matrimonio, comenzó a juguetear con la idea. Quizá por miedo al rechazo, o como forma de evitar el bochorno público que habría sufrido si ella le hubiera rechazado, o quizá incluso por un sentimiento de patriotismo ferviente, el caso fue que se enroló dos días antes de que Carol le sorprendiera al aceptarle. Tardaron cinco años en llegar al altar.

Aquello había sucedido hacía veinticinco años. Su primera hija, Mary, nació al cabo de menos de un año, y el segundo, Jesse, dos años después. La primera empresa de Lou «nació» al poco tiempo, y con ella una obsesión por el trabajo que obligó a Carol a actuar como madre soltera; emocionalmente, sin duda, y quizá también físicamente. Cory, su tercer hijo, tenía más de un día cuando Lou acudió al hospital a ver a la madre y al niño.

—Las reuniones en Nueva York no podían esperar —le dijo.

Nunca podían esperar. Aunque el Hospital Yale de New Haven estuviera solo a una hora y media de Wall Street.

A Carol le había dolido su ausencia, pero para entonces ya estaba acostumbrada a ella. Lou no llevaba bien que le dijeran lo que tenía o no tenía que hacer, así que, con el transcurso de los años, había aprendido a no pedirle gran cosa. La combinación contradictoria de feroz devoción y férrea independencia propia de Carol era la que había mantenido unida a la familia. Lou palideció al recordar cierta ocasión, unos diez años después de casarse, en la que Carol le pidió que hiciera algo y él le indicó que entrara con él en el vestidor. Carol, sin saber los motivos de esta petición, le siguió tímidamente. Una vez allí, Lou le ordenó que se pusiera un par de pantalones de él. Ella le miró intrigada, pero obedeció.

—Muy bien, Carol. ¿Qué observas en estos pantalones?

—Que me están demasiado grandes —respondió ella con la cinturilla del pantalón formando un círculo abierto alrededor de su cuerpo.

—¡Y no debes olvidarlo nunca! —le había contestado Lou con énfasis, refiriéndose no a la diferencia de tamaño de sus respectivas cinturas, sino a la del peso de las responsabilidades a las que, en su opinión, cada uno tenía que hacer frente.

Al recordar esta escena, un escalofrío recorrió su cuerpo. Si el padre de Carol hubiese estado aún con vida, Lou sabía que habría merecido una reunión violenta con sus trenes.

A la mañana siguiente seguía dando vueltas a estos asuntos mientras Carol y él se dirigían en silencio hacia Camp Moriah. Ya cerca de las oficinas, no fue capaz de guardarse sus pensamientos durante más tiempo.

—Carol, lo siento —dijo—. Lo siento muchísimo.

—¿El qué?

—Todo —y sacudió la cabeza lastimeramente—. Siento no haberte querido como tú merecías que te quisiera. Siento no haber estado a tu lado igual que tú has estado siempre al mío.

Carol no dijo nada durante un minuto. Los ojos se le llenaron de lágrimas.

—Sí has estado a mi lado, Lou —dijo finalmente—. A veces estabas también en otros sitios. Pero siempre has vuelto a mi lado. Muchas mujeres no tienen tanta suerte. Pocas son las que pueden decir que jamás han tenido motivos de preocupación, y yo jamás he tenido que preocuparme por ti. Aunque estuvieras centrado en otras cosas, siempre he sabido que también estabas dedicado a mí.

—Pero no debería haber sido un «también a mí» —respondió Lou—. No es suficiente —y apretó las mandíbulas—. Voy a compensarte por ello. Te lo prometo.

Tras unos instantes de silencio, Carol dijo:

—No eres el único que debe pedir perdón.

—¿A qué te refieres?

—Ya sabes a qué me refiero. He estado a tu lado, supongo, pero mi corazón no necesariamente ha estado allí también. Llevo años echándote en silencio la culpa de mi situación.

—Pero tenías todo el derecho del mundo para hacerlo —la defendió Lou con honradez.

—¿Tú crees? —y se giró hacia él—. Cuanto más me consumía al ver que mis necesidades no se tenían en cuenta, más grandes se iban haciendo estas necesidades, hasta tal punto que creo que me he quedado sorda ante las necesidades de los demás: ante tus necesidades, ante las de Cory.

—Ya empiezas a castigarte a ti misma otra vez, Carol.

—No, Lou; castigarme a mí misma es precisamente lo que llevo haciendo en silencio durante muchos años. Pero ahora no me estoy castigando, solo estoy por fin siendo consciente de mi lucha interna.

—Pero, Carol, si lo único que has hecho durante muchos años es atender a las necesidades de todos los demás. Si jamás has pensado en ti.

Carol sonrió débilmente.

—Eso es justo lo que yo me he estado diciendo a mí misma también, Lou, pero no era verdad. Ahora me doy cuenta —y añadió—: Te he estado odiando, Lou.

Aquello le hizo tambalearse.

—¿Odiándome? —repitió débilmente.

—Echándote la culpa de miles de forma sutiles —hizo una pausa—. ¿He cumplido concienzudamente con todas las tareas domésticas? Sí. Pero eso es solo un comportamiento, ¿no te das cuenta? Cada vez que limpiaba la casa, me hundía más en la conmiseración hacia mí misma. Y he pasado años considerámdome culpable por no sentir por ti lo que sabía que debería sentir. Ha sido un constante caer dando vueltas y más vueltas en un círculo vicioso.

Lou no sabía qué decir.

—¿Y qué vas a hacer? —le preguntó al fin.

—No lo sé seguro. Espero que hoy pueda recibir un poco más de ayuda para averiguarlo.

Y con estas palabras cesó la conversación entre ellos y ambos reflexionaron en silencio acerca de sus situaciones respectivas. Dos minutos más tarde llegaron a Camp Moriah.

Había llegado el momento de profundizar todavía más.

16

UN REGALO EN ÉPOCA DE GUERRA

—Bueno, ¿cómo os fue la velada a todos? —preguntó Avi con una gran sonrisa cuando todo el grupo hubo tomado asiento en la sala.

Lou paseó su mirada por todos los presentes y se sorprendió al descubrir que, en aquella sala, se sentía como en casa, que tenía la sensación de estar entre amigos.

«Sí, en eso es en lo que se han convertido —pensó—. Pettis, el compañero veterano y alumno de mente despejada. Elizabeth, la británica de elevados principios morales con un sentido del humor sutil y una honestidad sorprendente. Ria y Miguel, la curiosa pareja que libra una batalla constante por fregar los cacharros. Carl y Teri, los callados y tímidos padres de Jenny. Incluso Gwyn, mi fogosa contrincante, la que me acusó de ser racista».

Lou se rió entre dientes al darse cuenta de que se alegraba incluso de ver a Gwyn.

—¿De qué te ríes, Lou? —preguntó Avi.

—De nada —respondió este sonriendo—. Me alegro de volver a veros a todos esta mañana, eso es todo.

—¿Incluso a mí? —inquirió Gwyn con una sonrisa burlona.

—*Sobre todo* a ti, Gwyn —rió Lou.

En la comodidad del momento resultaba fácil olvidar lo mucho que habían cambiado las cosas desde la mañana anterior.

—Entonces, ¿cómo podemos salirnos del cuadro? —preguntó Avi metafóricamente—. ¿Cómo puede nuestro corazón pasar de la guerra a la paz? Esa es la cuestión que vamos a tratar hoy.

—Estupendo, porque estoy deseando saber la respuesta.
—De hecho, Lou, ya has vivido la respuesta —contestó Avi.
—No creo —respondió Lou con una sonrisilla de suficiencia.
—Desde luego que sí. No tienes más que comparar cómo te sientes y cómo nos ves a todos los que estamos aquí hoy con cómo te sentías y cómo nos veías ayer por la mañana.

Fue como si alguien encendiera de repente todo un panel de luces sin el que Lou se había acostumbrado a ver. Su forma de pensar y de sentir acerca de aquella sala y de las personas que se encontraban en ella había cambiado. Lo veía claramente. Pero ¿cómo había sucedido?

Lou verbalizó su pregunta interna:

—Tienes razón. Tengo la sensación de que esta mañana las cosas son diferentes. ¿Por qué? ¿Cómo ha sucedido?

—¿Te importa que te cuente una historia? —preguntó Avi.

—Adelante.

—¿Os acordáis de mi tartamudez y de mis intentos de suicidio? Lou y todos los presentes asintieron.

—Me gustaría contaros lo que sucedió. Para ello tengo que retroceder hasta 1973.

Avi empezó a recorrer la sala de un lado a otro.

—El 5 de octubre de 1973 yo cumplía quince años —comenzó—. Al día siguiente era Yom Kippur, o Día de la Expiación, el día más sagrado del calendario judío. En Israel es un día de oración y ayuno, un día en el que todo el mundo, hasta las fuerzas de defensa israelíes, se reúne en casa o en la sinagoga para la celebración religiosa.

»Ese día, a las dos de la tarde exactamente, Egipto y Siria lanzaron un ataque sorpresa contra Israel, Egipto desde el sur y Siria desde el norte. Jamás olvidaré el penetrante alarido de las sirenas que llamaban a los reservistas a dejar los rezos y ponerse el uniforme de combate. Mi padre, que era uno de estos reservistas, salió corriendo de nuestro hogar en Tel Aviv en cuestión de minutos. Su unidad fue movilizada al norte para combatir a los sirios en los Altos del Golán.

»Fue la última vez que lo vi.

Avi hizo una pausa momentánea y continuó:

—Yo era un niño que se había criado con las historias de la Guerra de los Seis Días, unas historias que parecían basadas en los relatos del combate entre David y Goliat, y esperaba la vuelta de mi padre esa misma semana. Sin embargo, tres días más tarde falleció en un ataque con morteros; fue una de las muchas bajas que se produjeron en un lugar muy apropiadamente denominado Valle de Lágrimas.

»Mi mejor amigo era un árabe israelí llamado Hamish. Su padre y el mío trabajaban juntos en la misma empresa. Nos conocimos en un encuentro que organizó la compañía para las familias de los empleados. Él vivía en Jaffa, no muy lejos de mi casa, situada en la parte sur de Tel Aviv. Pasábamos juntos todo el tiempo que podíamos.

«De todos los niños con los que me junté en mi infancia, Hamish fue el único que jamás se burló de mi tartamudez. No era solo que jamás se riera hacia afuera de ella, sino que yo sabía que tampoco me criticaba internamente por ello. Después de todo, ¿qué importancia tenían unas cuantas palabras embrolladas entre dos amigos?

»Cuando Hamish se enteró de la muerte de mi padre, vino a darme el pésame. Sin embargo, yo le eché de mi casa lleno de ira. Jamás olvidaré la escena: Hamish, con la cabeza inclinada reverentemente ante mi puerta mientras yo soltaba por la boca toda una sarta de groserías y le echaba la culpa de la muerte de mi padre. Le culpé a él, a mi mejor amigo, al compañero de juegos de mi infancia. Él había matado a mi padre, él y todos los que tenían su misma religión y su mismo aspecto. Eso fue lo que le dije.

»Yo temblaba de ira mientras él, todavía con la cabeza inclinada, se retiraba de mi puerta, se daba la vuelta en silencio y, caminando tristemente por la calle, salía de mi vida.

»Acababa de perder de repente a dos de las personas más importantes para mí; una era un judío, que me había sido arrebatado por el arma de un árabe, y el otro era un árabe, aniquilado por las balas verbales de un judío.

»Y también hubo otra baja, por supuesto. Como ya hemos aprendido, dejar de apreciar de ese modo la condición de ser humano de otra persona requiere muchas justificaciones. Yo empecé a exterminar en mi mente a toda una parte de la raza humana. Los árabes eran chupasangres, cobardes, ladrones, asesinos, meros perros merecedores de la muerte a los que solo se permitía vivir por la bondad del pueblo israelí. Lo que no comprendí hasta varios años más tarde es que, siempre que deshumanizo a otro, deshumanizo necesariamente todo lo que es humano, yo incluido. Lo que comenzó como un odio hacia los árabes se fue convirtiendo en un odio hacia todos los judíos que se negaban a compartir mi odio por los árabes, y casi terminó en un nivel de odio a mí mismo que me dejó en medio de un charco de sangre en el suelo de un cuarto de baño de Tempe (Arizona).

»Pero así fue como conocí a Yusuf.

»En el verano de 1974, mi madre, preocupada por cómo me había venido abajo tras la muerte de mi padre, me envió a vivir a Estados Unidos con su hermano. Y aquí fue donde aprendí a odiar a otros dos grupos: en primer lugar, a los judíos religiosos, representados por mi tío, que insistían en mirar a Dios cuando era evidente que Dios, si es que existía, estaba mirando para otro lado; y en segundo lugar, a los estadounidenses acaudalados, con todos sus juguetes y aparatitos diversos, que miraban con recelo al adolescente tartamudo obligado a llevar una kipá, o gorrito ritual.

»Combatí mi tartamudez como acto de supervivencia y autodefensa, y al final, hacia la época en que me matriculé en la Universidad Estatal de Arizona, conseguí adquirir una especie de control consciente sobre ella. Pero estaba solo, apartado de la humanidad que caminaba, charlaba y circulaba a mi alrededor. Era un alma humana solitaria.

»Alguno quizá considere que me vino muy bien —dijo con una pequeña risita para romper algo de la tensión de la historia—, porque me daba mucho tiempo para estudiar. Sin embargo, como les sucede a muchas de las personas que se sienten solas, mi preocupación por los demás era mayor que la de aquellos que viven para socializar. Veréis, nunca estaba realmente solo, aunque me hubiera apartado físicamente de los demás, porque siempre estaba pensando en mi padre, en mi pueblo, en los árabes y en Hamish. Todos aquellos a los que odiaba estaban siempre conmigo, incluso cuando estaba solo. No tenían más remedio que estar ahí, porque yo tenía que recordar qué odiaba y por qué lo odiaba, para así acordarme de mantenerme apartado de ellos.

»Después de mi segundo intento de suicidio y de una breve estancia en el hospital, me dieron el alta para que reflexionara sobre mi futuro, que, por aquel entonces, parecía muy sombrío. Tras el desastre de mi primer año en la Universidad de Arizona, me concedieron un periodo de prueba, pero las notas del segundo curso fueron todavía peores. Estaba seguro de que me iban a expulsar. Un día, a principios de mayo, recibí una carta del rectorado..., la notificación de mi expulsión.

»O eso fue lo que pensé. En realidad, se trataba de un último y compasivo salvavidas. Era una invitación para apuntarme a un programa de supervivencia de cuarenta días dirigido por un profesor de la universidad, un árabe llamado Yusuf al-Falah —y extendió el brazo hacia Yusuf, que asintió ligerísimamente con la cabeza.

»Ese detalle de su origen significaba, por supuesto, que no iba a hacerlo —siguió diciendo Avi—. Prefería que me expulsaran antes que verme obligado a pasar cuarenta días y cuarenta noches con una persona que fomentaba el odio, porque eso era lo que yo, como promotor también del odio, daba por supuesto que tenía que ser el tal profesor. Y eso fue lo que le dije a mi madre, que para entonces se había mudado también a Estados Unidos.

—Te vas a apuntar a ese programa, Avi —me regañó—, o dejarás de ser hijo mío. Y estate seguro de que no estoy hablando por hablar. Dos veces has intentado irte de mi vida y algo me ha robado al niño que yo conocía hace cuatro años. Así que te lo voy a poner muy fácil: si desprecias esta oportunidad, un regalo que no te mereces, por culpa de algún odio ciego que albergas en tu corazón contra una persona a la que no conoces, entonces dejarás de ser mi hijo. Desde luego, si eso hicieras no serías hijo de tu padre.

Avi realizó una pausa en su relato para inspirar hondo.

—Así que fui. Fui a vivir con mi enemigo.

El grupo esperó anhelante a que continuara con su relato.

—¿Y qué sucedió? —preguntó Gwyn.

—¿Te importa? —dijo Yusuf pidiéndole permiso a Avi para intervenir.

—En absoluto —respondió Avi—. Adelante.

Yusuf caminó hasta la parte delantera de la sala.

—Para que os hagáis una idea de lo que sucedió, quizá pueda venir bien que os cuente algo que ocurrió aquí ayer... con la hija de Carl y Teri, con Jenny.

«¡Jenny!», pensó Lou. Era increíble pero se le había ido de la cabeza.

—Carl, Teri —preguntó Yusuf—, ¿os importa que le cuente al grupo cómo trajisteis a Jenny?

Carl se removió inquieto ante la atención que había despertado de repente, pero contestó:

—Por mi parte, no hay problema.

—¿Estás seguro?

—Sí, adelante.

—¿Teri?

—Desde luego, adelante.

—Muy bien —dijo Yusuf, y, volviéndose hacia el resto del grupo, empezó a relatar—: cuando Jenny se subió al coche de sus padres ayer por la mañana, no sabía que la estaban llevando a un programa de tratamiento. Es algo que recomendamos que no se haga, pero aun así hay gente que lo hace. También iba en el coche el hermano de Jenny, que la sujetó para que no se tirara del vehículo en marcha cuando sus padres le dieron la noticia. Todos vosotros pudisteis ver el estado en que se encontraba la muchacha cuando escapó de la sujeción de su hermano y saltó al otro lado de la calle. Quizá no os dierais cuenta de que estaba descalza. Este detalle puede no parecer muy importante a las nueve de la mañana. Sin embargo, la cosa cambia por completo cuando el sol de Arizona empieza a calentar el pavimento, os lo aseguro. Aunque estemos en abril.

»Como ya mencioné ayer por la tarde, Jenny echó a correr poco después de que empezáramos nuestra sesión, y dos de nuestros jóvenes salieron detrás de ella. Lo que me gustaría contaros es lo que pasó en las pocas horas que transcurrieron mientras la seguían.

—¿Pocas horas? —preguntó Lou.

—Sí. Los jóvenes que la siguieron se llaman Mei Li y Mike. Fueron alumnos de nuestro programa, pero ahora trabajan con nosotros. Mei Li tiene veinte años y Mike, veintidós.

»De hecho, están con nosotros esta mañana —dijo alargando la mano hacia el fondo de la sala.

Todos los presentes giraron la cabeza.

Mei Li y Mike, vestidos con cómodos pantalones chinos gastados y camisetas, les sonrieron. Mike se quitó el pañuelo que llevaba en la cabeza como los jugadores de béisbol se quitan la gorra. Mei Li agitó tímidamente la mano.

—¿Os importaría acercaros para contarnos lo que sucedió ayer? —les pidió Yusuf.

Ambos sonrieron, asintieron y caminaron hasta la parte delantera de la sala.

—Pues bien —empezó Mike—, Jenny echó a correr aproximadamente un cuarto de hora después de que entrarais en el edificio. Nos llevaba unas manzanas de ventaja cuando Mei Li y yo salimos tras ella. La llamábamos mientras nos íbamos acercando, pero ella nos chilló y empezó a gritar diciendo que sus padres la habían traicionado.

»Lo siento —se excusó ante Carl y Teri cuando se dio cuenta de lo que acababa de decir. Hizo un pequeño mohín de vergüenza y bajó la cabeza pidiendo disculpas.

Carl sacudió la cabeza y restó importancia al comentario con un movimiento indiferente de la muñeca.

—No te preocupes —dijo.

—Jenny estaba llorando —Mei Li metió baza en la explicación—. Nada de lo que le decíamos servía para nada; yo diría que quizá ponía las cosas todavía peor. Ella empezó a correr más rápido y a saltar tapias para deshacerse de nosotros.

—Es que participa en carreras de obstáculos —explicó la madre casi en tono de disculpa.

—Era de suponer —exclamó Mei Li entre risas—. De todas formas, hicimos todo lo que pudimos para mantener su ritmo.

—Y para mantener una conversación —añadió Mike—. Seguimos así, corriendo detrás de ella e intentando hablar, durante bastante rato. Pero entonces Mei Li se dio cuenta de una cosa.

—¿De qué? —preguntó Teri.

—De que Jenny tenía los pies ensangrentados. Por eso le preguntamos si le parecía bien que llamáramos a alguien para que le trajera unos zapatos.

—¿Y qué dijo? —volvió a preguntar Teri.

Mike negó con la cabeza.

—No estaba dispuesta a aceptarlo.

Teri suspiró.

—Pero entonces Mei Li se sentó —siguió narrando Mike— y empezó a quitarse los zapatos. «Toma los míos, Jenny —le dijo—. Tú tienes los pies destrozados pero los míos están bien. Por favor». Pero Jenny le llamó una cosa que prefiero no repetir y siguió corriendo.

El padre de Jenny, Carl, sacudió la cabeza con resignación.

—Pero dio igual —continuó diciendo Mike—. Mei Li se quitó los zapatos de todas formas.

Teri y Carl les dirigieron una mirada de interrogación.

—Mike hizo lo mismo —añadió Mei Li—. Se sentó en el suelo y se quitó también los zapatos. Luego intentamos ponernos otra vez a su altura.

—¿Descalzos? —preguntó Lou.

—Sí —respondió Mei Li.

—¿Durante cuánto tiempo?

—Bueno, otras tres horas más o menos.

—¡*Tres horas!* ¿Descalzos por la calle? ¿En Phoenix?

—Sí.

—Pero *¿por qué?*

—Esa es la cuestión —intervino Yusuf—. Y estoy seguro de que, en ese momento, Mei Li y Mike habrían sido incapaces de expresar el motivo. Solo sabían que eso era lo que debían hacer.

—Pero es ilógico —replicó Lou—. Jenny no quería sus zapatos. Lo único que hicieron fue hacerse polvo.

—En realidad, Lou —respondió Yusuf—, tiene toda la lógica del mundo. Y aunque sin duda eso les supuso una molestia, con su acción consiguieron algo de suma importancia.

—¿El qué? ¿Qué fue lo que consiguieron?

—Algo importante.

17

MARCHANDO SIN BOTAS

—En serio, ¿qué fue lo que consiguieron? —insistió Lou—. ¿Qué logro obtuvieron quitándose los zapatos?

—No fue tanto lo que consiguieron —respondió Yusuf— como lo que favorecieron.

—Vale, de acuerdo. Entonces ¿qué favorecieron?

Yusuf miró a Mei Li y a Mike.

—¿Queréis contestar a esta pregunta?

—Claro —dijo Mei Li, y miró a Lou—. No estoy segura de qué fue lo que favorecimos, señor Herbert —comenzó.

«¿Cómo sabe quién soy?», se preguntó Lou.

—Lo que sí sé fue lo que sucedió..., lo que le sucedió a Jenny —continuó diciendo—. Tomo la decisión ella solita de apuntarse al programa. Y apuesto a que usted no lo habría imaginado.

—No —asintió Lou levantando las cejas por la sorpresa—. Seguro que no —y añadió—: ¿Cómo sucedió?

—Bueno, al cabo de unas pocas horas, al final llegamos a un centro comercial. Y allí Jenny se encontró con una amiga. Empezó a contarle lo que le habían hecho sus padres y a hablarle del programa al que habían intentado llevarla. Le dijo también que nosotros trabajábamos en él y que llevábamos casi todo el día siguiéndola.

»Entonces la amiga bajó la vista y vio nuestros pies y los de Jenny, todos ensangrentados, y nos hizo la misma pregunta que acaba de hacer usted, señor Herbert. Nos preguntó: "¿Descalzos?

¿Habéis estado corriendo por la ciudad descalzos?". "Ajá —le contestó Jenny con una risita".

»Entonces la amiga volvió a mirarnos a nosotros y a mirar a Jenny y le dijo: "Pues no sé, Jenny, pero este programa parece que no está del todo mal. Quizá podrías probarlo".

»Después de eso seguimos charlando un rato hasta que la amiga tuvo que irse. Cuando se fue, Jenny se volvió a nosotros y dijo: "Vale, de acuerdo, explicadme un poco más de qué va este Camp Moriah".

»Le contestamos a todo lo que quiso saber. Le hablamos de Yusi y de Avi, del campo al que vamos a ir, de que vivimos de lo que da la tierra y de lo divertido e interesante que resulta, de lo liberador que es realmente. Lo de liberador no se lo creyó demasiado —Mei Li rió—. Pero siguió escuchando. Y al cabo de un rato de hablar de ello, ¿sabéis lo que nos dijo?

El grupo estaba expectante.

—Pues dijo: «De acuerdo. Iré». Solo eso. Evidentemente, no estaba entusiasmada. Más bien resignada, creo. Pero estaba dispuesta a ir. Y durante el viaje de vuelta, justo antes de llegar al aparcamiento, me dijo: «Siento todo lo que os he dicho hoy. Y siento lo de vuestros pies». Y lo sentía de verdad. Lo sé porque vi que tenía los ojos llorosos.

»Por tanto, señor Herbert, ¿cree que el hecho de quitarnos los zapatos tuvo algo que ver con que Jenny esté ahora segura y por su propia voluntad participando en el programa? Yo no lo sé con seguridad. Habría que preguntarle a Jenny. Pero sí estoy segura de una cosa. Sé lo que significó para mí quitarme los zapatos. Era una forma de unirme a Jenny en su mundo, algo que aquí siempre intentamos hacer. Es una forma de crear un espacio para ayudar a la gente a deshacerse del cuadro. Por eso, por ejemplo, cuando emprendemos el viaje y los chicos no llevan más que una bolsa con comida y un poncho, nosotros tampoco llevamos más que la misma bolsa con comida y el poncho.

—A menos—intercaló Mike— que, por razones de seguridad, tengamos que llevar algo más; una radio, por ejemplo, o un equipo de primeros auxilios.

—Exacto —asintió Mei Li—. Esas diferencias existen, pero intentamos que sean las menos posible. Si los chicos no tuvieran más que gachas de maíz para comer, por ejemplo, y yo sacara una chocolatina, ¿qué trato sería ese? O si tuvieran que dormir sobre el duro suelo y yo tuviera una colchoneta hinchable, ¿cómo les estaría tratando?

—Como objetos —respondió la voz grave de Miguel, sorprendiendo a casi todos los presentes en la sala.

—Correcto —afirmó Mei Li—. Me estaría viendo a mí misma como mejor que ellos y merecedora de privilegios. Y, de ese modo, ¿cómo les estaría invitando a verme y a tratarme?

—De la misma forma —volvió a responder Miguel.

—Exacto —contestó de nuevo Mei Li—. Unirnos a los jóvenes y compartir con ellos sus penalidades nos ayuda a no invitar a sus corazones a entrar en guerra.

»Por tanto, señor Herbert —continuó diciendo Mei Li, dirigiendo su vista de nuevo hacia Lou—, ¿considera que lo que hicimos tuvo una influencia decisiva en Jenny? Yo no lo sé. Sin embargo, sí la tuvo para mí. Me ayudó a mantener el corazón en paz. Y creo que eso sí pudo influir mucho en ella. Como nos dicen siempre Yusuf y Avi, no podemos ser agentes de la paz mientras no tengamos nuestro propio corazón en paz.

Lou estaba anonadado. Aquella chica de veinte años, que probablemente había salido del instituto hacía menos de dos y que había sido una delincuente años atrás, parecía tener un dominio de la vida que él no había conseguido todavía.

—Gracias, Mei Li y Mike —dijo Yusuf.

Y volviéndose de nuevo al grupo, añadió:

—¿Creéis ahora que vuestros hijos están en buenas manos?

—Eso parece —respondió Gwyn, y los demás expresaron unos sentimientos similares.

—Gracias —dijo Lou a Mei Li y luego a Mike.
—De nada.
—Pues bien —continuó Yusuf cuando los dos se hubieron ido—. Habéis conocido nuestra arma secreta, los jóvenes que tenemos en Camp Moriah y que hacen milagros en las vidas de vuestros hijos. Me gustaría analizar algo a partir de lo que acaban de enseñarnos.

»La mayoría de las guerras entre individuos son de tipo "frío", no "caliente". Me estoy refiriendo, por ejemplo, a los resentimientos duraderos, al rencor mantenido durante mucho tiempo, a los recursos a los que nos aferramos en lugar de compartirlos, a no ofrecer ayuda. Estos son los actos de guerra que con más frecuencia amenazan nuestros hogares y nuestros centros de trabajo. Y los principios que Mei Li han compartido con nosotros pueden aplicarse también a esos entornos exactamente igual que aquí con vuestros hijos. Pensad en vuestro centro de trabajo, por ejemplo. Pensad en los privilegios que a veces conservamos mientras aplicamos otros estándares a los que trabajan con nosotros. Unos privilegios sobre las vacaciones, por ejemplo, o la elección del aparcamiento, los beneficios especiales, las apariciones públicas, las diferencias entre lo que tenemos que hacer para lograr algo y lo que todos los demás miembros de la empresa tienen que hacer. ¿Cuáles son necesarios o inevitables y cuáles conservamos porque nos consideramos mejores, más necesarios, y por eso creemos que nos merecemos un tratamiento especial?

—¿Y qué pasa si efectivamente lo somos? —desafió Lou pero con buen humor.

—¿Más necesarios, quieres decir?

—Sí.

—Entonces yo empezaría a preguntarme qué privilegios especiales son fundamentales para que yo pueda realizar mi función necesaria y cuáles son simples caprichos personales. Dicho de otro modo, cuáles son las chocolatinas o las colchonetas hinchables y cuáles son las radios y los equipos de primeros auxilios.

—Pero ¿por qué tiene que ser esa la cuestión? —rebatió Lou—. Si yo he estado trabajando toda mi vida para llegar a ser lo que soy, ¿no tengo derecho a disfrutarlo?

Yusuf sonrió. Era evidente que estaba disfrutando del debate.

—Sí, Lou. Por supuesto. Y eso es precisamente de lo que se trata, ¿no es cierto?, porque todos los demás quieren asimismo disfrutar de los frutos de su trabajo. La cuestión es si vas a crear un entorno que resulte tan agradable para tu gente como para ti, un lugar que les ilusione de veras y por el que sientan tanta devoción como tú. Los mejores dirigentes son aquellos a los que la gente quiere seguir. A aquellos a los que los demás siguen por la fuerza o por necesidad los denominamos de otra forma. Los llamamos tiranos.

Tiranos. La palabra resonó desagradablemente en los oídos de Lou, porque eso era lo que uno de los ejecutivos despedidos, Jack Taylor, le había llamado.

«Sin duda, eso es lo que Cory diría también», reflexionó.

Lo que Lou no dijo fue que cualquiera que llegara a Zagrum tendría muy claro qué coche era el suyo, qué despacho era el suyo, qué mesa era la suya, qué suministros eran los suyos. Y sin duda él se regía por unas normas distintas de las de los demás. Los otros tenían que obtener su aprobación para cualquier gasto superior a dos mil dólares, por ejemplo. Él, sin embargo, podía gastar lo que quisiera y cuando quisiera.

«¡Pero es que yo soy el jefe!», se defendió.

—Entonces, ¿qué es lo que estás diciendo, Yusuf? —exclamó desafiante—. ¿Que no me merezco cosas extraordinarias por todo lo que he hecho? Yo construí la empresa, por amor de Dios.

—¿Tú solo?

—¿Cómo dices?

—¿Construiste la empresa tú solo?

—No, no es eso lo que quería decir.

—¿No? Pues es lo que has dicho.

—Bueno, pues no es eso lo que quise decir —Lou peleaba por encontrar las palabras adecuadas—. Quiero decir que yo dirigí su formación. La empresa no existiría si no fuera por mí.

—Sin duda tienes razón, Lou. No lo dudo en absoluto. Y te planteo una pregunta: ¿qué es más importante para ti, hacer ostentación de tu bien ganado estatus o construir un equipo y una organización que te sobreviva, que te supere, que siga creciendo por encima de ti y que, en último término, te dé las gracias y te venere? ¿Qué es lo que deseas, Lou?

Esta pregunta llevó directamente a Lou de vuelta al motín de la sala de juntas. Kate Stenarude, Jack Taylor, Nelson Mumford, Kirk Weir, Don Shilling... Lou había escrito sus necrológicas esa mañana y con ellas, quizá, la necrológica de su «bebé», de Zagrum.

«¿A quién quiero engañar? —se dijo Lou—. Vamos cuesta abajo. Nadie va a darme las gracias y mucho menos a venerarme. Esa devoción estaba reservada para Kate».

Kate. De repente, aquel nombre adquirió un significado nuevo. «Ella era una una empleada más —pensó Lou—. Por eso todos la querían. Y la seguían. Ella no se consideraba mejor que nadie; más afortunada, quizá, pero no mejor».

—¡Maldita sea! —exclamó Lou en voz alta sacudiendo la cabeza—. ¡Maldita sea!

—¿Perdón? —dijo Yusuf.

—Acabo de despedir a la única persona de mi empresa —empezó a explicar Lou con ojos vidriosos— que se negaba a regirse por unas reglas distintas a las de los demás. Ella trataba a todos por igual. A veces me desesperaba la atención que prestaba a algunos de los empleados..., incluso a los eventuales. —Hizo una pausa—. Hasta la pillé ayudando a los conserjes a limpiar la cafetería un día que andaban cortos de personal. No me lo podía creer. Pensé que estaba desperdiciando su tiempo y mi dinero. Pero ellos la querían por esos detalles —dijo sacudiendo la cabeza y comprendiendo la situación—. Y también aparcaba siempre en el extremo del aparcamiento. Decía que le venía bien el ejercicio —y de repente se dio cuenta de que Kate no lo hacía solo por el ejercicio.

»Me he quedado con un montón de gente como yo —continuó diciendo—, que creen que se merecen lo mejor —y sacudió la cabeza con repugnancia—. Yo he podido elegir mi plaza de aparcamiento durante muchos años, y también todo lo demás, dicho sea de paso, y mira lo que he conseguido con ello. Desde que despedí a Kate y a los demás, estamos en crisis. El sindicato me tiene entre la espada y la pared, todo el mundo está preocupado, nuestra producción ha bajado, nuestros clientes se preguntan qué está pasando. Y aquí estoy, en Arizona, en parte porque tengo que estar aquí y en parte porque ignoro por completo lo que debo hacer con respecto al desastre que tengo en casa. Y de repente me acabo de dar cuenta. El desastre soy yo. Eso es lo que estáis diciendo, que *yo* soy el desastre.

—Bueno, en realidad eres tú el que lo está diciendo —respondió Yusuf tímidamente—. Yo no lo he dicho.

—No pasa nada, yo lo diré —amonestó Elizabeth.

Lou estaba absorto en sus pensamientos.

—No me extraña que todo el mundo quisiera y siguiera a Kate —musitó casi para sí mismo—. Maldita sea, menudo error he cometido.

—¿Y qué vas a hacer para solucionarlo?

—No lo sé —dijo con sinceridad.

—A lo mejor Kate te puede hacer alguna sugerencia —propuso Yusuf.

—Si la he despedido. Ya no está conmigo.

—Al revés, Lou; jamás ha ocupado un lugar mayor en tu mente que ahora. Es posible que la hayas hecho salir de la empresa, pero no has podido hacerla salir de tu mente. ¿Me equivoco?

—No; tienes toda la razón —respondió hundiéndose en su asiento.

—Había una razón para que todos quisieran a Kate —continuó diciendo Yusuf—, una razón para que la gente la siguiera y trabajara para ella. Y por lo que he oído de ella, sospecho que sé cuál era.

—¿Cuál?

—Algo que una de nuestras Kates, Mei Li, nos acaba de enseñar. Kate creaba un espacio para la gente de Zagrum muy similar al espacio que Mei Li ayudó a crear para Jenny. Al igual que Mei Li, apuesto a que, cuando Kate aparecía en el trabajo cada mañana, se quitaba los zapatos, o cualquiera que sea su equivalente en tu empresa. En un entorno que a menudo asusta y está movido por el ego, ella creó un espacio en el que la gente podía dejar a un lado sus preocupaciones y prosperar.

Yusuf esperó a que Lou captara lo que estaba diciendo.

—¿Estoy en lo cierto? —preguntó al fin.

—Sí —contestó Lou con la mente muy lejos, en un edificio de Connecticut—. Lo estás.

18

RENDICIÓN

Yusuf agachó ligeramente la cabeza para interceptar la mirada perdida de Lou.

—Conozco esa mirada —dijo—. Así es como yo miro cuando no estoy realmente convencido de que las cosas puedan mejorar. Es la mirada de la desesperación y la rendición.

Lou escuchó estas palabras y reflexionó sobre ellas.

—Sí, supongo que así es como me siento —concedió.

—Este sentimiento de rendición desesperada —continuó diciendo Yusuf— tiene un poder enormemente seductor. Pero es mentira.

Lou se irguió de golpe.

—¿Y eso?

—Porque supone asumir una cosa que no es verdad.

—¿El qué?

—Supone asumir que estás atascado, que estás condenado a seguir sufriendo como hasta ahora.

Así era, efectivamente, como se sentía Lou. Volvió a hundirse en su asiento.

—Hace solo un momento, Lou —comenzó a decir Yusuf—, dijiste que tú eras el desastre. No los otros, sino tú.

—¿Y se supone que eso debe hacer que me sienta mejor —preguntó tristemente Lou.

—No —respondió Yusuf—, pero debería darte esperanza.

—¿Cómo?

—Porque, si tú eres el desastre, puedes solucionarlo. La mejoría no depende de otros.

—¿Y qué pasa si el desastre no es solo mío? —respondió Lou malhumorado—. ¿Qué pasa si la gente que tengo a mi alrededor es tan desastre como yo?

Yusuf no pudo contenerse:

—Entonces tienes un problema terrible —exclamó y soltó una gran carcajada.

—No me digas —Lou sacudió la cabeza tristemente.

—Bueno, bromeaba más que nada, Lou —contestó Yusuf.

—Más que nada —señaló Elizabeth con una sonrisa.

—Sí —asintió Yusuf—, más que nada. Porque incluso en el caso de que todos los de Zagrum fueran unos completos desastres, la situación sigue siendo esperanzadora.

—¿En qué sentido?

—Pues en que tu desesperación viene precedida por otra mentira. Estás dando por hecho que nada de lo que hagas va a poder cambiarlos.

—Pero eso es verdad —rebatió Lou—. Yo no puedo cambiarlos.

—Así es, efectivamente.

—Entonces no entiendo lo que quieres decir.

—Te has rendido demasiado pronto —dijo Yusuf sonriendo—. Aunque es cierto que no podemos *hacer* que los demás cambien, sí podemos invitarlos a cambiar. Después de todo, ¿no invitó Mei Li a Jenny a cambiar?

Lou pensó en la historia de Mei Li.

—Sí, supongo que sí.

Yusuf hizo una breve pausa.

—Como cada uno de nosotros es responsable de la existencia de sus cuadros culpabilizadores y autojustificantes, también puede librarse de ellos. En lo que respecta a los cuadros, no hay víctimas, solo personas que se convierten a sí mismas en víctimas. Y como cuando salimos del cuadro invitamos a los demás a hacer lo mismo, ni siquiera somos víctimas en relación con los demás tal y como creemos que sucede cuando estamos metidos en el cuadro. Podemos empezar invitando a los demás a hacer los cambios que tienen que hacer. De hecho, eso es lo que practican los dirigentes y progenitores buenos. Por tanto, si te rindes, Lou, te estás rindiendo ante una mentira. Tu cuadro es el que gana.

—Y entonces —preguntó Lou—, ¿cómo puedo luchar contra el cuadro en el que estoy metido?

—De la misma manera que Avi luchó contra el suyo y yo estoy luchando contra el mío.

—¿Cómo? —repitió Lou.

—Creo que escuchar un poco más de la historia de Avi te puede ayudar a averiguarlo —dijo Yusuf.

Al oír estas palabras, Avi volvió a levantarse.

—Volvamos entonces a las zonas salvajes de Arizona en el verano del 78.

Lou siguió escuchando mientras Avi narraba su primer encuentro con Yusuf, sus primeras batallas, su rabia contra todo lo que le rodeaba: las colinas, los arroyos, los árboles, la tierra.

—Pero todo empezó a cambiar para mí —continuó relatando Avi— durante una conversación con Yusuf a altas horas de la madrugada bajo un cielo despejado y tachonado de estrellas. Llevábamos aproximadamente dos semanas de programa y apenas había cruzado una palabra con los demás. Entonces, mientras yo contemplaba las estrellas tumbado boca arriba en el suelo, Yusuf me dijo: «¿Sabes?, es el mismo cielo que se ve en Jerusalén».

»Yo dudé unos instantes. Luego dije: "Sí, claro, la Osa Mayor, la Estrella Polar. Recuerdo que mi padre me las enseñaba".

»En ese momento me di cuenta de que Yusuf estaba sentado a mi lado. Seguramente aquella fue la primera vez que no me aparté de él.

»Entonces me dijo: "Háblame de tu padre, Avi". Y recuerdo que me sumergí en un mar de recuerdos de mi infancia: cómo mi padre me llevaba a pasear cada día, cómo me enseñó la historia de nuestro pueblo, cómo jugaba al fútbol conmigo en el parque, cómo preparaba siempre el desayuno de los sábados, cómo disfrutaba yo yendo con él en sus viajes de inspección, cómo me leía algún cuento antes de que me fuera a la cama. Fue como si en mi interior se hubiera reventado un dique y hubiera dado rienda suelta a mis recuerdos. Todo mi amor por mi padre, el dolor que me produjo su pérdida y la tristeza de no tenerle más en mi vida hicieron estallar el cuadro que había estado encerrando mi corazón. Mi pecho se estremecía ante la pérdida que había sufrido y ante lo que estaba recobrando de repente: el anhelo de estar con mi padre.

»Yusuf se limitó a permanecer allí sentado escuchándome. Aunque era imposible que él lo supiera, aquella noche se convirtió en una especie de padre suplente. Si no podía estar con él, al menos me ayudaba estar con *alguien* tras casi cinco años de mantenerme parapetado contra el mundo. Aquella noche fue el principio de mi curación. Y siempre estaré agradecido de que fuera gracias a la invitación de un árabe. Porque la acusación que yo había lanzado al pueblo árabe de ser los culpables de la muerte de mi padre resultaba ahora más difícil de mantener, cuando un árabe era quien me estaba ayudando a volver a estar con él.

»Cuando desperté a la mañana siguiente, me uní de buena gana a los demás y ayudé a preparar el desayuno. Era la primera vez que lo hacía. Luego levantamos el campamento y emprendimos el recorrido del día campo a través. Recuerdo bien la marcha que hicimos esa mañana, porque fue el primer día que me di permiso a mí mismo para disfrutarla.

»Durante los días siguientes, otros recuerdos inundaron mi mente: Hamish. ¡Qué buen amigo había sido! Qué amable, puro y bueno había sido conmigo. ¡Y yo, qué malvado había sido! Él había acudido a mi lado en el momento de mi terrible pérdida sabiendo lo mucho que tenía que estar sufriendo y con la intención de ayudarme, aunque fuera mínimamente, a soportar el dolor. Había venido como un ángel de consuelo y buena voluntad, y yo le había echado con cajas destempladas.

Avi levantó la mano y se secó la mejilla.

—Y por si eso no fuera suficiente, yo le había calumniado, le había lanzado todas las palabras injuriosas que conocía. Le eché la culpa de la muerte de mi padre. ¡A él! Al portador de compasión y amor. Al muchacho atrapado entre dos naciones: árabe de nacimiento e israelí de nacionalidad. Al chico que, en los días en que su familia de sangre estaba atacando a su país, cuando es posible que el que más necesidad tuviera de consuelo fuera él, vino a ofrecerme su apoyo y recibió dolor a cambio de su regalo humanitario.

»"¡Oh, Hamish! —gritaba por dentro mientras caminaba—, ¿qué puedo hacer para pagarte lo que hiciste por mí, para corresponder adecuadamente al regalo que me hiciste, aunque sea con retraso; para ayudarte a soportar el dolor que te he infligido y para borrar la amargura que inevitablemente he admitido dentro de mí?".

Avi volvió a secarse la mejilla.

»Esta pregunta se quedó grabada en mi interior mientras seguía la marcha a lo largo de los días siguientes. Otra noche despejada, unos diez días después, estaba sentado de nuevo junto a Yusuf. En esta ocasión le hablé de mi amigo Hamish y de cómo me había apartado violentamente de él. Fue un relato catártico, porque, hasta ese momento, jamás había dicho una palabra sobre ello a nadie. Evidentemente, había pasado los últimos días reviviendo los acontecimientos en mi mente, pero, hasta que no estuve dispuesto a permitir que otra persona fuera testigo de mi desafuero, no dejé de aferrarme a él ni de esconderlo. Contarlo resultó ser parte de la curación.

»Una parte, pero no toda. Porque contarlo alimentó dentro de mí la semilla que había estado intentando germinar y crecer; al contarlo supe que, en este caso, no bastaba con estar arrepentido. Al volver a ver a Hamish como antes, sentí el deseo y la necesidad de ponerme en contacto con él.

»"¿Qué puedo hacer por él?", le pregunté a Yusuf.

»"¿Sientes la necesidad de hacer algo por él?", me preguntó este a su vez.

»"Eso es lo que mi corazón me dice que debo hacer, sí", le contesté.

»"Entonces, ¿qué sientes que deberías hacer?".

»"Eso es lo que te estoy preguntando *a ti*", le respondí.

»"Ah —me dijo—, pero es tu vida, y tu amigo, y tu corazón, ¿no es cierto? Yo no puedo decirte lo que tienes que hacer. Solo tú puedes saber qué debes hacer".

»"¿Y entonces qué voy a hacer?", me preguntaba.

»"A lo mejor puedes darle vueltas durante los próximos días, mientras caminamos", me sugirió Yusuf.

»Y eso fue lo que hice. En la mañana del tercer día encontramos una planta espectacular que se llama pita. Tiene un tallo de nueve metros de altura y vive entre quince y veinticinco años. Sin embargo, su floración solo se produce el último de ellos. La energía que emplea en generar el tallo acaba matándola. Cuando el tallo se cae, riega de semillas todo el suelo y da vida a una generación nueva. La base de la planta, pegada a la tierra, se puede ver muy corrientemente en los desiertos de Arizona y de cualquier otro sitio. Sin embargo, el hecho de que el tallo floral salga una sola vez en la vida de la planta y su decisión de crecer hacia el cielo desde el suelo rocoso y seco le aporta un aire de autoridad y esperanza. Gracias a las semillas que alberga, cada tallo ofrece al desierto la promesa de una vida futura.

»Yo conocía la planta desde que me uní al curso de supervivencia, y a lo largo de las últimas semanas había visto varios ejemplares. En esta ocasión, sin embargo, la que vi estaba en plena floración y me hizo comprender de repente algo muy importante: había recibido el regalo de uno de esos amigos que solo se conocen una vez en la vida, un amigo y una amistad que habían florecido a pesar de las dificultades del entorno en el que vivíamos. Evidentemente, era una amistad que vivía muy cerca de la tierra, como la base de la pita, que con frecuencia pasa casi inadvertida. Sin embargo, antes de que pudiera alcanzar la madurez y lanzar su flor hacia el cielo como un faro de esperanza para el desierto, yo había destrozado sus raíces y la había condenado a muerte. Elevándose al cielo delante de mí tenía un sustituto de ella: esta planta se alzaba como Hamish y yo podríamos habernos alzado si yo no le hubiera abandonado.

»Levanté la mano hasta la rama más baja del tallo y cogí una semilla. La envolví como símbolo tanto de lo que había matado como de lo que esperaba que todavía pudiera nacer y me la metí en el bolsillo. Esa noche le abrí mi alma a Hamish en una carta pidiéndole perdón por mi falta de humanidad y por el dolor que inevitablemente le había provocado. Le ofrecí la semilla como símbolo de lo que antes tuvimos y de lo que esperaba que pudiéramos recuperar.

»No sabía si Hamish o su familia seguirían viviendo todavía en la misma casita o no, pero aquella dirección era la única conexión que guardaba con la vida que en el pasado había compartido con él. El servicio semanal de correo llegó a nuestro campamento dos días más tarde. Mi carta y la semilla de pita emprendieron su viaje desde las tierras desérticas de Arizona hasta los desiertos de Oriente Próximo con la esperanza de encontrar a un joven árabe palestino con buena salud y un espíritu que no hubiera sido irremediablemente dañado por la violencia de los años anteriores.

En ese momento Avi interrumpió su relato.

—¿Y qué sucedió? —preguntó Gwyn—. ¿Tuviste noticias de Hamish?

—No. Jamás supe de él.

Una brevísima exclamación entrecortada recorrió la sala, porque aquella revelación no era lo que habían esperado ni deseado.

—Qué pena —dijo Gwyn—. ¿Sabes lo que fue de él?

—Sí. Después de eso supe que su familia se había mudado unos dos años después de mi llegada a Estados Unidos. Se trasladaron al norte de Israel, a una ciudad llamada Maalot-Tarshiha. Pero a él le mataron unos cinco años después. Estaba entre los civiles que murieron por los ataques con cohetes lanzados desde Líbano antes de la Guerra del Líbano de 1982.

—Qué triste —susurró Gwyn.

—Sí —Avi asintió con la cabeza y bajó la vista.

—¿Llegó a recibir tu carta? —preguntó Elizabeth.

Avi sacudió la cabeza.

—No lo sé. No tengo forma de saberlo —y paseando de nuevo la mirada por todo el grupo, añadió—: No supe dónde se encontraba hasta después de su muerte.

—Qué pena si no llegó a recibirla —dijo Carol.

—Sí —asintió Avi con la cara contraída por el dolor—. No dejo de pensar en ello, en el dolor que le causé y en si mi carta ayudó a aliviarlo de alguna forma.

—Pero escribir la carta sí te ayudó a ti —propuso Pettis.

—¿Porque me ayudó a curar mi corazón, quieres decir?

—Sí.

—Tienes toda la razón. Aunque es posible que la carta no llegara nunca a Hamish, sí me llegó a mí. Eso es cierto. Para mí fue una expresión hacia el exterior de una recuperación interior de aquella amistad. Puede que Hamish no la recibiera, pero al escribirla pude por fin recibirle a él y empezar a recibir a otros como él.

—¿A los árabes, te refieres? —preguntó Gwyn—. ¿A la gente como Yusuf y como otros?

—Sí. Y a los norteamericanos, y a los judíos, y a mi familia, y a mí mismo… A todo aquel a quien había declarado la guerra. Porque cada rostro humano incluye a todos los demás. Esto significa que estoy hundiendo mi propio tejado con cada piedra que deseo tirar. Nos separamos de los demás bajo nuestra propia responsabilidad.

19

ENCONTRAR LA PAZ INTERIOR

—Lou —dijo Avi—, hace unos minutos preguntaste cómo puedes salir de los cuadros en los que estás metido: culpabilización, autojustificación, guerra interna, aparente estancamiento.
—Sí —respondió Lou.
—A partir de esta historia que acabo de narrar, me gustaría resaltarte lo que creo que fueron las claves que me permitieron liberarme del cautiverio de mis propios cuadros; el proceso de salida del cuadro, como si dijéramos.
Lou hizo un gesto de asentimiento y de expectación.
—En primer lugar —empezó a decir Avi—, tienes que comprender una cosa de los cuadros. Como no son sino una metáfora de cómo estoy en relación con otra persona, puedo estar dentro y fuera de ellos al mismo tiempo, solo que en distintas direcciones. Es decir, puedo culpar a mi mujer e intentar justificarme con ella, por ejemplo, y sin embargo actuar con franqueza con Yusuf o viceversa. Si tenemos en cuenta los cientos de relaciones que mantengo en cualquier momento dado, aunque esté metido en lo más profundo de un cuadro con respecto a una persona, casi siempre estoy fuera de él con respecto a otra.
—Vale —dijo Lou pensativamente, preguntándose qué importancia podría tener aquello.
—Ese es el motivo —continuó explicando Avi— de que, para empezar, seamos capaces de darnos cuenta de que estamos

metidos en el cuadro. Cuando observamos que estamos dentro del cuadro es porque nos damos cuenta de que no sentimos y vemos en una dirección lo mismo que en otra. Somos capaces de reconocer la diferencia, porque esta diferencia está dentro de nosotros. Eso significa que en nuestro interior tenemos aspectos que están fuera del cuadro, relaciones y recuerdos que no están torcidos ni distorsionados por la culpabilidad y la autojustificación.

—Vale —dijo Lou—, pero ¿qué tiene eso que ver con salir del cuadro[2] cuando nos sentimos atascados?

—Tiene que ver, porque significa que no estás atascado.

—¿Cómo dices?

—Piensa en aquella noche que pasé con Yusuf bajo las estrellas —explicó Avi—. Resulta que yo tenía un montón ingente de recuerdos «de fuera del cuadro» sobre mi padre. Cuando me permití a mí mismo encontrar el camino hacia aquellos recuerdos, empecé a ver y a sentir muchas cosas de forma diferente.

—Pero podrías haber encontrado el camino hacia esos recuerdos en cualquier momento de los cinco años anteriores y, evidentemente, no lo hiciste —exclamó Lou—. ¿Qué fue lo que te llevó a hacerlo *esa noche*?

—Buena pregunta —respondió Avi—. Yo mismo me la he hecho miles de veces.

—¿Y?

—Creo que la respuesta está en las ideas que Mei Li y Mike nos han expuesto antes, unas ideas encarnadas en los esfuerzos que Yusuf hizo conmigo y con los demás participantes en el curso de supervivencia. ¿Te acuerdas de que Mei Li habló de la importancia de hacer todo lo que estuviera a su alcance para

---

[2] En este libro se utiliza la expresión inglesa "out of the box" (fuera del cuadro o de la caja): se refiere metafóricamente a romper las barreras mentales, ir más allá de los esquemas preconcebidos, desarrollar un planteamiento no condicionado o encontrar soluciones innovadoras. *(N. del E.)*

que el entorno invitara a la paz? Ese es uno de nuestros principales preceptos. La mayor ayuda que recibí para encontrar mi camino hacia adelante y para salir del cuadro fue encontrar un lugar fuera de él, un punto de observación dentro de mí. Y para darme todas las posibilidades de encontrar este punto de observación, Yusuf me ayudó a crear un lugar «fuera del cuadro» a mi alrededor.

—¿Y cómo lo hizo?

—En primer lugar, estando él mismo fuera del cuadro con respecto a mí. Porque, cuando se acercó a mí aquella noche bajo las estrellas, la conversación jamás habría discurrido como lo hizo si en los días anteriores yo hubiera sentido la culpabilidad de su cuadro. Yo era como Jenny, y Yusuf era como Mike y Mei Li. Yo intentaba ofenderme por cualquier desaire, ya fuese real o imaginado. Sin embargo, cuando disminuyen las ofensas reales, cada vez resulta más difícil seguir fabricándolas en nuestra mente. A pesar de mi resistencia inicial contra Yusuf, él no mostró a su vez ninguna resistencia contra mí. Me ayudó a crear una especie de lugar «fuera del cuadro», una atalaya desde la que pudiera reflexionar sobre mi vida de una forma distinta, libre de la culpabilidad y la autojustificación del cuadro. Cuando recordé de esa forma, pude recordar libremente un pasado que mi autojustificación culpable me había impedido rememorar. Era libre para ver un pasado diferente y, con él, un presente y un futuro también diferentes. Me había liberado de las limitaciones y las distorsiones del cuadro.

—Entonces, ¿cuál es el proceso para salir del cuadro al que aludiste antes? —preguntó Lou.

—Ya te he dicho las dos primeras partes —respondió Avi. A continuación, se giró hacia la pizarra y escribió lo siguiente:

RECUPERAR LA CLARIDAD Y LA PAZ INTERIORES (CUATRO PARTES)

Salir del cuadro

1. Busca las señales del cuadro (culpabilidad, justificación, terribilización, estilos de los cuadros más comunes, etc.).
2. Encuentra un lugar fuera del cuadro (relaciones, recuerdos, actividades, lugares, etc.).

—En primer lugar —dijo Avi volviéndose de nuevo hacia el grupo—, tengo que estar atento a cualquier atisbo de culpabilidad y justificación, a las señales que indiquen que podría hallarme dentro de un cuadro. Puedo estar atento a las señales de los diversos cuadros más comunes, por ejemplo: formas en las que considero que soy mejor que otros, o con ciertos derechos, o peor que otros, o deseoso de que me vean de una determinada manera.

»Luego, cuando me siento atascado en el cuadro y deseo salir de él, puedo encontrar un lugar fuera de él, un lugar dentro de mí al que no le estorban estos cuadros.

—¿Y eso fue lo que realmente encontraste aquella noche con Yusuf? —preguntó Lou.

—Sí, y en los recuerdos sobre mi padre que reviví después.

—¿Y qué sucede cuando no estoy de expedición con Yusuf? —inquirió Lou con gran interés—. ¿Cómo puedo encontrar un lugar fuera del cuadro cuando a mi alrededor se están desatando todos los infiernos?

Al formular esta pregunta, la intención de Lou no era ponerle la zancadilla a Avi. Sencillamente sabía, por experiencias anteriores, que todo lo que estaba aprendiendo sobre este tema seguramente se evaporaría y quedaría olvidado ante la primera señal de dificultades. Su conversación con John Rencher el día anterior a la hora de la comida era una muestra magnífica. Deseaba encontrar algún asidero, algo que pudiera recordar y a lo que pudiera agarrarse cuando sintiera que los muros del cuadro volvían a levantarse a su alrededor.

—Lo cierto —respondió Avi— es que todos tenemos dentro de nosotros lugares que están fuera del cuadro, y que encontrar alguno no es difícil siempre y cuando nos acordemos de hacerlo. Por ejemplo, podrías intentar identificar a las personas con las que por regla general y en la actualidad te sales del cuadro. Los nombres te van a venir a la mente y, sencillamente pensando en tus experiencias con esas personas, puedes disponer de un punto de observación desde el cual el mundo te parezca diferente a como era en el momento anterior.

Lou asintió. Ese era el efecto que le producía estar con su hija mayor, Mary. Su mera presencia ya parecía tranquilizarle. Así había sido casi desde el día en que nació. Solía llevarla de paseo para aclararse la mente cuando había tenido una jornada complicada, y eso propició que se estableciera un fuerte vínculo entre ambos. Cuando era pequeña, le leía cuentos todas las noches, y aquella relación tan tranquilizadora que formaron se había prolongado hasta el presente. Su segundo hijo, Jesse, no ejercía sobre él una influencia tan calmante. Lou siempre le había exigido mucho, tanto en los estudios como en el deporte, y la relación que mantenía con él incluía una especie de intensidad esforzada. Sin embargo, se sentía ferozmente orgulloso de Jesse. ¿Era esto también un lugar fuera del cuadro? No estaba seguro.

—Si lo necesitaras —añadió Avi—, podrías llamar a una de estas personas o ir a verla sencillamente para conversar, o quizá para pedirle ayuda en la lucha que estás librando.

»También podrías intentar pensar en las personas que han tenido más influencia para bien en tu vida, y en por qué ha sido así —continuó diciendo.

De repente Lou se encontró pensando en Carol y en su influencia constante y entregada.

—Muchas veces —la voz de Avi siguió explicando—, el simple recuerdo de estas personas puede conducirte a un punto de observación distinto.

»O quizá hubo un tiempo en el que alguien te trató con amabilidad, sobre todo cuando no te lo merecías.

Lou recordó la respuesta de su padre cuando hundió el coche nuevo en el Hudson.

—Estos recuerdos me resultan útiles cuando descubro que estoy dentro de un cuadro despotricando contra alguien que considero que no puede ser tratado con amabilidad —dijo Avi.

»O a lo mejor hay algún libro concreto, o algún pasaje de un libro, que produce en ti un efecto poderoso, un escrito que te invita a salir del cuadro.

Lou pensó en *El refugio secreto* y en la autobiografía de Jacques Lusseyran, *Y la luz se hizo*. Ambos eran relatos de personas que, a pesar de sufrir terribles penalidades, encontraron formas de no amargarse.

—O quizá haya alguna actividad o lugar que te aporte lo mismo —siguió diciendo Avi—. Puede que exista algún sitio que te evoque recuerdos de aquellos momentos en los que todo iba bien, por ejemplo. En mi caso, he descubierto que la música de Frank Sinatra, fíjate tú qué cosas, me invita a entrar en un lugar situado fuera del cuadro. Creo que me produce este efecto porque empecé a escucharla cuando acunaba a nuestra hija pequeña, Lydia. Así que a mí Sinatra me invita a evocar los recuerdos de aquella época, unos recuerdos no estorbados por el cuadro que me ofrecen la oportunidad de pensar y sentir con más claridad en el presente.

»Todo esto parece de lo más básico, pero a la mayoría de las personas que están intentando hallar el camino para salir del conflicto y la amargura jamás se les ocurre. Cuando se encuentran atascados en la amargura, no piensan que en todo momento tienen acceso a lugares donde no hay amargura.

»Cuando encontramos el camino hacia un sitio de estos, estamos preparados para dar el siguiente paso en el proceso de salir del cuadro.

Entonces Avi añadió un tercer elemento en el proceso que estaba exponiendo en la pizarra.

RECUPERAR LA CLARIDAD Y LA PAZ INTERIORES
(CUATRO PARTES)

Salir del cuadro

1. Busca las señales del cuadro (culpabilidad, justificación, terribilización, estilos de los cuadros más comunes, etc.).
2. Encuentra un lugar fuera del cuadro (relaciones, recuerdos, actividades, lugares, etc.).
3. Reflexiona con un nuevo enfoque sobre la situación (es decir, desde la perspectiva de fuera del cuadro).

—¿Qué significa reflexionar con un enfoque nuevo sobre la situación? —preguntó Pettis— ¿Cómo se hace eso exactamente?

—¿Puedo contestar yo a esto, Avi? —inquirió Yusuf.

—Por supuesto. Adelante.

Yusuf se adelantó hasta la parte delantera de la sala.

—¿Preguntas qué significa? Pues significa que, cuando encuentras un punto de observación que está fuera del cuadro, estás en disposición de pensar cosas nuevas acerca de situaciones que te han preocupado. Como vas a reflexionar sobre ellas desde una nueva perspectiva, podrás acceder a pensamientos e ideas que se te habían escapado cuando estabas intentando reflexionar sobre la situación desde dentro del cuadro.

»Avi encontró esta perspectiva bajo un cielo tachonado de estrellas. Es posible que ese no sea un lugar fuera del cuadro para ti, pero lo que quiere decir Avi es que siempre habrá alguno que sí lo sea. Lo único que tienes que hacer es identificar las relaciones, lugares, recuerdos, actividades, pasajes de libros y demás que ejercen sobre ti ese tipo de poder y luego acordarte de buscarlos cuando sientas que la guerra se desata en tu interior. Cuando accedes a ese lugar, a esa atalaya interior en la que sigue habiendo paz, puedes empezar a reflexionar con un nuevo enfoque sobre tus desafíos.

—¿Pero cómo? —preguntó Pettis.

—Aprendiendo a hacer algunas preguntas.
—¿Qué preguntas?
—Unas preguntas que yo empecé a aprender en un parque alfombrado de hierba en Connecticut —respondió Yusuf—, con botes de gases lacrimógenos explotando a mi alrededor.

20

ENCONTRAR LA PAZ EXTERIOR

—¿En Connecticut? —preguntó interesado Lou, porque allí estaba su hogar—. ¿Gases lacrimógenos?

—Sí —respondió Yusuf, y contempló pensativamente al grupo durante unos momentos—. Avi nos ha contado la historia de su llegada a Estados Unidos. Creo que ha llegado el momento de que yo cuente la mía.

»Como recordaréis de ayer, cuando Jordania se anexionó la Ribera Occidental, mi familia se trasladó a Belén. Fue entonces cuando comenzó mi trajín con los occidentales y también mis lecciones de inglés. Tenía unos ocho años. Debió de ser alrededor de 1951. A diferencia de Avi, yo no tenía ningún amigo perteneciente a la otra etnia, lo que probablemente no os sorprenderá si recordáis mi antipatía hacia Mordechai Lavon. De hecho, pasé la mayor parte de mi adolescencia soñando con vengarme por la muerte de mi padre. Aquel deseo dispuso de un terreno muy fértil en el que crecer, una especie de fiebre nacionalista que empezó a arder entre el pueblo palestino en los años cincuenta y sesenta.

»En 1957, a los catorce años de edad, me uní a un movimiento juvenil conocido como Jóvenes Leones por la Libertad. Era una especie de rama extraoficial de las uniones estudiantiles palestinas que comenzaron a surgir en las universidades de la región en los años cincuenta. Los hermanos menores de estos estudiantes, anhelando unirse a las causas de sus mayores, formaron unas organizaciones similares entre los clanes de sus vecindarios. La nuestra era una de estas organizaciones, copiada de la principal unión estudiantil, una unión fundada en la Universidad de El Cairo y encabezada por un estudiante de Ingeniería llamado Yasir Arafat.

Al oír el nombre, muchos levantaron las cejas.

—Exacto, ese mismo —dijo Yusuf.

»Yo me distinguí enseguida como líder de la organización. Cuando acababa de cumplir los dieciséis años, me invitaron a Kuwait para conocer a los recién nombrados dirigentes (uno de los cuales, y de los más importantes, era Arafat) de un movimiento que se denominó a sí mismo Harakat At-Tahiri Al-Filistimiya, o Movimiento Palestino de Liberación Nacional, más conocido como Fatah, el acrónimo inverso de su nombre oficial. Su objetivo, expresado claramente en sus documentos fundacionales, era sustituir el Estado de Israel en su totalidad por un Estado Palestino mediante la revolución armada. Una perspectiva intoxicante para un joven obsesionado por la venganza.

»Regresé de Kuwait con la expectativa de la aniquilación de Israel. Era solo cuestión de tiempo; iba a conseguir vengarme de un pueblo entero. Estaba ebrio de esperanza y felicidad.

»Mi madre, sin embargo, no compartía mi alegría. Desconfiaba de los mensajeros que dejaban caer notas junto a mi casa a cualquier hora de la noche. Al principio los interceptaba y después pasó a destruir las comunicaciones. "¡No estoy dispuesta a perder primero a mi marido y luego a mi único hijo! —me gritaba—. La respuesta a la tragedia de Deir Yassin no consiste simplemente en intercambiar la identidad de las partes. ¡No vas a levantarte en armas contra los israelíes a menos que ellos se levanten en armas antes contra ti!".

—Pero si ya lo han hecho, madre —apunté—, ya se han levantado en armas; se han aliado con Occidente y están reuniendo el arsenal más potente de la región.

—¡Qué sabrás tú de armas ni de política! —me espetó—. Eres solo un crío con la cabeza en las nubes o enterrada en la arena.

Y como eres mi hijo, no vas a unirte a esos bandidos de la noche —así llamaba ella a los mensajeros del movimiento.

—¡Entonces, como hijo de mi padre, *sí lo voy a hacer*! —le repliqué, a sabiendas de que mi descaro no iba a tener consecuencias—. Tengo que hacerlo.

»Y así lo hice. Empecé a actuar como jefe de grupo para Fatah en la zona metropolitana de Jerusalén, un cargo embriagador para un joven. En efecto, demasiado embriagador. En 1962, después de haber construido una red de bases formada por unos cinco mil fedayines comprometidos y leales, vino un sobrino de Arafat y se hizo con el mando de toda la región. A mí me dieron oficialmente el puesto de segundo al mando. Sin embargo, toda la organización sabía la verdad: me habían arrebatado el poder.

»Aquello supuso para mí una humillación, pero como el odio hacia los judíos sionistas era mayor que la humillación, me quedé como humilde soldado de a pie. Incluso en aquel puesto inferior seguía esperando con ilusión nuestra victoria.

»El impulso final aparente hacia la victoria vino en la primavera de 1967. A mediados de mayo, Egipto movilizó cien mil soldados a lo largo de la frontera suroccidental de Israel y declaró que los Estrechos de Tirán quedaban cerrados para todos los barcos que procedieran o se dirigieran a puertos israelíes. El presidente egipcio Nasser anunció su intención de destruir Israel.

»Una especie de histeria expectante se adueñó del mundo árabe. Fuerzas árabes de toda la región se movilizaron por todas partes, de tal manera que, a finales de mayo, Israel estaba rodeado por una legión de unos doscientos cincuenta mil soldados, dos mil tanques y setecientos aviones. Yo me uní a un batallón que había ocupado una posición estratégica en Latrún, una de las localidades más occidentales de la Ribera Occidental ocupada por Jordania.

»Latrún está situada en la autopista que une Tel Aviv con Jerusalén, la principal arteria de comunicaciones de Israel. Dominaba el llamado corredor de Jerusalén, una tira de tierra controlada por los israelíes que llegaba hasta los barrios occidentales de la ciudad, pero rodeada por fuerzas jordanas en las crestas situadas al norte y al sur. Iba a ser una posición clave desde la cual se podría cortar la comunicación del corredor con el resto de Israel y luego capturarlo. Sería también el foco del movimiento del ejército árabe al bajar de las colinas y cruzar las llanuras costeras hacia Tel Aviv. Yo quería formar parte de la erradicación del corazón de Israel: el Jerusalén Occidental controlado por los israelíes y Tel Aviv. Para ello, no había mejor lugar que Latrún.

»Sin embargo, es posible que sepáis lo que sucedió. Avi aludió antes a ello. En la mañana del 5 de junio de 1967, Israel lanzó un ataque preventivo sorpresa contra los aviones y aeródromos egipcios y los diezmó. Muy pronto acabaron también con la aviación de Jordania y Siria, y nos dejaron sin protección aérea. Poco después recibimos órdenes de penetrar en territorio israelí. Sin embargo, rápidamente cortaron nuestras rutas de suministros, y las montañas que habían sido nuestra protección hacia el este se convirtieron en una barrera que hacía imposible la escapatoria. Antes de la caída de la noche ya éramos conscientes de que nos habían derrotado. Dos días más tarde, Jordania acordó un alto el fuego y la guerra terminó con una victoria total de Israel justo seis días después de su inicio. Cuando regresé a casa, a Belén, Jordania había sido obligada a retroceder hasta la orilla oriental del río Jordán; ¡Israel había capturado toda la Ribera Occidental!

»Lo que vino después fue una crisis de confianza en el mundo árabe. Una amarga desesperación barrió el pueblo palestino cuando los jordanos tuvieron que retirarse tras sus fronteras. Nos habían dejado atrás, con los que considerábamos nuestros captores. Habíamos quedado abandonados y prisioneros una vez más.

»La red de Fatah se esforzó por recuperar su peso en esta nueva realidad; sin embargo, habíamos perdido nuestra confianza y, con ella, gran parte de nuestra esperanza. Yo sabía que las batallas que pudiéramos librar en el futuro iban a ser mucho más largas de lo que había esperado. Y, en cualquier caso, yo no iba a tener ningún papel dirigente en ellas. Eso me llevó a buscar otras batallas. Unas batallas que pudieran ayudarme a olvidar nuestro fracaso como pueblo y a eliminar el odio insistente que estaba empezando a albergar contra los míos, que, después de todo, me habían quitado el poder y habían desperdiciado nuestra gran oportunidad.

Yusuf hizo una pausa.

—¿Y dónde buscaste? —preguntó Pettis—. ¿Qué otras batallas miraste?

—Al principio empecé mirando a otros países árabes; a Egipto, por ejemplo; a Siria, a Irak. Buscaba alguna causa proárabe a la que pudiera adherirme. Algo con promesa de futuro. Algo que me aportara algún tipo de esperanza contra Israel.

—Entonces tenías el corazón en guerra —apuntó Lou con picardía—. Estabas metido en el cuadro.

Yusuf le miró y sonrió:

—Pues sí, Lou, desde luego que lo estaba. En un cuadro probablemente mayor y más oscuro que cualquiera al que te hayas podido sentir tentado a entrar.

—Eh, eh, cuidadito —advirtió Lou—. Yo tengo un cuadro de «mejor que». No intentes ahora hacer que tu cuadro sea mayor que el mío.

Toda la sala estalló en una gran carcajada.

Cuando las risas amainaron, Elizabeth preguntó:

—¿Y encontraste lo que buscabas? ¿Encontraste alguna batalla que pudieras emprender en algún otro lugar del mundo árabe?

—Encontré batallas por todas partes —respondió Yusuf—, pero ninguna que mereciera la pena emprender. En su gran mayoría eran batallas internas. Todo el mundo maniobraba para captar poder en el vacío creado por la devastación de la guerra. A mí ya no me interesaban esas batallas, y sus perspectivas me parecían demasiado etéreas, en el caso de que hubiera querido implicarme en ellas.

—¿Y qué fue lo que te trajo a Estados Unidos? —inquirió Pettis.

—Unos asesinatos —contestó Yusuf.

—¿Asesinatos? —exclamó Pettis dando un respingo.

—Sí; el de John F. Kennedy en 1963 y el de Malcolm X en 1965. Sus muertes dieron lugar a grandes titulares en el mundo árabe. Estados Unidos no era todavía un aliado vocinglero de Israel y tanto mis colegas árabes como yo mismo mirábamos hacia aquí con una cierta esperanza. Yo me había identificado con la lucha de los negros americanos. Malcolm X, un creyente en el Corán como yo, me intrigaba, y sabía muy poco de Martin Luther King. Me interesaba la revolución que parecía estar teniendo lugar en este país. Puesto que mi propia revolución se había hecho añicos, empecé a volver la vista hacia Occidente. Menos de un mes después de la guerra, empecé a hacer planes para venir a Estados Unidos. Quería entrar en Harvard o en Yale para obtener una licenciatura.

—Ah —intervino Lou—, ahí asoma otra vez ese cuadro de «mejor que».

Yusuf rió.

—Es posible. Aunque también es cierto que eran los únicos nombres de universidades estadounidenses que conocía. Un mes más tarde, una vez conseguidos los papeles, me subí a un avión que cubría el trayecto de Amán a Londres y luego a la ciudad de Nueva York. De ahí me dirigí a New Haven (Connecticut), donde se encuentra Yale. Tenía que hallar la manera de que me admitieran. Si no conseguía entrar en esta universidad, había planeado seguir hacia Boston, a Harvard.

»Llevaba menos de una semana en New Haven cuando estallaron los disturbios raciales de agosto de 1967. También me encontraba allí durante los infamantes juicios a los Panteras Negras en 1970. Y fue allí también donde conocí las ideas que cambiaron mi forma de verme a mí mismo y de ver a los demás y al mundo. Porque allí conocí a un profesor de filosofía, Benjamin Arrig, cuyo punto de vista empezó a cambiar el mío. Trabé contacto con el profesor Arrig (o Ben, como en seguida me pidió que le llamara) en el parque de New Haven Green mientras observábamos cómo unos manifestantes negros eran reducidos por unos policías con escudos que disparaban gases lacrimógenos contra la multitud. Las tres iglesias cristianas que hay en el parque constituían un telón de fondo curioso para toda aquella tensión y violencia. Yo no atendí los avisos de los policías montados que nos decían que nos fuéramos. La conmoción, aunque importante, no era nada comparada con lo que yo estaba acostumbrado a vivir. Me sentía atraído por el espectáculo.

»En ese momento observé a un hombre negro que parecía igualmente atraído por lo que estaba ocurriendo. Estaba entre los espectadores, la mayoría de ellos blancos. Le observé con curiosidad. A pesar del gran peligro del momento, permanecía estoicamente inmóvil. Ni se unía a la ira ni escapaba por miedo. Su rostro, serio, mostraba un rictus de preocupación.

»Me acerqué a él para conocer el punto de vista negro del conflicto. Un punto de vista que, como árabe palestino oprimido, supuse que podría entender sin dificultades. Allí luchaba el equivalente a mis hermanos de Fatah. Si hubiera reconocido alguna cara entre la multitud, probablemente me habría lanzado hacia ella como si fuera un bote de gas. Al acercarme al hombre, mi intención era la de solidarizarme.

»"¿De modo que los oprimidos están luchando por sus derechos?", comenté casi con indiferencia. El tono de mi voz tuvo que parecer extrañamente despreocupado, dadas las circunstancias.

»"Sí —respondió aquel hombre sin apartar los ojos de la escena—, en ambos bandos".

»"¿En ambos bandos?", repetí sorprendido.

»"Sí".

»"¿Y eso? —inquirí desafiante—. Solo veo gases lacrimógenos en uno de ellos".

»"Si miras atentamente —me respondió—, verás que ambos albergan el deseo de tener gases lacrimógenos".

»Recuerdo que volví a mirar a aquella masa que bullía delante de mí mientras me preguntaba qué habría querido decir aquel hombre y cómo era posible que alguien pudiera darse cuenta de semejante deseo, si es que de verdad existía.

»"¿De dónde eres?", me preguntó sin apartar los ojos de la escena que se desarrollaba ante nosotros.

»"De Jerusalén, de Palestina", le respondí.

»Él no dijo nada.

»Yo me volví a girar hacia el tumulto.

»"Sé lo que sienten", dije señalando hacia los alborotadores.

»"Entonces te compadezco", respondió aquel hombre. Yo me quedé de una pieza.

»"¿Que me compadece? ¿Por qué?".

»"Porque te has convertido en tu propio enemigo", respondió suavemente pero con resolución.

»"¿Porque quiera contraatacar? —protesté—. ¿Porque quiera rectificar todo el mal que nos han hecho a mi pueblo y a mí?". El hombre no contestó.

»"¿Qué pasa si me encuentro en unas circunstancias que justifican mi deseo de disponer de gases lacrimógenos?", repliqué volviendo a su comentario anterior.

»"Exacto", contestó.

»"¿Exacto? —repetí confundido—. ¿Qué se supone que significa eso?".

»"Que te has convertido en tu propio enemigo".

»Y así fue como empezó mi educación con Ben Arrig —terminó Yusuf.

—¿Y qué sucedió? —preguntó Lou.

—Durante tres años, Ben se dedicó a echar por tierra todas las hipótesis que yo había considerado verdades, todos los prejuicios personales que yo había creído realidades. En primer lugar, me habló del cuadro, y luego me mostró cómo se puede salir de él y cómo es imposible hacerlo. Como yo tenía unos prejuicios tan arraigados contra los judíos, pasó mucho tiempo tratando el tema del racismo y mostrándome que esa era también una de las características del cuadro, tanto del mío como del de cualquier otra persona.

»"Si ves a las personas de una raza o de una cultura concreta como objetos —me explicó—, tu forma de verlos es racista, tanto si tienes un color determinado como si no lo tienes, tanto si tienes poder como si no lo tienes".

»Luego me mostró que lo mismo sucede con todas las divisiones, ya sean entre ricos y pobres, jóvenes y viejos, cultos e iletrados, religiosos y no religiosos, católicos y protestantes o chiíes y suníes.

»"Cuando empiezas a ver a los demás como personas —me dijo Ben—, los asuntos relacionados con la raza, la etnia, la religión y demás adquieren un aspecto distinto. Los empiezas a sentir de otra forma. Acabas viendo una serie de personas con esperanzas, sueños, miedos e incluso justificaciones parecidas a las tuyas".

»"¿Y qué pasa si un grupo de personas está oprimiendo al otro?" —le pregunté en cierta ocasión.

»"En ese caso, el segundo grupo debe tener mucho cuidado para no convertirse también en opresor. Es una trampa en la que resulta muy fácil caer —añadió— cuando tenemos a nuestro alcance la justificación de abusos pasados".

»"¿Y cómo van a convertirse en opresores a su vez si lo que están intentando es sencillamente poner fin a una injusticia?".

»"El problema es que aquellos que están intentando poner fin a la injusticia solo piensan en las injusticias que creen que ellos han sufrido. Lo que significa que su auténtica preocupación no es la injusticia, sino ellos mismos. Esconden el hecho de estar centrados en sí mismos tras la virtud de su causa exterior".

Llegado a este punto del relato, Yusuf hizo una pausa y paseó la vista por el grupo.

—Lo que me lleva —añadió— a la pregunta de Pettis de cómo podemos reflexionar con un nuevo enfoque sobre nuestra situación.

»Las personas a las que estuvimos observando Ben y yo aquel día en New Haven Green parecían estar más preocupadas por sus propias cargas que por las de los demás. No puedo afirmarlo con seguridad, porque no estaba en su pellejo, pero no daba la sensación de que estuvieran pensando en las cargas de aquellos a los que vilipendiaban, por ejemplo, ni en aquellos cuyas vidas estaban poniendo en peligro. Habría sido muy bueno, tanto para ellos como para su causa, que hubiesen empezado a prestar a los demás la misma atención que a sí mismos. Si hubieran sido capaces de encontrar el camino hasta un lugar fuera del cuadro, podrían haber reflexionado con un nuevo enfoque sobre su situación planteándose una serie de preguntas.

Caminó hasta la pizarra y, mientras escribía, dijo:

—Como estas, por ejemplo:

- ¿Cuáles son los desafíos, las tribulaciones, las cargas y los dolores de esta persona o personas?
- ¿Qué es lo que yo, o el grupo del que formo parte, añadimos a estos desafíos, tribulaciones, cargas y dolores?
- ¿En qué otras formas hemos abandonado o maltratado mi grupo o yo a esta persona o a este grupo?
- ¿En qué formas están mis cuadros de «mejor que», «yo merezco», «peor que» y «necesidad de ser visto como» oscureciendo la verdad acerca de los demás y acerca de mí mismo, e interfiriendo en las posibles soluciones?
- ¿Qué siento que debería hacer por esta persona o este grupo? ¿Qué podría hacer para ayudar?

»Con la ayuda de Ben —continuó diciendo Yusuf mientras se volvía de nuevo hacia el grupo—, empecé a plantearme estas preguntas, unas preguntas que me ayudaron a reflexionar con un nuevo enfoque sobre mi situación. Durante la mayor parte de mi vida me había consumido con mis propios desafíos, mis tribulaciones, mis cargas y mis dolores, y con los de mi pueblo. Jamás consideré la posibilidad de que los israelíes pudieran también sentirse abrumados, ni cómo podía yo haber aumentado su carga, ni cómo también yo los había maltratado y abandonado. Cuando empecé a plantearme estas preguntas, el mundo comenzó a cambiar para mí. Seguía viendo mis sufrimientos, pero también era capaz de ver los de los demás. Y al verlos bajo esa luz, mis sufrimientos adquirieron un sentido nuevo. Me proporcionaron una ventana para ver el dolor que los demás podrían estar sufriendo, parte de él por mi propia culpa. Como ya no tenía necesidad de justificarme, tampoco la tenía de conservar mis propios sufrimientos y podía dejar a un lado mi victimismo. Empecé a albergar hacia los israelíes sentimientos y deseos que anteriormente apenas había sentido. Empecé a ver posibilidades, posibles soluciones a nuestros problemas, que nadie que esté en el cuadro puede permitirse ver. Empecé a sentir esperanza donde antes solo sentía ira y desesperación.

»Y una historia rápida, si me lo permitís —continuó diciendo—. Fui a visitar a mi madre unos años después de mi aprendizaje con Ben y me hice el propósito de visitar a otra persona también. "¿Qué habrá sido de Mordechai Lavon? —me preguntaba—. ¿Estará todavía en las calles? ¿Seguirá mendigando? ¿Seguirá siendo ignorado?".

»Recorrí la calle del Portal de Belén arriba y abajo preguntando a los comerciantes si conocían a un ciego que mendigaba por allí. Calculaba que, por entonces, debía tener unos setenta años. Nadie parecía conocerle ni recordarle.

»Al fin encontré a una anciana, también pordiosera. Los pocos dientes amarillos que todavía conservaba sobresalían de su boca formando ángulos extraños. Su piel oscura y curtida, así como sus profundas arrugas proclamaban una vida entera subsistiendo en la calle bajo el sol.

»"¿Mordechai Lavon? Sí, le conocí", dijo carcajeándose.

»"¿Y sabe dónde puedo encontrarle?", le pregunté.

»"No lo vas a encontrar", me respondió riéndose de un modo extraño.

»"¿Por qué no?"

»"Murió hace años. Ahí mismo, doblando esa esquina —y señaló con un dedo rechoncho hacia un callejón situado al otro lado de la calle—. El cuerpo estuvo allí tirado durante tres días, según dijo la policía. Nadie lo supo hasta que empezó a oler. ¡Madre mía, qué peste! ¡Buf! —exclamó al recordarlo—. ¡El viejo Mordechai no valía para gran cosa, pero sin duda sí valía para apestar!". Y volvió a reírse con aquella risa rota.

»Me sorprendió lo mucho que me afectó la noticia. "¡Qué vida tan solitaria tuvo! —lamenté—. Tantas cargas, tantos dolores. Y, sin embargo, rodeado de otras personas tan centradas exclusivamente en sus propios dolores que jamás se dieron cuenta de los de él". Me giré para marcharme.

»"¡Eh, señor! —me llamó la anciana— ¿Qué tal si me da algo de dinero?".

»Y de repente me di cuenta de que estaba estirando el cuello como para no darme por enterado, para no sentir su humanidad. Fue casi un acto reflejo.

»"Madre mía, el cuadro tiene un poder que no hay manera de quitarse de encima", pensé de forma casi audible. Entonces me detuve y saqué la cartera.

»"¿Cómo se llama?", le pregunté.

»"Nahla —me respondió—. Nahla Mahmuud".

»Abrí la cartera y saqué todos los billetes que llevaba.

»"Por Mordechai", le dije alargándole los billetes.

»"Claro, señor —y se le iluminó el rostro—. Por Mordechai".

Yusuf recorrió el grupo con la mirada. Todos estaban sumidos en sus pensamientos y reflexiones.

La mente de Lou estaba centrada en tres personas en concreto: Carol, Cory y Kate. Sintió que despertaba en su interior un deseo nuevo, un deseo que había surgido a raíz de lo que había estado pensando acerca de Cory aquella misma mañana. Sentía el deseo de conocer a su hijo. Sentía el impulso de empezar a escribirle una carta, de pedirle perdón, de contarle cosas, de hablar, sencillamente. Lo habría hecho en aquel momento de no haber estado todavía en clase. Decidió escribirla aquella misma noche y dejarla en Camp Moriah para que el siguiente servicio de correo la llevara a donde se encontraba la expedición.

«Y Kate —pensó—, siento muchísimo lo que te he hecho. Siento muchísimo no haberte escuchado, haberme entrometido y controlado tu forma de llevar tu equipo; siento muchísimo lo estúpido que he sido. ¿Qué puedo hacer para recuperarte? Sí, eso es lo que tengo que hacer —se dijo con resolución—. Tengo que recuperarte».

Este pensamiento le llevó hasta Carol, la mujer cuyo corazón había «ganado» y luego olvidado muchos años atrás. Alargó el brazo y le tocó la mano.

«No volveré a olvidarlo».

Pero entonces se dio cuenta de lo ingenuo que era al pensar aquello. Claro que lo olvidaría. El cuadro tiene un poder que perdura, tal y como acababa de decir Yusuf. Lou sabía que tenía que decirle a Carol mucho más de lo que había conseguido decir aquella mañana. Unas cuantas buenas intenciones no compensan décadas de engreimiento.

«Cualquier cosa que necesite, se la voy a dar», se prometió a sí mismo.

«Pero no lo harás —dijo otra vocecilla desde su interior—. Vas a volver a casa y a casarte de nuevo con tu trabajo, y ella volverá a asumir ese papel que tan bien te viene de compañera de casa y cuidadora».

«¡No, no puedo permitir que eso suceda!». Fue casi un grito.

—¿Qué puedo hacer para cambiar las cosas con mis Mordechais antes de que sea demasiado tarde? —preguntó con urgencia—. ¿Y cómo puedo mantener el cambio?

Yusuf sonrió.

—Las ideas que me enseñó Ben Arrig, en particular sus preguntas liberadoras, cambiarán todo si sois capaces de encontrar el camino hasta un lugar fuera del cuadro y las plantáis con sinceridad. Cada vez que descubráis que estáis atascados, ya sea en el trabajo o con la familia, tendréis que encontrar un lugar fuera del cuadro, tal y como hemos hecho aquí todos juntos, y luego tendréis que adoptar una actitud receptiva y curiosa una vez más. Las preguntas que formuléis acerca de los demás os liberarán de vuestras justificaciones y vuestra culpabilidad. Durante un tiempo seréis capaces de ver y sentir claramente, y de encontrar un camino hacia adelante que no habíais visto antes. Eso es lo que os ha sucedido aquí, ¿no es cierto?

Lou asintió lentamente.

—Sin embargo, el hecho de seguir estando libre y el grado de libertad que conservéis dependerán de lo que suceda a continuación.

—¿Y qué es? —preguntó Lou.

—El paso que culmina el proceso de salir del cuadro.

21

ACCIÓN

Lou esperó.

—Bueno, ¿de qué se trata? —preguntó al fin—. ¿Cuál es ese último paso?

—Gwyn —dijo Yusuf—, ¿te acuerdas de cuál era la palabra favorita de tu padre?

—Demasiado bien, me temo —respondió ella sonriendo con superioridad.

—¿Qué tiene que ver su padre con todo esto? —preguntó Lou con impaciencia.

—Pues lo cierto, Lou, es que tiene muchísimo que ver.

—¿Y eso?

—Gwyn es la hija de Ben Arrig.

Si de repente el ratoncito Pérez hubiera entrado por la puerta, Lou no se habría sorprendido más. Todos los presentes se habían quedado boquiabiertos.

—No os impresionéis tanto —dijo Gwyn rompiendo el estupor de la sala—. A veces nuestros padres son las últimas personas a las que escuchamos, ¿verdad? —dijo casi para sí misma.

Muchas cabezas asintieron.

—Durante muchos años, mis oídos estuvieron cerrados para las ideas de mi padre. Cuando él pretendía sugerirme que considerara las cosas de una forma distinta, yo solía decirle: «No intentes embaucarme con tu filosofía». Según él, yo debía dejar atrás el odio que albergo por mi exmarido, perdonar a una hermana el daño que me hizo y dar otra vuelta a mis opiniones sobre la raza. Pero era mi padre. ¿Qué iba a saber él?

Hizo una pausa y, en la sinceridad del momento, nadie se atrevió a hablar.

—Estoy aquí —susurró— solo porque al morir me dijo que su deseo era que viniera.

Lou rompió el silencio.

—¿Cuánto tiempo hace que murió?

—Seis meses. Lo atropelló un conductor borracho mientras cruzaba la calle. Murió a la mañana siguiente.

—¡Qué terrible! —exclamó Carol—. No me lo puedo ni imaginar.

Elizabeth rodeó con su brazo los hombros de Gwyn.

—Lo siento mucho, Gwyn —dijo Miguel.

—Lo mismo digo —asintió Ria sacudiendo la cabeza—. Qué tragedia tan terrible.

—Esta ironía del destino ha sido muy difícil de soportar —dijo Gwyn—. Mi padre empleó su vida en ayudar a la gente a dejar atrás el rencor por los malos tratos recibidos. ¡Y va y le mata un borracho! Sus ideas no pudieron salvarle en esa ocasión.

—Tienes razón, Gwyn —asintió Yusuf—. No podían salvarle. No hay forma de evitar totalmente los malos tratos. Eso no era lo que decía tu padre. Sin embargo, sí hay una forma de evitar que el maltrato te destruya y destruya tu paz. Hasta un maltrato tan duro de soportar como este —Yusuf la miró—. ¿Quieres que hagamos un descanso?

Ella sacudió la cabeza.

—Estoy perfectamente —dijo; luego levantó la mirada hacia Yusuf y Avi—. Gracias por ayudarme a oírle. Me habéis dado mucho en qué pensar.

»Ah —añadió después de un momento mirando al resto del grupo—, la palabra favorita de mi padre era *acción*.

—¿Acción? —repitió Lou.

—Sí.

—¿Por qué?

—No estoy del todo segura —respondió Gwyn—. Pero creo que Yusuf sí lo sabe.

—Creo que sí —contestó este—. Creo que era la forma que tenía tu padre de recordarse que, aunque podía salir del cuadro encontrando un lugar fuera de él y reflexionando con un nuevo enfoque sobre la situación, para poder mantenerse lejos del cuadro tenía que poner en práctica una estrategia. Es decir, tenía que *hacer* algo.

—¿Hacer qué? —preguntó Lou.

—Algo que solo él conociera —respondió Yusuf.

A Lou no le gustó en absoluto aquella contestación.

—Pero eso no me sirve de nada, ¿no crees? Lo siento, Yusuf, pero no es una buena respuesta. Necesito algo más.

—Evidentemente, Lou; pero Ben era muy listo y sabía que lo que más necesitas no es algo que él o cualquier otra persona te pueda dar. Eso que puedes considerar una ayuda insuficiente es en realidad el único consejo que puede servirte. Todo lo demás sería mentira.

—Entonces tendrás que explicarme qué quieres decir. No te sigo.

—Claro. Déjame volver a las historias de las que hemos hablado. ¿Te acuerdas de que Avi sintió el deseo de escribirle una carta a Hamish?

—Sí.

—Y luego actuó siguiendo aquel deseo, ¿no es cierto?

Lou asintió.

—¿Y recuerdas que yo sentí también el deseo de encontrar a Mordechai?

Lou volvió a asentir.

—Y luego actué siguiendo ese deseo, igual que Avi había actuado siguiendo el suyo, ¿verdad?

—Sí —dijo Lou, sin saber muy bien todavía adónde iba a llevar todo aquello.

—Y Mei Li y Mike no solo pensaron en quitarse los zapatos, sino que se los quitaron de verdad.

»Y acuérdate de lo que hizo Carol ayer —continuó diciendo—. Pidió disculpas en voz alta a Miguel delante de todo el grupo, ¿no es cierto?

—Sí —dijo Lou en lo que resultó ser un susurro.

—No solo lo pensó, sino que lo hizo.

Lou asintió.

Yusuf miró a Lou cara a cara.

—Voy a aventurar una suposición acerca de ti, Lou. ¿Te importa?

—Adelante —dijo Lou sin nada de la actitud de superioridad que habría acompañado a esa palabra solo veinticuatro horas antes.

—Voy a aventurar la suposición de que, mientras hemos estado juntos, tú también has sentido que despertaban dentro de ti varios deseos, cosas que deseabas hacer o empezar a hacer con respecto a Cory, o con respecto a Carol, o quizá con respecto a alguien del trabajo. ¿Estoy en lo cierto?

El deseo de escribirle una carta a Cory le vino a la mente al instante, igual que el de pedir perdón a Kate y hacer lo que fuera necesario para que regresara a Zagrum. Y, por supuesto, el deseo de actuar de forma diferente con Carol y el hecho de haberse dado cuenta de que tenía que averiguar lo que debía hacer para evitar que sus cuadros envenenaran su relación.

—Sí, eso es lo que he estado sintiendo —respondió Lou.

—Entonces quiero que vuelvas a mirar la pizarra —dijo Yusuf—. Cuando recupero el deseo y el buen juicio hacia las personas, ¿en qué lugar del diagrama me encuentro?

—En la parte de arriba —contestó Lou.

—Por tanto, fuera del cuadro, ¿no es así?

—Sí, supongo que sí.

—En el momento en que recuperas el deseo de ayudar, estás fuera del cuadro con respecto a esa persona. La cuestión en ese punto no es cómo salir del cuadro, sino más bien cómo permanecer fuera de él.

»Si analizamos el diagrama desde arriba, ¿qué tienes que hacer ahora para mantenerte fuera del cuadro?

DIAGRAMA DE LA ELECCIÓN

Sensación/Impulso/Deseo
Ayudar a Mordechai a recoger las monedas
(veo a Mordechai como una PERSONA con necesidades, preocupaciones y miedos que importan, como los míos)
Mi corazón está en paz

↓

ELECCIÓN

- Respetar el impulso
- Traicionar el impulso

Respetar el impulso:
Continúo viendo a Mordechai como una persona igual que yo

Traicionar el impulso:
Empiezo a ver a Mordechai de una manera tal que justifica mi autotraición. Se convierte en un OBJETO al que culpar.

Mi corazón entra en guerra

Cómo me veo a mí mismo	**Cómo veo a Mordechai**
Mejor que otros	Sin derecho a estar allí
Una víctima (y, por tanto, los demás están en deuda conmigo)	Me roba la paz
Malo (pero así me han hecho otros)	Amenaza sionista
Necesidad de ser bien visto	Fanático
Sentimientos	**Cómo veo el mundo**
Enfadado	Injusto
Deprimido	Un agravio
Amargado	Muy duro
Justificado	Contra mí

Estilos comunes de tener el corazón en guerra
«Mejor que»
«Yo merezco» →
«Peor que»
«Necesidad de ser visto como»

—Respetar el impulso —dijo Lou mientras la mente le daba vueltas.

—¿Y quién es la única persona que puede saber qué impulso es el que debe respetar? —preguntó Yusuf.

Lou reflexionó sobre la pregunta.

—Supongo que solo la persona que lo está sintiendo.

—Exacto —replicó Yusuf—. Y ese es el motivo de que yo no pueda decirte qué es lo que tienes que hacer. Solo tú lo sabrás, porque es tu vida; tú conoces las ofensas, las oportunidades perdidas, las crueldades insignificantes y demás. Yo no podría haberle dicho a Avi que tenía que escribirle una carta a Hamish, por ejemplo. Solo él podía saberlo. Del mismo modo, él tampoco sabría tanto de mi vida como para sugerirme que buscara a Mordechai Lavon. Y observa que no se trata solo del buen juicio de saber qué debes hacer, sino del *deseo* de hacerlo. Ese deseo tiene que brotar desde tu interior —dijo, y añadió—: y eso es lo que te ha sucedido a ti, Lou.

Yusuf hizo una pausa.

—Cuando hemos recuperado esa sensibilidad hacia los demás, entonces debemos actuar según lo que esta nos indique. Ese es el motivo de que la palabra *acción* fuera la favorita de Ben. Tenemos que respetar esos impulsos y no traicionarlos. Si tú, Lou, por ejemplo, traicionaras los impulsos que estás sintiendo en este momento hacia los demás, seguro que te sentirías justificado para hacerlo. Y entonces volverías a estar dentro del cuadro. Por eso la clave para mantenerse fuera de él cuando has encontrado la forma de salir es hacer aquello que sientes que debes hacer. Es actuar según los impulsos que estás sintiendo fuera del cuadro.

Y diciendo esto, Yusuf añadió un cuarto elemento a la pizarra.

RECUPERAR LA CLARIDAD Y LA PAZ INTERIORES
(CUATRO PARTES)

Salir del cuadro

1. Busca las señales del cuadro (culpabilidad, justificación, terribilización, estilos de los cuadros más comunes, etc.).
2. Encuentra un lugar fuera del cuadro (relaciones, recuerdos, actividades, lugares, etc.).
3. Reflexionar con un nuevo enfoque sobre la situación (es decir, desde la perspectiva de fuera del cuadro). Pregúntate:
   - ¿Cuáles son los desafíos, las tribulaciones, las cargas y los dolores de esta persona o personas?
   - ¿Qué es lo que yo, o el grupo del que formo parte, añadimos a estos desafíos, tribulaciones, cargas y dolores?
   - ¿En qué otras formas hemos abandonado o maltratado mi grupo o yo a esta persona o a este grupo?
   - ¿En qué formas están mis cuadros de «mejor que», «yo merezco», «peor que» y «necesidad de ser visto como» oscureciendo la verdad acerca de los demás y acerca de mí mismo, e interfiriendo en las posibles soluciones?
   - ¿Qué siento que debería hacer por esta persona o este grupo? ¿Qué podría hacer para ayudar?

Mantenerse fuera del cuadro

4. Actuar según lo que acabo de descubrir; hacer aquello que siento que debería hacer.

—Y así —dijo Yusuf— es como se puede recuperar la paz interior, incluso cuando estamos rodeados por la guerra. Nos mantenemos al acecho de cualquier posible señal que indique la presencia del cuadro. Entonces encontramos un lugar fuera del cuadro en el que podemos reflexionar con un nuevo enfoque y con más claridad sobre la situación. Y luego empezamos a considerar las cargas de los demás en lugar de solo las nuestras. En el transcurso de este proceso, vemos cosas que no habíamos visto antes y nos sentimos impulsados, por ello, a emprender determinadas acciones. En el momento en que recuperamos este buen juicio o este deseo de ayudar, hemos encontrado la forma de salir del cuadro. El *permanecer* fuera de él y conservar el corazón en paz o no dependerá de que respetemos o no ese buen juicio o ese deseo.

—¿Y qué pasa con todas las guerras que tenemos a nuestro alrededor? —preguntó Lou—. No se van a resolver solo porque encontremos la paz dentro de nosotros, por muy importante que pueda ser eso.

Yusuf sonrió:

—Eso depende.

—¿De qué? —inquirió Lou.

—De la naturaleza del conflicto —respondió Yusuf—. En los conflictos que puedan surgir entre otra persona y tú, te sorprendería comprobar hasta qué punto solucionar la guerra interna resuelve también la externa —y mientras su mirada se detenía sobre Lou, añadió—: Piensa en lo que ha sucedido entre Gwyn y tú, por ejemplo. Ayer hubo ocasiones en las que casi saltáis de la silla y os liais a puñetazos. Y, sin embargo, mira cómo estáis ahora.

Los dos aludidos se miraron el uno al otro. Lou hizo un amago de gancho de izquierdas y todo el mundo rió.

—¿Y qué pasa con otro tipo de conflictos? —preguntó Pettis—. Conflictos con más historia, por ejemplo, o entre mucha gente. Un único corazón en paz no va a resolverlos necesariamente.

—Tienes toda la razón, Pettis. No los va a resolver. Pero fíjate en lo que *sí* va a conseguir. Estar fuera del cuadro te permite ver por primera vez la situación con claridad, sin exageraciones ni justificaciones. Te va a poner en disposición de empezar a influir en favor de la paz y no de provocar la guerra. Aunque estás en lo cierto al afirmar que un corazón en paz por sí solo no va a solucionar los problemas externos complejos, estos problemas no se pueden empezar a resolver sin él.

—¿Y qué más? —preguntó Elizabeth—. Ayer nos dijiste que acabaríamos con una estrategia que nos permitiera ayudar a los demás a cambiar. Doy por bueno que cambiarme a mí misma tal y como nos has enseñado es el primer paso, pero luego ¿qué?

—Luego debes trabajar para ayudar a que las cosas vayan bien —respondió Yusuf.

—¿Cómo?

—Haciendo lo que nosotros hemos estado haciendo contigo.

CUARTA PARTE
Extender la paz

22

UNA ESTRATEGIA DE PAZ

—¿Os acordáis de la pirámide que dibujé ayer por la mañana, y que luego dividí en dos niveles? —preguntó Yusuf—. Un nivel lo titulé «Tratar las cosas que van mal», y el inferior, «Ayudar a que las cosas vayan bien». ¿Lo recordáis?

Todos asintieron.

—Entonces recordaréis también que estuvimos de acuerdo en que normalmente pasamos la mayor parte del tiempo tratando las cosas que van mal, aunque no sea lo más apropiado.

El grupo entero volvió a asentir.

—Me gustaría detallaros más esa pirámide —añadió—. Forma una estructura que rige todo lo que hacemos aquí, en Camp Moriah, con los chicos, con el personal y con vosotros. Muestra no solo cómo *encontrar* la paz, sino también cómo *hacerla*. Muestra cómo sustituir el conflicto por cooperación.

Y diciendo esto, Yusuf se dio la vuelta y dibujó una pirámide similar a la que había dibujado el día anterior. La dividió también en tratar las cosas que van mal y ayudar a que las cosas vayan bien. Luego, sin embargo, la dividió aún más, en seis niveles, y escribió la palabra «Corregir» en el de arriba.

LA PIRÁMIDE DE LA INFLUENCIA

Corregir — Tratar las cosas que van mal

Ayudar a que las cosas vayan bien

Girándose de nuevo hacia el grupo, explicó:

—Cuando intentamos conseguir un cambio en otra u otras personas, ya sea en un niño, en un grupo de trabajo o en una región del mundo, lo que hacemos es intentar corregirlas, ¿no es así? Creemos que las circunstancias serían mejores si el otro cambiara. ¿De acuerdo?

—Sí —contestaron todos.

—Pero es una actitud equivocada, ¿verdad? —preguntó Ria—. Creer que los demás tienen que cambiar ya constituye por sí mismo un problema, ¿no?

Yusuf sonrió.

—¿Tú crees que querer que tu hijo cambie es un problema? —le preguntó.

Ria frunció el entrecejo.

—Pues no, la verdad es que no —respondió.

—Si no lo hace —gruñó Miguel—, su vida va a ser un desastre.

Yusuf asintió.

—Por tanto, el asunto no es tan sencillo como afirmar que sea un problema querer que los demás cambien, ¿no os parece?

—Supongo que no —contestó Ria dudando de repente si había comprendido lo que le estaban enseñando.

—Lo que constituiría un problema —siguió diciendo Yusuf— es insistir en que los demás cambien y no estar dispuesto a considerar si nosotros también deberíamos cambiar en algo. Eso sí sería un problema.

—Efectivamente —corroboró Pettis—, porque no podríamos invitar a los demás a cambiar si nosotros mismos estuviéramos metidos en ese mismo cuadro. Solo podríamos invitarlos a entablar batalla con nosotros.

—Sí —asintió Yusuf—. Y también por otra razón: al estar yo mismo metido en el cuadro en relación con los demás, mis ideas acerca de su necesidad de cambiar podrían estar equivocadas. Es posible que nuestro cónyuge no sea tan poco razonable como creemos, por ejemplo. O quizá estoy reaccionando de una manera excesiva con mi hijo. O a lo mejor el otro equipo, en el trabajo, tiene razón en algunas cosas. Hasta que no salga del cuadro no seré capaz de ver la diferencia entre aquellos cambios que resultarían útiles de verdad y los que sencillamente le resultarían útiles a mi cuadro.

»Como ya hemos descubierto en estos dos días, lo más importante para ayudar a que las cosas vayan bien es que nosotros salgamos del cuadro.

Después de decir estas palabras, Yusuf volvió a girarse hacia la pizarra y escribió «Salir del cuadro / Obtener un corazón en paz» en el nivel inferior de la pirámide.

   —Por lo que se refiere a nosotros —continuó diciendo—, esto es también lo que peor hacemos en cada una de nuestras familias. Es demasiado habitual que nuestro corazón esté en guerra con nuestros hijos y entre nosotros. Por eso, el objetivo de todo lo que hemos estado haciendo juntos ha sido intentar corregir este aspecto. Y todo lo que hemos hecho para fomentar ese cambio se detalla en estos niveles intermedios de la Pirámide de la Influencia.
   —¡Pero si están en blanco! —protestó Lou medio en broma.
   —Vamos a rellenarlos poniendo un ejemplo, Lou —dijo Yusuf sonriendo—. Supongamos, por ejemplo, que necesitaras cambiar algún aspecto de ti mismo.
   —Un supuesto totalmente hipotético —comentó Lou con sorna—. Entiendo.
   —Sí —dijo Yusuf, y sonrió de nuevo—. Supongamos que, cuando entraste en la sala y te sentaste en tu asiento ayer por la mañana, Avi te hubiera dicho: «¡Lou, tienes que salir del cuadro!». ¿Crees que te hubiera servido de algo?

—Bueno, me parece que eso fue más o menos lo que me dijo —exclamó Lou con una carcajada. El propio Avi sonrió también ante este comentario—. Pero no, eso solo no me habría servido de nada.

—¿Qué hubiera pasado si, al negarte, él te hubiera castigado de algún modo? Imaginemos que te hubiera mandado a otra habitación para que reflexionaras, por ejemplo. O que te hubiera quitado el agua y los refrescos. ¿Crees que eso te habría ayudado a salir del cuadro?

—Pues no —dijo Lou como la cosa más natural del mundo.

—Vemos entonces que la corrección por sí sola rara vez consigue que otra persona cambie. Puede ayudar si yo estoy fuera del cuadro cuando estoy corrigiendo, pero incluso en ese caso rara vez es suficiente. Entonces, ¿qué podemos hacer? La pirámide nos sugiere la presencia de cuatro categorías de acción que, cuando se combinan con un corazón en paz, generan una poderosa invitación al cambio y a la paz.

»La primera de ellas es lo que hemos estado haciendo la mayor parte de estos dos días: hemos estado enseñando.

Y diciendo esto, Yusuf escribió las palabras «Enseñar y comunicar» en el nivel situado justo debajo de «Corregir».

LA PIRÁMIDE DE LA INFLUENCIA

—No sirve de nada que yo te diga que salgas del cuadro —continuó diciendo Yusuf— si ni siquiera sabes qué es ese cuadro. Del mismo modo, cualquier correctivo en el trabajo será inútil si las personas a las que estoy intentando corregir carecen de la información necesaria para llevar a cabo su tarea. Y lo mismo sucede en la esfera de los grandes acontecimientos mundiales. Si un país no comunica con claridad y de forma persuasiva los motivos de las acciones que emprende en la comunidad mundial, está fomentando la resistencia a sus esfuerzos. Sea cual fuere el contexto en que nos movamos, si yo fracaso a la hora de enseñar, lo más probable es que mi corrección fracase también.

»Profundizando un poco más, no sirve de nada que me esfuerce si yo mismo no escucho y aprendo. Es evidente que, en las horas que hemos pasado juntos, teníamos unas cuantas ideas que enseñaros, pero eso no habría sido de mucha utilidad si nosotros hubiéramos ignorado vuestros problemas y vuestras preguntas y nos hubiéramos limitado a enseñar según nuestro plan.

Y diciendo esto, Yusuf escribió las palabras «Escuchar y aprender» en el siguiente nivel de la pirámide.

Yusuf se giró de nuevo de cara al grupo.

—Hemos estado intentando escucharos durante todo este tiempo —dijo— y hablar de los asuntos que os preocupan. Ayer, me parece que no lo hice demasiado bien, porque, según recordaréis, Lou creyó que estaba esquivando sus preguntas.

—En realidad, yo creo que era más bien él quien estaba esquivando las tuyas —bromeó Elizabeth.

—Tocado, Elizabeth —rió Lou—. Tocado.

Yusuf sonrió también.

—En realidad, este intento de aprender de vosotros —siguió diciendo— se remonta a mucho antes de que llegarais ayer. ¿Os acordáis de que os escribimos preguntándoos cosas sobre vuestros hijos?

La mayor parte de los presentes asintieron.

—Era tanto para saber cosas de vuestros hijos como de vosotros mismos. Avi y yo llevamos meses pensando en vosotros y hemos intentado organizar las clases según lo que habíamos aprendido.

—En lo que se refiere al tema del aprendizaje —intervino Avi—, otra función importante del nivel de «aprender», en la pirámide, es que nos recuerda constantemente que podemos estar equivocados en lo que creemos y opinamos. Por ejemplo, es posible que uno de los objetivos en los que he estado insistiendo en el trabajo sea poco sensato. O que una estrategia que he aplicado con mi hijo le esté haciendo daño. O que la estructura de las lecciones que hemos planificado no funcione. El nivel de aprendizaje de la pirámide nos invita constantemente a ser humildes. ¡Nos recuerda que la persona o el grupo que desearíamos cambiar puede no ser el único que deba cambiar! Nos está invitando todo el tiempo a pulir nuestros puntos de vista y opiniones.

—Y todo esto se puede aplicar también a los acontecimientos mundiales —añadió Yusuf—. ¿Hasta qué punto serán eficaces las comunicaciones de un país si sus dirigentes no se esfuerzan activamente por aprender cosas acerca de las personas con las que están intentando comunicarse, y también por aprender lo que estas pueden enseñarles? Si queremos que se produzcan cambios en Oriente Próximo, por ejemplo, pero seguimos ignorando todo lo referente a las personas que viven allí, sus ideas y opiniones, ¿hasta qué punto podrán ser eficaces nuestras enseñanzas? Y si estamos seguros de la necesidad de que otros cambien pero no estamos dispuestos a que lo que aprendamos de ellos produzca cambios también en nosotros, ¿qué grado de cambio estaremos fomentando? Si aprendemos mal, nuestra enseñanza no será eficaz. El fracaso en un nivel de la pirámide mina siempre el éxito en los niveles situados por encima de él.

»Lo que nos deja —continuó diciendo mientras señalaba el diagrama— con dos niveles más. ¿Qué suponéis que podría socavar mi disposición o habilidad para aprender de los demás y, por tanto, la eficacia de mis enseñanzas?

Nadie respondió de manera inmediata.

—¿Qué os parece esto? —dijo mientras escribía «Establecer una buena relación» en el siguiente nivel de la pirámide.

—¿Qué pasaría si, por ejemplo, la relación que mantengo con mis empleados es mala? —planteó—. ¿Qué efectos creéis que eso podría tener en mi capacidad para aprender de ellos y en la efectividad de mis enseñanzas?

Lou se acordó inmediatamente de John Rencher. Veía claramente que su mala relación personal con él le dificultaba enormemente el trabajo con el sindicato.

—¿Y qué me decís de vuestra relación con el chico o la chica que nos habéis traído? —continuó Yusuf—. ¿Diríais que es una relación fuerte y sana?

Todo el mundo bajó los hombros.

—Si no lo es, apostaría a que hay muchas cosas que desconocéis acerca de vuestro hijo, muchas que no os ha contado. En consecuencia, vuestro aprendizaje está atrofiado y vuestros esfuerzos por enseñarle y corregirle también se han visto entorpecidos. Es posible que lo que tengáis que hacer sea averiguar cómo establecer una buena relación con vuestro hijo. Dejad a un lado sus problemas por un momento. ¿Qué le gusta hacer? ¿Podríais dedicar un rato a hacer eso con él? ¿Qué podríais hacer para fomentar una buena relación con él?

Lou estaba recordando. Cory y él no habían mantenido una charla sincera desde hacía varios años. Demasiado tiempo atrás solían jugar juntos al golf. Ya no sabía lo que Cory deseaba obtener en la vida, lo que anhelaba ni lo que soñaba ser. Ni siquiera estaba al tanto de en qué le gustaba emplear su tiempo. ¡Solo sabía que ningún hijo suyo iba a ser un drogadicto! Desde entonces, los correctivos y las enseñanzas que había aplicado a Cory habían surtido muy poco efecto. Y ahora veía al menos dos razones para ello: se había sentido demasiado seguro de sí mismo para preocuparse por aprender de Cory y por aprender cosas de él, y había dejado totalmente de esforzarse por establecer una buena relación con su hijo. Toda su relación en los últimos dos años había girado en torno a la drogadicción de Cory. Era lo que se traslucía en cada palabra, ya fuera en voz alta o muda.

Lou sacudió la cabeza.

—¡Qué pena! —dijo.

—¿El qué? —preguntó Yusuf—. ¿Qué es lo que te parece una pena?

—Mi forma de estar —respondió Lou—. Es evidente que debería haber dedicado tiempo a intentar establecer una buena relación con Cory, pero ni siquiera se me pasó por la cabeza últimamente. Es como si el cuadro me hubiera dejado ciego o algo así.

—No andas muy desencaminado —dijo Yusuf—. Piensa en ello: si estoy seguro de que tengo razón, es muy poco probable que vea en qué estoy fallando. Por eso sigo intentando lo mismo de siempre; las mismas charlas, por ejemplo, y los mismos castigos. Y sigo obteniendo los mismos resultados: otras personas con problemas. Por un lado, lo detesto, pero por el otro recibo mi justificación, que es lo que más deseo cuando estoy dentro del cuadro. La necesidad de justificarme me ciega ante cualquier tipo de posibilidad. Hasta de las más evidentes.

Lou sacudió la cabeza disgustado.

—¿Y qué va en el último espacio? —preguntó Pettis—. Entre «Establecer una buena relación» y «Salir del cuadro».

—Tú —contestó Yusuf—. En cierto modo, al menos. Cuando en Camp Moriah pensamos en vuestros hijos, vosotros ocupáis el siguiente espacio. Esto es así porque este nivel de la pirámide está relacionado con establecer buenas relaciones con aquellos que ejercen influencia sobre la persona o grupo al que estamos intentando ayudar. Vosotros sois los que ejercéis una influencia mayor en la vida de vuestros hijos, y por eso, si queremos ser una influencia positiva para ellos, más nos vale tener una buena relación con vosotros. La pirámide recuerda también eso mismo a los padres: que deben establecer buenas relaciones con aquellos que ejercen influencia sobre sus hijos, empezando por su cónyuge. O excónyuge, si fuese el caso.

—¿Y qué pasa con sus amigos? —preguntó Ria—. ¿Estás diciendo que tenemos que establecer buenas relaciones con ellos?

—Espero que no sea eso lo que quieres decir —opinó Pettis—. Yo no quiero que mi hija tenga relación con algunas de sus amistades. Eso ha sido parte de su problema. Quiero apartarla de ellas.

—¿Al acusar de forma distante a esas amistades has favorecido que tu hija se alejara de ellas? —preguntó Yusuf.

Pettis dudó.

—En realidad, no.

—Entonces quizá podrías plantearte la posibilidad de aplicar la pirámide a tu situación —sugirió Yusuf—. Vamos a analizar la estructura completa.

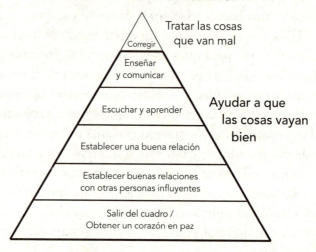

Mirando a Pettis, Yusuf continuó diciendo:

—Supongo que has estado intentando corregir la forma de elegir amigos que tiene tu hija; a lo mejor has hablado mal de sus amistades, por ejemplo, o has limitado sus posibilidades de estar con ellas.

Pettis asintió levemente.

—Imagino que, aunque has intentado hablar con ella sobre esto, la comunicación no ha ido demasiado bien.

—Sí, así ha sido, más o menos —admitió Pettis.

—En ese caso, la pirámide nos invita a pensar con una mayor profundidad —explicó Yusuf—. El siguiente nivel te invita a considerar cómo has estado escuchando a tu hija y aprendiendo de ella. ¿Sabes lo que le gusta de esas amistades, por ejemplo? ¿Sabes qué cosas le interesan y, por tanto, qué le ha llevado a elegir a esos amigos en concreto? ¿Conoces los problemas que tiene en estos momentos? ¿Sabes, por ejemplo, cómo le ha afectado tu divorcio?

Aquella revelación sorprendió a Lou. Apenas se había percatado de que Pettis estaba solo. Miró el nivel de aprendizaje de la pirámide.

«A lo mejor es que los demás no me importan lo suficiente como para sentir curiosidad hacia ellos», pensó. La idea le desató un sentimiento de culpabilidad.

—O, si profundizamos todavía más —continuó diciendo Yusuf—, ¿cómo de fuerte es tu relación con tu hija? Cuanto más sana sea esta relación, más probabilidades habrá de que ella tenga en cuenta tus opiniones acerca de sus amigos. ¿Has pasado el tiempo suficiente con ella para establecer una buena relación?

»Y por último, ¿cómo son tus relaciones con las otras personas que tienen influencia sobre ella? Con su madre, por ejemplo, o con sus amigos.

Lou miró a Pettis y observó que estaba librando una lucha interior.

—Verás —explicó Yusuf—, yo aprendí algo muy interesante con uno de mis hijos. También tenía un amigo que no me gustaba. No me gustaba ni pizca. Probé todas las estrategias habituales de los padres. Le hablé mal del chico, le impedí que lo viera y demás.

Pettis salió de sus reflexiones y miró a Yusuf.

—Por eso puedo imaginar que tú también las has probado —dijo Yusuf sonriendo—. Un día en que me estaba quejando de ello a Avi, ¡este me contestó que tenía que empezar a poner en práctica lo que yo mismo enseño! Tras ese codazo verbal, tomé la decisión de aplicar la pirámide a mi propia situación. En mi caso, mi hijo no perdió el interés por su amigo hasta que yo invité varias veces a este a venir a casa. Y para entonces, a mí me había empezado a gustar el chico. Casi lamenté que se alejara de él. Mientras no salí del cuadro en relación con mi hijo, mis esfuerzos por separarle de sus amigos no consiguieron otra cosa que impulsarle a querer estar más con ellos.

Yusuf contempló a Pettis, que estaba sumido por completo en sus pensamientos.

—El viejo proverbio que dice que los enemigos de mis enemigos son mis amigos —explicó Yusuf— es la aritmética del cuadro. Resta el cuadro de esa igualdad y es posible que tu hija y tú descubráis nuevas respuestas.

»De hecho —continuó diciendo a los demás—, todos vamos a descubrir respuestas nuevas. Si la aplicamos, la Pirámide de la Influencia nos va a guiar en todas nuestras interacciones con otras personas: en nuestra casa, en el trabajo y en el mundo. Nos sugerirá cosas que podemos hacer manteniendo siempre la mente y el corazón limpios. Nos ayudará a mejorar nuestra influencia positiva en todos los contextos, hasta en los más difíciles.

»Eso sí, siempre y cuando nos acordemos de aplicar las lecciones importantes de la pirámide.

23

LECCIONES

—¿Lecciones? —preguntó Lou.
—Sí —respondió Yusuf—. La pirámide ilustra tres lecciones fundamentales, unos axiomas que dirigen su aplicación en todas las situaciones. Ya hemos mencionado la primera.
Y escribió en la pizarra:

LECCIÓN 1
La mayor parte del tiempo y del esfuerzo deben emplearse en los niveles inferiores de la pirámide.

—Recordad que lo que nos interesa es dedicar la mayor parte de nuestro tiempo a los niveles de la pirámide situados debajo de la corrección, exactamente lo contrario de lo que solemos hacer. Nos interesa dedicar la mayor parte de nuestro tiempo a favorecer activamente que las cosas vayan bien, en lugar de a tratar las cosas que están yendo mal. Nos interesa salir del cuadro, establecer buenas relaciones, escuchar y aprender, enseñar y comunicar. Cuando las circunstancias nos llevan a aplicar correcciones de algún tipo, ya sea poner a un niño pequeño «a pensar» o enviar aviones de guerra a sobrevolar un país que nos ha atacado, los niveles inferiores de la pirámide adquieren una importancia todavía mayor. Por su propia naturaleza, la corrección implica una provocación. Por tanto, cuando tomamos la decisión de corregir, tenemos que aumentar más que nunca nuestros esfuerzos en los niveles inferiores de la pirámide. Si, por ejemplo, consideramos que la fuerza militar es necesaria, sería muy conveniente que incrementáramos aún más nuestros esfuerzos por comunicar, aprender y establecer buenas relaciones.

»Cuando vivimos de forma activa estos niveles inferiores de la pirámide, normalmente descubrimos que tenemos que dedicar a la corrección menos tiempo que antes. También descubrimos que, cuando tenemos que imponer un correctivo, es más probable que su efecto sea mayor que el que tuvo en el pasado, porque nuestro correctivo partirá de un esfuerzo continuado y un contexto determinado. Ya no resultará caprichoso ni arbitrario, sino que se percibirá su conexión con nuestros esfuerzos más profundos por favorecer que las cosas vayan bien. Tanto en casa como en el trabajo o entre las distintas naciones, la lección número uno de la Pirámide de la Influencia es que debemos emplear la mayor parte del tiempo y del esfuerzo en los niveles inferiores.

»Y pasemos ahora a la lección número dos.

LECCIÓN 2
La solución a un problema que se plantea en un nivel de la pirámide está siempre por debajo de ese nivel de la pirámide.

—Esta lección es también contraria a nuestro reflejo habitual. Cuando el correctivo que hemos impuesto no funciona, normalmente aplicamos más energía y corregimos más. Y cuando nuestra enseñanza no va todo lo bien que debiera, a menudo tratamos de rescatarla hablando más e insistiendo más. Es decir, ¡hablamos y hablamos en un intento de corregir los problemas que hemos creado por dedicarnos a hablar y hablar sin parar!

Lou recordó todas sus sesiones de «enseñanza» con Cory.

—Si no hago más que corregir y corregir, pero los problemas continúan —siguió diciendo Yusuf—, es señal de que la solución al problema que estoy afrontando no estriba en seguir corrigiendo. Y lo mismo pasa con la enseñanza. Y si escucho y aprendo, e incluso llego a revisar mis opiniones, pero los problemas persisten, es posible que lo que tenga que hacer sea tratar con los demás personalmente. Quizá tenga que aumentar mis esfuerzos por establecer buenas relaciones tanto con aquellos con los que tengo el conflicto como con otras personas con las que estos tienen relaciones.

»Mei Li nos contó una de las formas más importantes de establecer relaciones que tenemos aquí, en Camp Moriah: en todo aquello que hacemos con los demás, intentamos "quitarnos los zapatos" con ellos. Asumimos las limitaciones que ellos tienen que afrontar y nos exigimos los mismos requisitos. Por ejemplo, los "deberes" que os pusimos ayer a la hora de comer, lo de que durante ese tiempo vierais a todo el mundo como personas, fueron unos "deberes" que también nos impusimos Avi y yo. Y anoche estuvimos reflexionando sobre los conflictos y los cuadros que hay en nuestras propias vidas, tal y como os pedimos a vosotros que hicierais. Y al igual que a vosotros se os han ocurrido, durante el tiempo que hemos pasado juntos, cosas que tenéis que hacer hacia otras personas, a nosotros nos ha pasado lo mismo, y hoy nos iremos con el mismo compromiso que vosotros: hacer lo que sentimos que debemos hacer para fomentar que las cosas vayan bien.

»Si descubro que me cuesta establecer buenas relaciones aunque ponga en ello todo mi empeño, esta segunda lección sugiere que no encontraré una solución, si es que existe, limitándome a pasar más tiempo con los demás. Quizá tenga un problema en el nivel más bajo de la pirámide: en mi forma de estar.

»Y esto nos lleva a este nivel inferior de la pirámide y a su tercera lección:

LECCIÓN 3
En último término, mi efectividad en cualquier nivel de la pirámide depende del nivel más profundo de esta: mi forma de estar.

—Puedo emplear todos los esfuerzos que quiera en intentar establecer buenas relaciones —siguió explicando Yusuf—, pero si, mientras lo estoy haciendo, me encuentro dentro de un cuadro, no me va a servir de mucho. Si me encuentro dentro del cuadro cuando estoy intentando aprender, solo conseguiré escuchar aquello que deseo oír. Y si estoy dentro del cuadro cuando estoy intentando enseñar, estaré fomentando la resistencia en todos aquellos que me escuchen.

Yusuf paseó la mirada por el grupo.

—Mi efectividad en todo lo que se encuentra por encima del nivel inferior de la pirámide depende de este nivel más bajo. Y lo que yo quiero preguntaros es por qué.

Todos miraron atentamente la pirámide.

—A lo mejor os interesaría consultar el Diagrama de la Forma de Estar que vimos ayer —sugirió Yusuf.

—Ya lo tengo —exclamó Lou al cabo de unos momentos.

—¿Sí? —preguntó Yusuf—. ¿Qué es lo que ves?

—Bueno, el Diagrama de la Forma de Estar nos dice que casi todas las cosas que hacemos hacia afuera pueden hacerse de dos maneras: con el corazón en guerra o con el corazón en paz.

—Efectivamente —asintió Yusuf—. ¿Y qué tiene eso que ver con la Pirámide de la Influencia?

—Todo lo que está por encima del nivel más bajo de la pirámide es una forma de actuar —respondió Lou.

—Exacto —dijo Yusuf—. Por tanto, cualquier cosa que haga para establecer buenas relaciones, para aprender, para enseñar o para corregir puedo hacerlo dentro del cuadro o fuera de él. Y como vimos ayer en el Diagrama de la Conspiración, cuando actúo desde dentro del cuadro, estoy fomentando la resistencia. Aunque hay dos formas de invadir Jerusalén, solo una de ellas invita a la cooperación. La otra siembra las semillas de su propio fracaso. Por eso, aunque la pirámide nos dice dónde debemos mirar y qué tipo de cosas debemos hacer para fomentar el cambio en los demás, esta última lección nos recuerda que no podemos fingir. La pirámide me está diciendo constantemente que debo recordar que el problema puedo ser yo mismo y me da pistas de cómo podría convertirme en parte de la solución. Una cultura del cambio no puede crearse jamás con estrategias del comportamiento. La paz, ya sea en casa, en el trabajo o entre los pueblos, solo se fomenta cuando la estrategia exterior inteligente va acompañada de una estrategia interior de paz.

»Por eso hemos dedicado la mayor parte del tiempo que hemos pasado juntos a trabajar para mejorarnos a nosotros mismos en este nivel más profundo. Si no tenemos bien el corazón, las estrategias no sirven de mucho. Sin embargo, cuando conseguimos que nuestro corazón esté bien, las estrategias hacia los demás adquieren una importancia tremenda. La virtud de la pirámide es que nos recuerda el fundamento esencial, el cambio en nosotros mismos, y también nos revela una estrategia de conducta para fomentar el cambio en los demás. Nos recuerda que debemos salir nosotros del cuadro y, al mismo tiempo, nos dice cómo podemos invitar a los demás a salir también.

Mientras escuchaba, Lou vio cómo la pirámide podía ayudarle a resolver los problemas de Zagrum. Lo primero que debía hacer era conseguir que Kate regresara a la empresa. Hasta ese momento no había sabido cómo lograrlo, pero ahora supo que tenía que hablar con ella, enseñarle lo que había descubierto acerca de sí mismo y hablarle de los cambios que se había comprometido a hacer. Y supo también que tenía que pedirle que le ayudara a ver en qué seguía estando ciego. Necesitaba aprender de ella, y al fin estaba deseoso de hacerlo. En cuanto a la relación entre ambos, no estaba seguro de poder arreglarla, teniendo en cuenta cómo había actuado. Pero, de repente, supo por dónde tenía que empezar. Había retirado una escalera, que ella utilizaba como imagen para su equipo, porque la consideraba una idea estúpida. La retirada de aquella escalera había sido un símbolo de lo equivocado que estaba en su forma de tratar a la gente, tal y como le había dicho Kate. Por tonto que pareciera, supo que tenía que darle una escalera y se hizo el propósito de llevársela a su casa en Litchfield (Connecticut) en cuanto Carol y él regresaran.

Y eso le condujo a pensar en Carol. Sabía que tendía a meterse en cuadros de «mejor que» y «yo merezco», y que, en consecuencia, las demás personas se difuminaban para él. Tenía miedo de que le volviera a suceder, sobre todo con Carol. Se le ocurrió que la pirámide podía ayudarle a evitarlo. Si era capaz de recordar que tenía que trabajar los niveles inferiores de la pirámide, podría acordarse de permanecer en el nivel medio de aprender de Carol, de interesarse por cómo había sido su jornada, por ejemplo, o por sus sentimientos. También le ayudaría a recordar que debía seguir esforzándose por mantener la relación con su mujer, que tenía que dedicar tiempo a hacer cosas que a ella le gustaran, por ejemplo. Y en el nivel inferior de la pirámide, supo que le sería útil encontrar formas que le permitieran recordar que era Carol la que mantenía unida a la familia y que él era muchas veces un obstáculo para ello. Si conseguía no olvidarlo, sería más difícil que volviera a empezar a considerarse superior o más importante.

Lou volvió a contemplar la pirámide. Al fin veía un rayo de esperanza. Pero seguía preocupado.

—Me preocupa la posibilidad de meter la pata —confesó en voz alta.

—¡Claro que la vas a meter! —exclamó Yusuf con una carcajada—. No lo dudes ni un momento. Lo hacemos todos. Al fin y al cabo, eres una persona, no un autómata. Si sientes que la posibilidad del fracaso te paraliza, quizá podrías preguntarte qué cuadro es el que te exige ser perfecto.

—¿Me estás diciendo que tengo necesidad de ser perfecto?

—A lo mejor te vendría bien considerar esa posibilidad. Los cuadros de «necesidad de ser visto como» pueden tener efectos paralizantes.

Lou soltó una risita.

—¿De qué te ríes? —preguntó Yusuf.

—No hago más que decirme a mí mismo que no me importa nada cómo me vean los demás y a cada momento surgen señales que indican todo lo contrario.

—En mayor o menor medida, casi todos nos justificamos a nosotros mismos según todos los estilos básicos —explicó Yusuf—. Yo sé que, al menos, a mí me pasa.

Y diciendo esto, Yusuf recorrió con su mirada los rostros de todos los presentes: Lou, Carol, Elizabeth, Gwyn, Pettis, Miguel, Ria, Teri y Carl.

—Es una pena, al menos para mí —añadió con una sonrisa—, pero estamos a punto de acabar. Aprecio el tiempo y el esfuerzo que habéis dedicado a esto. Habéis estado reflexionando sobre vuestras vidas de una forma muy valiente. Espero que esta enseñanza sea para vosotros una fuente tanto de preocupación como de inspiración. Preocupación, porque ahora sabéis que podéis volveros a meter en un cuadro en cuanto toméis una decisión que os lleve a ello; y esperanza, por esa misma razón, porque estar libres del cuadro depende también de tomar la decisión de hacerlo, una decisión que tenemos a nuestro alcance en todo momento.

»¿Me permitís mencionar una cosa más antes de separarnos? —preguntó.

—Claro —respondieron todos.

—Me gustaría contaros por qué decidimos bautizar a nuestro programa con el nombre de Camp Moriah.

24

PAZ EN EL MONTE MORIAH

—Como ya mencionamos anteriormente —comenzó a explicar Yusuf—, el monte Moriah es la colina de Jerusalén en la que se asienta el santuario musulmán conocido como la Cúpula de la Roca. Sin lugar a dudas, este terreno es, en términos religiosos, el más reverenciado del mundo. Los musulmanes lo veneran como uno de sus sitios más sagrados, y tanto judíos como cristianos lo recuerdan como el lugar en el que en la antigüedad se levantaba el Templo de Salomón; algunos creen que allí es donde algún día volverá a erigirse otro templo. Las miradas y los corazones del mundo están centrados en el monte Moriah.

»Por todo ello, este trozo de tierra tan venerado es un símbolo exterior de nuestros conflictos y de nuestras posibilidades. Un bando afirma que es su lugar santo, escogido desde hace milenios. El otro cree que es un legado de Dios a su pueblo. En estas circunstancias, las probabilidades de paz parecen muy escasas. Sin embargo, si lo miramos desde otro punto de vista, esta creencia tan apasionada nos proporciona el portal de la paz.

»Pensad en ello. Cuando estamos dentro del cuadro parece que las pasiones, las creencias y las necesidades personales nos dividen. Sin embargo, cuando salimos de él, nos damos cuenta de que todo eso es mentira. Nuestras pasiones, nuestras creencias y nuestras necesidades no nos dividen, sino que nos unen: *gracias* a nuestras pasiones, creencias y necesidades podemos ver y comprender las de los demás. Si tenemos unas creencias que son importantes para nosotros, podemos entender lo importantes que tienen que ser las suyas para los demás. Y si tenemos necesidades, nuestra propia experiencia nos aporta lo necesario para darnos cuenta de las necesidades de los demás. Subir al monte Moriah significa ascender a una montaña de esperanza. Al menos, si subimos de una forma que eleve nuestra alma hasta una cumbre situada fuera del cuadro, un lugar desde el que podamos contemplar no solo los edificios y los hogares, sino también a la gente.

»Por todo esto, hay una tierra que permanece dividida. Y dentro de esa tierra, una colina repleta de significado se erige como un símbolo tanto de la división como de la esperanza de superarla.

»Nuestros hogares y nuestros centros de trabajo también están divididos. Y en cada uno de ellos se elevan nuestros propios montes Moriah, problemas exteriores que simbolizan toda la agitación interior que sentimos. En un hogar pueden ser los platos, en otro la economía y en otro la disciplina que se debe imponer a los niños. En el trabajo podemos centrarnos en nuestro título, nuestro estatus o el nivel de respeto que creemos merecer. Empezamos a guerrear por estos problemas y, cuanto más guerreamos, más amenazadores se ciernen sobre nosotros, hasta que, al final, los temblores que sacuden nuestro hogar y nuestro centro de trabajo crean unas montañas tan altas que llegan a generar sus propios climas. Si no me creéis, no tenéis más que observar lo que sucede en el clima de una habitación cuando las partes empiezan a guerrear acerca de uno de sus montes Moriah.

»El problema, evidentemente, no es la montaña, materializada en los platos, la economía o el propio monte Moriah. Debajo de cada uno de esos asuntos subyace el problema real: por qué nuestros corazones convierten estas montañas en nuestros campos de batalla.

»Las soluciones duraderas para los conflictos exteriores solo son posibles en la medida en que encontremos soluciones reales para nuestros conflictos internos. Una tregua inestable podría ser posible en Israel si nos centráramos solo en la superficie de las cosas; en la economía, por ejemplo, o en la seguridad. Pero la paz duradera no se logra así. Y lo mismo podemos decir de nuestros hogares y centros de trabajo.

—Pero una tregua es siempre preferible a un derramamiento de sangre —opinó Gwyn.

—Sin duda ninguna —asintió Yusuf—. Pero no nos engañemos. Una tregua fría, por muy preferible que resulte hoy, no deja de ser una guerra para mañana. Las soluciones duraderas a las batallas que libramos en el trabajo, en casa y en los campos de batalla solo llegarán cuando acabemos con la guerra en nuestra alma. Y para acabar con esta guerra, primero debemos encontrar y extender nuestros lugares fuera del cuadro. Y ayudamos a los demás a salir de sus guerras interiores si somos para ellos un lugar fuera del cuadro, tal y como Ben lo fue para mí, Hamish para Avi, Mei Li y Mike para Jenny, y todos vosotros para los demás miembros del grupo. Hemos empezado a vivir juntos la pirámide, y por eso nuestros sentimientos hoy son mucho más pacíficos que ayer por la mañana.

Todos los presentes se miraron unos a otros.

—Amigos míos —dijo Yusuf—, Avi y yo, y todo el equipo, os prometemos que haremos lo posible para ser ese tipo de lugar para vuestros hijos. Nos quitaremos los zapatos con ellos con la esperanza de crear un espacio que los invite a reflexionar con un enfoque nuevo sobre su vida y a hacer los cambios que les interesa hacer. Os invitamos a hacer lo mismo, sea lo que fuere lo que eso signifique para vosotros.

Lou pensó con ilusión en el momento, dentro de sesenta días, en que volvería a ver a su hijo; y esperaba poder verlo descalzo, si es que era capaz de mantener hasta entonces lo que acababa de aprender. Hasta que llegara ese día, aún tenía unas cuantas cartas que escribir.

—¿Y qué pasa si mi hijo sigue consumiendo drogas? —preguntó Miguel—. ¿Qué pasa si este programa no consigue solucionar su problema?

—En ese caso, tendrá mucha suerte, porque cuenta con un padre como tú, Miguel, que se esforzará por quererle igual a pesar de todo.

—¡Pero yo no quiero que se drogue!

—No, claro que no. Y por eso no dejarás de intentar ayudarle, lleve el tiempo que lleve. Aunque a él no le guste.

»No me malinterpretéis —añadió Yusuf—. Aunque nos esforcemos al máximo por estar en paz, es posible que aparezcan algunas batallas inevitables. Algunas de las personas que nos rodean pueden querer seguir eligiendo la guerra. En esos casos, recordad lo que aprendimos de Saladino: que aunque tengamos que librar algunas batallas externas, siempre podremos hacerlo con el corazón en paz.

»Y recordemos también la lección más profunda: que vuestra anhelada paz, y la mía, y la del mundo, dependen fundamentalmente no de la paz que buscamos fuera, sino de la que establecemos en nuestro interior.

»Y eso os ofrece una esperanza —siguió diciendo—. Significa que, por muy negras que parezcan las cosas exteriormente, la paz que da inicio a todo, la paz interior, depende solo de una decisión, una decisión que cada uno de vosotros ya ha empezado a tomar. Si somos capaces de encontrar nuestro camino hacia la paz con unos hijos que nos han robado, un cónyuge que nos ha maltratado, incluso un borracho que nos ha quitado a nuestro padre —dijo mirando a Gwyn—, ¿qué montañas habrá que sean tan altas como para que los seres humanos no puedan escalarlas?

Diciendo esto, Yusuf hizo una pausa. Miró con aprecio a todo el grupo.

—Muchas gracias por estar aquí. Por habernos traído a vuestros hijos. Por venir vosotros. Y por daros los unos a los otros. A pesar de las diferencias que hemos tenido a lo largo de estos dos días, hemos aprendido a vernos unos a otros como personas, y eso ha cambiado totalmente la situación, ¿verdad?

Lou, Carol, Elizabeth, Pettis, Gwyn, Ria, Miguel, Carl, Tery y Avi asintieron.

—Miraos —les invitó Yusuf—. Todos los que estamos en esta sala somos personas. Como también lo son vuestros hijos, que están en la expedición, y vuestros enemigos, ya sean reales o imaginarios.

»Os deseo que tengáis la honradez y el valor de hacer aquello que más necesitan nuestros hogares, nuestros centros de trabajo y nuestras comunidades: ver a todo el mundo como personas..., incluso, y quizá especialmente, cuando los demás os den razones para que no lo hagáis.

* * *

Esperamos que hayas disfrutado leyendo La anatomía de la paz. *En el apéndice encontrarás unos recursos adicionales que hemos preparado para ti. Además, si deseas acceso libre a la Guía de Estudio y Análisis de* La anatomía de la paz, *vídeos de acompañamiento y otros materiales complementarios (en inglés), puedes visitar nuestra página web www.arbinger. com/anatomyofpeace.*

APÉNDICE
Recursos para los lectores

ANÁLISIS DE LOS DIAGRAMAS DE ARBINGER

Espero que hayas disfrutado con la lectura de este libro. En esta sección hemos reproducido cada uno de los diagramas que aparecen en él para que los tengas todos reunidos en un solo lugar. (Debajo del título de cada diagrama hacemos referencia a los capítulos del libro en los que se analiza). En algún caso presentamos los diagramas de una forma ligeramente distinta, con una serie de explicaciones pertinentes. También proporcionamos una serie de ideas y preguntas para reflexionar sobre cada uno de los diagramas. Después de esta sección incluimos otras dos para «profundizar», que sirven para ayudarnos a ahondar un poco más en algunas de las ideas contenidas en el libro. En esas secciones hemos añadido dos diagramas que no están incluidos en el cuerpo del libro.

El Diagrama de la Forma de Estar
(Véase el capítulo 4, «Comportamiento subyacente»)

El diagrama de la forma de estar se crea mediante la combinación de dos distinciones. La primera es la que se establece entre nuestra conducta y nuestra forma de estar, es decir, entre *lo que* estamos haciendo, por un lado, y *cómo* vemos a los demás mientras lo hacemos, por otro lado. A continuación, el diagrama traza una segunda distinción dentro de nuestra forma de estar: podemos ver a los demás como personas, con una importancia igual a la nuestra, o como objetos, con una importancia inferior a la nuestra. Cuando consideramos que los otros cuentan tanto como nosotros, tenemos el corazón en paz. Cuando consideramos que no cuentan tanto como nosotros, tenemos el corazón en guerra.

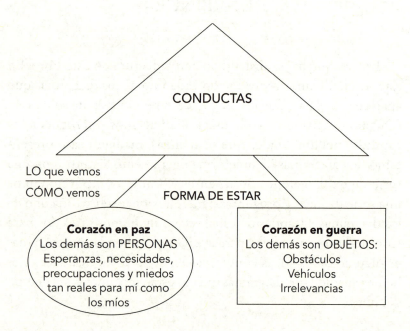

Uno de los puntos más importantes que ilustra este diagrama es que conseguir que nuestra conducta sea la correcta es solo una parte del asunto. Hay pocas cosas tan comunes como esas personas que muestran una conducta buena o servicial mientras por dentro se sienten furiosas con las personas por las que están haciendo algo. Las personas que han actuado anteriormente de esta forma, y que se han sentido molestas por las respuestas que han recibido de los demás, saben que el comportamiento correcto ha estado siempre minado por una forma de estar defectuosa.

Otro asunto importante es que los conflictos que surgen en el nivel de la forma de estar no pueden resolverse simplemente con soluciones conductuales. El problema de las agresiones sexuales es un ejemplo de esto. El ejército, por ejemplo, ha hecho un gran esfuerzo por erradicar este delito tan terrible. Sin embargo, hasta ahora la mayoría de los intentos bienintencionados de afrontar el problema han sido en términos conductuales. No es que por ello estos esfuerzos resulten equivocados *per se*, sino que son incompletos. Una persona que abusa sexualmente de otra ve a esta como un objeto. A menos que se solucione este problema de considerar a los demás como objetos, las agresiones sexuales no se podrán atajar, por muchos esfuerzos conductuales que se realicen para solucionar el problema.

En los negocios, la supervivencia de una empresa depende de que sea competitiva en lo referente a la conducta. Es decir, si lo que vende y lo que hace para producir sus productos y llevarlos al mercado no es suficientemente competitivo, la empresa tendrá que cerrar. En lo referente a *lo que hacen*, el mercado fuerza a los competidores a ponerse a la altura de las innovaciones de todos los demás para sobrevivir. Por eso, con el tiempo, en lo que respecta a *lo que hacen*, los competidores acaban pareciéndose unos a otros (piensa en cómo los productos y servicios de las empresas más competitivas —médicas, de electrónica de consumo, del automóvil y demás— se parecen mucho unos a otros). Esto implica que la ventaja competitiva duradera no está en función de *lo que hacen*, sino de *cómo lo hacen*. Una empresa que practica una política basada en considerar a los demás como personas tiene una perspectiva diferente que le permite alcanzar una posición competitiva ventajosa. La brecha entre su rendimiento y el de sus competidores más cercanos no puede salvarse simplemente copiando la conducta de la primera. Los competidores tienen que estar dispuestos a dejar a un lado las políticas basadas en considerar a los demás como objetos, que, hasta ese momento, caracterizaban su funcionamiento.

Desde la estrategia empresarial hasta los procesos y sistemas internos, los competidores tienen que estar dispuestos a ver a los demás como personas, con todo lo que ello implica, para salvar el abismo. Ese es el motivo de que las ventajas competitivas duraderas dependan del *cómo*.

Ideas y preguntas para reflexionar

Piensa en lo habitual que es ignorar inadvertidamente el asunto de la forma de estar. Cuando nos vemos ante situaciones complicadas, a menudo nos preguntamos cómo podríamos manejarlas. Esta pregunta nos impulsa a buscar únicamente soluciones conductuales. Como en el caso de las agresiones sexuales que analizamos anteriormente, los problemas relativos a la forma de estar no pueden resolverse solo con soluciones conductuales. Aquellos individuos y organizaciones que se dan cuenta de ello y actúan siguiendo estos principios son capaces de alcanzar unos niveles de rendimiento muy superiores a los de aquellos que no pueden hacerlo.

Quizá te resulte útil plantearte preguntas que te hagan ser consciente de la importancia de tu forma de estar.

Por ejemplo, en tu opinión, ¿tus compañeros de trabajo tienen tanta importancia como tú? ¿Qué dirían los otros acerca de tu forma de verlos?

¿Y qué sucede en tu casa? ¿Las cosas que les importan a los demás miembros de tu familia te importan también a ti? ¿Eres tan consciente de sus necesidades como de las tuyas?

¿Están las estrategias, los sistemas y los procesos de tu empresa elaborados según el supuesto de que las personas son personas o según el supuesto de que las personas son objetos?

En cada una de tus relaciones, ¿tienes el corazón mayormente en paz o en guerra? ¿Qué tienes que hacer para mejorar cualquiera de estas relaciones?

El Diagrama de la Elección

(Véanse los capítulos 10, «Elegir la guerra»; 11, «Necesidad de guerra»; 14, «El camino hacia la guerra», y 21, «Acción»)

El Diagrama de la Elección ilustra cómo entramos en un cuadro y pasamos de ver a los demás como personas a verlos como objetos. Cuando vemos a los demás como personas, de vez en cuando sentimos impulsos de hacer cosas buenas por ellos. Cuando los vemos como personas y vemos que tienen alguna necesidad, por ejemplo, deseamos de forma natural hacer algo para ayudarlos, si podemos. Esto fue lo que sucedió entre Yusuf y Mordechai en el libro.

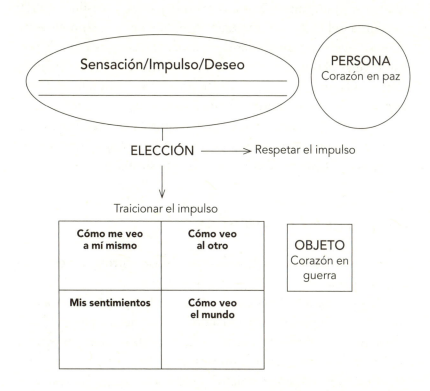

Este tipo de situaciones nos plantean una elección. Podemos actuar siguiendo el impulso de ayudar o, como Yusuf, podemos resistirnos o traicionar este impulso. El diagrama ilustra cómo, cuando traicionamos este impulso, entramos en el cuadro y nos justificamos. Verás que es así si pruebas este diagrama con tus propias historias. Piensa en algún momento en que te resististe al impulso de ayudar a alguien de algún modo. Escribe ese impulso en el óvalo situado en la parte superior del diagrama. A continuación, piensa en cómo empezaste a ver a esa persona después de traicionar tu impulso de ayudarla. Haz una lista de las características que empezaste a adjudicarle en la casilla superior derecha del cuadro. Después, piensa en cómo empezaste a verte a ti mismo después de traicionar el impulso y anota tus respuestas en la casilla superior izquierda del cuadro. También puedes añadir todo tipo de sentimientos que experimentaras después de traicionarte a ti mismo y cómo veías el mundo en ese momento. Cuando hayas rellenado estas casillas, plantéate la siguiente pregunta: ¿estos pensamientos y sentimientos me invitan a volver atrás y hacer lo que originalmente sentía que debía hacer? Si la respuesta es negativa, es probable que te encuentres ante un ejemplo de lo que denominamos autotraición, la marca distintiva de que te sientes justificado.

Ideas y preguntas para reflexionar

Presta atención a tus impulsos de ayudar a otros y observa qué sucede cuando intentas respetar estos impulsos.

Utiliza este diagrama para anotar un ejemplo de autotraición sucedido en tu propia vida. Cuando lo hayas hecho, observa la casilla superior derecha del cuadro y plantéate la siguiente pregunta: ¿después de traicionarme a mí mismo, la otra persona pasó a ser para mí una persona o un objeto? A continuación, observa la casilla superior izquierda y plantéate la misma pregunta pero referida a ti: después de traicionarme a mí mismo, ¿me veo *a mí* mismo como una persona o como un objeto? (cuando reflexiones sobre esta pregunta, puedes considerarla de la siguiente manera: ¿las cosas que he anotado acerca de mí mismo captan realmente lo que soy o es esta caracterización de mí mismo solo una parte de mí?).

¿Qué sucede cuando sientes un impulso de hacer algo para ti y no lo haces? Por ejemplo, ¿qué sucede si sientes el impulso de hacer ejercicio pero no lo haces? ¿Podría tratarse de una autotraición? Utiliza el diagrama para analizar también este tipo de ejemplos. ¿Cómo acabas viendo a los demás? ¿Cómo acabas viéndote a ti mismo? ¿Qué tipo de sentimientos tienes? ¿Te sientes justificado al final de la historia? Teniendo todo esto en cuenta, ¿consideras que es una autotraición o no?

Presta atención al tipo de cosas que aparecen en las dos casillas de la izquierda del cuadro en tus historias. ¿Consideras que las formas de verte a ti mismo y de ver tus emociones parecen síntomas de «mejor que» o de «peor que»? ¿Observas alguna justificación de «yo merezco» o de «necesidad de ser visto como»? Si así fuera, analiza lo que estos cuadros podrían hacer a los demás. Cómo podrían invitar a los demás a responderte, por ejemplo.

El Diagrama de la Confabulación
(Véanse los capítulos 5, «El patrón del conflicto», y 6, «Escalada»)

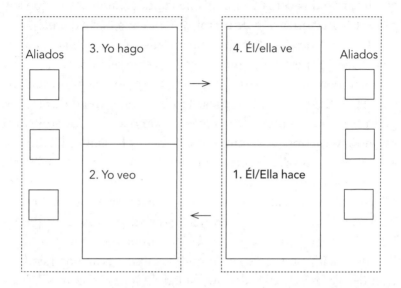

El Diagrama de la Confabulación ilustra cómo una persona que está dentro del cuadro invita a los demás a entrar también. Además, este diagrama muestra cómo, cuando las dos partes de un conflicto están dentro del cuadro la una con respecto a la otra, ¡pueden favorecer el maltrato del que acusan a la otra! Esto da pie a la pregunta de por qué lo hacemos. ¿Por qué invitamos a los demás a hacer exactamente aquello de lo que nos estamos quejando? La respuesta es que, cuando estamos dentro del cuadro, tenemos una necesidad que supera todas las demás: la necesidad de justificarnos. Mientras nos quejamos de lo que la otra parte está haciendo, su maltrato nos ofrece una justificación para maltratarla nosotros a nuestra vez. Cada parte da a la otra una razón para seguir haciendo exactamente aquello que está haciendo.

Este hecho tiene una implicación agobiante: cuando estamos dentro del cuadro y tenemos necesidad de justificarnos, esta justificación adquiere para nosotros más importancia que el hecho de tener éxito o de ser felices. Evidentemente, cuando estamos dentro del cuadro consideramos que esto no es verdad. Nos parece algo absurdo. Sin embargo, puedes comprobar esta premisa con cualquier situación de confabulación.

Puedes utilizar este diagrama para registrar alguna situación. Piensa en alguien con respecto al cual te encuentres en este momento dentro del cuadro. Escribe su nombre en la línea central del cuadro a la derecha. A continuación, escribe tu nombre en la línea central a la izquierda. A continuación, en la casilla 1, apunta algo que hace esa persona y que te molesta cuando estás en el cuadro; algo que te gustaría que dejara de hacer. En la casilla 2, haz una lista de las características que ves en esa persona y de lo que hace cuando tú estás en el cuadro. En la casilla 3, anota el tipo de cosas que haces tú cuando ves a la persona tal y como anotaste en la casilla 2. Por último, haz lo posible para ponerte en el pellejo de esa persona. Plantéate esta pregunta: si la otra persona está dentro del cuadro con respecto a mí, ¿cómo me estará viendo a mí y cómo verá lo que estoy haciendo? Escribe las respuestas a esta pregunta en la casilla 4.

Cuando hayas rellenado todas las casillas, plantéate otra pregunta: si la persona te ve tal y como has apuntado en la casilla 4, ¿consideras que tiene más probabilidades de continuar con la conducta que anotaste en la casilla 1 o menos? Si la respuesta es más, te indica que estás fomentando precisamente aquello de lo que te quejas y que, por tanto, la justificación es más importante para ti que la solución. Puede parecer absurdo, pero es que estar dentro del cuadro es bastante absurdo.

El otro punto que debemos observar en lo referente a la confabulación es que a menudo congregamos aliados a nuestro lado para sostener nuestras demandas de justificación. Aunque es posible que nos gusten las personas que estamos reuniendo, cuando lo hacemos no las vemos como personas. Más bien las valoramos únicamente como vehículos que nos ayudan a sentirnos bien en nuestra postura.

Ideas y preguntas para reflexionar

Encontrar confabulaciones es muy fácil. Lo único que tienes que hacer es pensar en algo que alguien hace y que te molesta; algo que te gustaría que dejara de hacer. Escribe el nombre de esa persona a la derecha y aquello que hace y que te molesta en la casilla 1. A continuación, pasa a la casilla 2, y luego a la 3 y a la 4. Cuando hayas rellenado la casilla 4, si los elementos que anotaste en la casilla 4 dan lugar a que aumente lo que apuntaste en la casilla 1, sabrás que tienes una confabulación.

¿Con quién crees que podrías confabularte en tu vida laboral?

¿Con quién crees que podrías confabularte en tu vida familiar?

En todas las confabulaciones que hayas identificado, ¿a quiénes has reunido como aliados?

Una estrategia para acabar con una confabulación es la siguiente: supón que estás fuera del cuadro. Entonces, cuando llegues a la casilla 2, pregúntate: si yo no estuviera dentro del cuadro, ¿cómo podría ver a esta persona y las cosas que hace y que he anotado en la casilla 1? Escribe tus respuestas en la casilla 2. A continuación, pregúntate: si yo estuviera viendo a esta persona según lo que he anotado en la casilla 2, ¿cómo actuaría con respecto a ella? Escribe estas respuestas en la casilla 3. Lo más probable es que descubras que, cuando te planteas estas preguntas, las listas de las casillas 2 y 3 son totalmente distintas de las que anotaste cuando rellenaste por primera vez el Diagrama de la Confabulación. El camino de salida de la confabulación es ver y actuar de esta nueva manera.

La Pirámide de la Influencia
(Véanse los capítulos 2, «Los temas más profundos», y 22, «Una estrategia de paz»)

La Pirámide de la Influencia es un marco estratégico para ayudar a otras personas a cambiar. Podemos considerarla como algo que siempre vivimos de abajo arriba. Así pues, cuando las cosas van mal, podemos localizar lo que tenemos que hacer para ayudar a que las cosas vayan bien pensando desde la cima de la pirámide hacia abajo.

Los grupos especiales de un departamento de policía de una ciudad importante, por ejemplo, utilizan esta estructura como guía para su trabajo. Estos grupos suelen participar en la comunidad desde el nivel superior de la pirámide: la corrección. Irrumpen en nuestras casas, arrestan a las personas, trabajan para resolver secuestros y demás. Desde que empezaron a poner en práctica la pirámide de abajo arriba en la vida cotidiana y a aplicar la pirámide de arriba abajo en todas sus operaciones, estos grupos de intervención han visto como sus resultados mejoraban de forma increíble. Desde que estructuran su trabajo de esta forma, han incautado el doble de armas y drogas que antes y de un modo tal que el número de quejas de los miembros de la comunidad contra ellos ha caído en picado. Se ha comprobado que las personas que residen en las casas en las que irrumpe la policía responden mucho mejor cuando los agentes los ven como personas y les dan la consideración que les corresponde como tales. En lugar de limitarse a llevar a cabo acciones correctivas, como habían hecho en años anteriores, ahora, tras establecer las medidas de seguridad pertinentes, los equipos descienden rápidamente por la pirámide enseñando y comunicando, escuchando y aprendiendo, estableciendo buenas relaciones y demás. En lugar de hacer que las calles y los vecindarios se vuelvan contra ellos, establecen buenas relaciones con la comunidad y estas relaciones refuerzan su capacidad de ayuda.

En una situación que inspiró la historia que cuenta Yusuf en la página 239 del libro, un padre al que no le gustaba el chico con el que salía su hija hizo lo mismo que muchos padres en esa situación: preguntar una y otra vez a su hija por qué salía con un chico semejante. No es de extrañar que, cuanto más trataba de corregir a la muchacha, más apego tenía ella por el chico. Cuando el padre empezó a considerar esta situación con la Pirámide de la Influencia en mente, se dio cuenta de que, para ayudar a que la situación se arreglara, tenía que empezar a dedicar más tiempo a los niveles inferiores de la pirámide. Se dio cuenta de que una de las áreas que había desatendido totalmente era la de establecer buenas relaciones con otras personas que ejercían influencia sobre su hija. Supo que tenía que establecer una buena relación con el muchacho. Por eso, la siguiente vez que el chico fue a recoger a su hija, el padre le invitó a entrar en casa. La siguiente le invitó a cenar, y así sucesivamente. Y entonces sucedieron dos cosas muy interesantes. ¡La primera fue que al padre de la chica empezó a gustarle de veras el chico! La segunda fue que su hija decidió que el muchacho ya no le gustaba.

Ideas y preguntas para reflexionar

La Pirámide de la Influencia nos ofrece una orientación muy útil en situaciones difíciles. Tal y como se analiza en el libro, hay tres lecciones que facilitan su aplicación. La primera es que debemos dedicar la mayor parte del tiempo y del esfuerzo a los niveles inferiores de la pirámide. La segunda, que la solución a un problema que se plantea en un nivel de la pirámide está siempre por debajo de ese nivel. Y la tercera, que nuestra efectividad en cualquier nivel de la pirámide depende en último término del nivel más profundo de esta: nuestra forma de estar.

Piensa en alguien que desearías que cambiara de una forma o de otra. Lo primero que debes hacer es considerar por qué quieres que cambie. Por ejemplo, ¿quieres que esta persona cambie porque eso te va a ayudar a ti o porque le va a ayudar a ella? Esto es un indicador muy bueno de nuestra forma de estar.

Observa la pirámide e identifica las áreas en las que probablemente deberías dedicar más tiempo y esfuerzo a esa persona. ¿Qué podrías hacer para mejorar tus esfuerzos en esas áreas?

¿En qué estado se encuentra tu relación con esta persona y con aquellas otras que ejercen influencia sobre ella?

¿Has escuchado de verdad a esta persona? ¿Estás abierto a aprender de ella?

¿Cómo ha sido tu comunicación con esta persona? ¿Qué podrías hacer para mejorarla?

PROFUNDIZAR: LOS CUATRO ESTILOS DE JUSTIFICACIÓN

Los capítulos 12 y 13 presentan los cuatro tipos más comunes de justificación: «mejor que», «peor que», «yo merezco» y «necesidad de ser visto como». Muchos lectores nos han dicho lo útil que les ha resultado entender estos tipos de cuadro, sobre todo el de «peor que», porque en nuestro primer libro, *Leadership and Self-Deception* no lo analizamos. Como dos de los personajes de *La anatomía de la paz*, Carol y Avi, muestran tendencia hacia el estilo «peor que» y hacia su compañero habitual, «necesidad de ser visto como», en este libro hemos podido examinarlos con más detenimiento.

El libro estudia cómo los cuadros «mejor que» y «yo merezco» suelen ir unidos. Tras la publicación de la primera edición, desarrollamos el Diagrama del Cuadro que Llevamos para ayudar a las personas a ver cómo se relacionan entre sí estos distintos estilos de cuadros. Denominamos «cuadros que llevamos» a estos diversos estilos de justificación porque son tipos de cuadros que adquirimos y llevamos con nosotros como consecuencia de toda una vida de traicionarnos a nosotros mismos. La mayoría de las personas han adquirido diferentes versiones de estos estilos de justificación, aunque en cada caso puede ser más común uno o dos de ellos.

En nuestros talleres siempre presentamos estos cuadros mediante el Diagrama del Cuadro que Llevamos. Consideramos la posibilidad de incluirlo en el cuerpo de esta nueva edición del libro, pero finalmente decidimos mantener el hilo de la historia original a lo largo de esa sección e incluir el diagrama y una explicación complementaria en este apéndice.

DIAGRAMA DEL CUADRO QUE LLEVAMOS

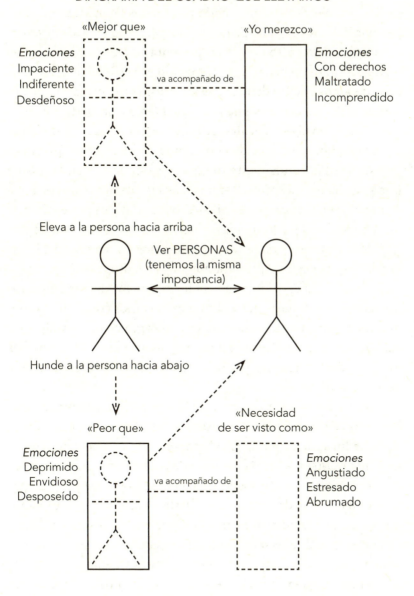

Cuando enseñamos este diagrama, lo vamos elaborando elemento por elemento, empezando por las dos figuras centrales. La persona del centro izquierda nos representa a cada uno de nosotros. La persona del centro derecha representa a aquellas personas con las que estamos fuera del cuadro. Cuando estamos fuera del cuadro, consideramos que los demás tienen la misma importancia que nosotros. Esta idea la plasmamos en el diagrama colocando ambas figuras al mismo nivel; cada uno de nosotros cuenta igual que el otro.

Eso significa que, cuando entramos en el cuadro, nos apartamos de esta verdad fundamental de que los demás tienen la misma importancia que nosotros. Podemos hacerlo de dos maneras. En la primera de ellas entramos en el cuadro elevándonos por encima de los demás. Con ello, los demás dejan de contar tanto como nosotros. Nos sentimos superiores y los miramos por encima del hombro. Esta es la postura que denominamos cuadro «mejor que».

Cuando nos consideramos mejores que los demás, sentimos de manera totalmente natural que merecemos cosas que los demás no merecen: más alabanzas, por ejemplo, o una disculpa, un sueldo más alto, una casa mejor, más tiempo libre, etcétera. Por eso en el diagrama conectamos el cuadro de «yo merezco» con el de «mejor que».

La otra forma de apartarnos de la verdad fundamental de que los demás cuentan igual que nosotros es hundirnos por debajo de ellos. En lugar de contar igual, ahora sentimos que nosotros contamos menos que los demás. Vemos a los otros como subidos en un pedestal cuando los comparamos con nosotros. Es la postura que denominamos cuadro «peor que». Desde el interior de este cuadro «peor que», nos sentimos justificados por separarnos de los demás basándonos en que no somos suficientemente inteligentes, suficientemente divertidos, suficientemente exitosos y demás.

El cuadro «peor que» tiene su propio acompañante. Cuando sentimos que somos peores que otros, podemos encontrarnos en situaciones en las que para nosotros sea muy importante no ser vistos así. Por ejemplo, supongamos que en el trabajo una persona tiene un cuadro «peor que» relacionado con su inteligencia. Como en una empresa ser visto como menos inteligente que los demás suele reportar pocos beneficios, una persona que tenga un cuadro «peor que» tiene muchas probabilidades de asumir otro cuadro de querer ser visto como *no* menos inteligente. Este tipo de cuadro es lo que denominamos «necesidad de ser visto como». Se puede tener este tipo de cuadro sobre cualquier cosa: necesidad de ser visto como inteligente, divertido, popular, atractivo, trabajador, persona que jamás comete errores, etcétera.

Para reconocer en qué tipo de cuadros podemos estar metidos, podemos prestar atención a las emociones que experimentamos, porque con frecuencia unos tipos concretos de emociones se corresponden con unos cuadros específicos. En el diagrama hemos incluido una lista de algunas emociones de cada tipo de cuadro, que muy a menudo son indicio de ese tipo en concreto.

En los personajes de la historia vemos estos diversos tipos de cuadro en acción. Cuando Lou está dentro del cuadro, suele caer en los tipos «mejor que» y «yo merezco». Carol, por el contrario, cae con más frecuencia en los cuadros «peor que» o «necesidad de ser vista como».

Reflexiona para averiguar qué tipos de cuadro son más comunes en tu caso: en casa, en el trabajo y en la vida en comunidad.

PROFUNDIZAR: SALIR DEL CUADRO

Al final del capítulo 18, Lou y los demás miembros del grupo están deseando aprender a salir del cuadro, y eso es lo que Avi y Yusuf les explican en los tres capítulos siguientes. Debido a la gran cantidad de diagramas que ya aparecen en el libro, decidimos que sería mejor para el lector no incluir en esos capítulos un diagrama adicional acerca de cómo se sale del cuadro. Una vez leído el libro, sin embargo, es posible que este diagrama adicional te resulte interesante y útil. Muchos de nuestros clientes lo utilizan como herramienta estratégica para este proceso.

DIAGRAMA DE LA SALIDA DEL CUADRO

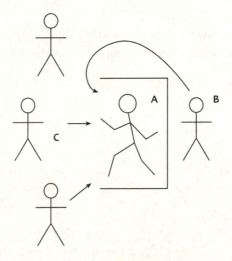

La persona A representa a alguien que está dentro del cuadro. El cuadro con tres lados representa el hecho de que siempre estamos al mismo tiempo dentro del cuadro y fuera de él: dentro con respecto a una serie de personas y fuera con respecto a otras.

La B representa a una persona con respecto a la cual la persona A está dentro del cuadro.

Las personas situadas en la zona C representan a aquellas pertenecientes a la vida de la persona A con respecto a las cuales la persona A está fuera del cuadro (y viceversa). Esta dirección representa también el espacio fuera del cuadro que la persona A puede encontrar.

La flecha representa el hecho de que la condición de ser humano de la persona B puede entrar, como si dijéramos, por el lado abierto del cuadro. Esto puede suceder cuando la persona A ha alcanzado un punto de observación situado fuera del cuadro desde el cual puede ver a la persona B y considerarla de una forma distinta a como la veía y la consideraba anteriormente.

El proceso de salir del cuadro

Los cuatro pasos siguientes pueden resultar útiles cuando una persona está intentando salir del cuadro.

Paso 1: *Observa las señales del cuadro*

Muchas de las señales del cuadro están detalladas en el libro; por ejemplo, el hecho de culpar y «terribilizar» a otros, las emociones que caracterizan los distintos cuadros que llevamos, nuestra forma de ver a los demás, a nosotros mismos y nuestras circunstancias cuando llevamos esos cuadros a cuestas y demás. Sin embargo, en un nivel muy básico, la señal más visible es la diferencia que sentimos dentro de nosotros cuando nuestro corazón está en guerra con respecto a cuando está en paz. Tal y como ilustra el diagrama, podemos estar (y habitualmente estamos) tanto dentro como fuera del cuadro al mismo tiempo: dentro del cuadro con respecto a algunas personas y fuera de él con respecto a otras. Esto nos proporciona en todo momento un barómetro muy claro; de hecho, siempre tenemos en nuestra mano la posibilidad de evaluar nuestra forma de pensar y de sentir con respecto a una persona en comparación con nuestra forma de pensar y de sentir con respecto a otras. Puesto que sabemos lo que sentimos cuando estamos fuera del cuadro, nuestra experiencia comparativa nos indica que podemos estar dentro de uno: la relación con la persona B, por ejemplo, nos produce unas sensaciones distintas que la relación con la persona C. El paso 1 implica sencillamente prestar atención a esto.

Paso 2: Encontrar el espacio fuera del cuadro

En el diagrama, las relaciones entre la persona A y las personas de la categoría C representan el espacio fuera del cuadro, es decir, una dimensión de nosotros mismos que no está corrompida por sentimientos belicosos ni por la necesidad de justificarnos.

En la historia de Avi, cuando conoció a Yusuf estaba dentro del cuadro con respecto a muchas personas: los árabes, los judíos religiosos, los estadounidenses y Hamish, su amigo de la infancia, por ejemplo. Cada una de estas personas puede representarse con la persona B del diagrama. Jenny, que escapó descalza para no entrar en Camp Moriah, estaba dentro del cuadro con respecto a sus padres y a cualquier persona asociada con Camp Moriah.

Avi encontró un espacio fuera del cuadro con Yusuf, y Jenny encontró lo mismo con Mike y Mei Li. Estas personas fueron como las figuras de la zona C del diagrama: ayudaron a crear un espacio para que Avi y Jenny pudieran ver y pensar de forma distinta acerca de las personas con respecto a las cuales estaban dentro del cuadro.

Una de las conclusiones del diagrama es que, si queremos invitar a otros a cambiar, tenemos que ofrecerles un espacio fuera del cuadro, lo que requiere, en primer lugar, que nosotros estemos fuera con respecto a ellos.

La historia de Mike y Mei Li con Jenny sirve para ilustrar este concepto. Aunque Jenny estaba corriendo y complicándoles las cosas a Mike y Mei Li, estos siguieron viéndola como una persona, una persona que estaba corriendo por un pavimento caliente sin zapatos, nada menos. En un momento dado, esto les motivó a quitarse ellos mismos los zapatos antes de continuar la persecución. Hubo algo en esta disposición a quitarse los zapatos que humanizó a Mike y a Mei Li ante Jenny y le permitió a esta verlos y considerarlos como realmente eran.

Esta historia es una fantástica ilustración de otro punto más. Cuando salimos del cuadro con respecto a otras personas, podemos ofrecerles a estas un espacio fuera del cuadro si, efectivamente, nos «quitamos los zapatos» con ellas, signifique lo que signifique eso en tu propia situación.

Para programas de tratamiento como Camp Moriah, este diagrama, incluido el concepto de quitarse los zapatos con respecto a otras personas, representa su trabajo. Las personas que participan en estos programas son como la persona A del diagrama: dentro del cuadro con respecto a algunas de las personas de su vida. Para ayudarlas a curarse, el personal y los trabajadores de los programas deben crear un espacio fuera del cuadro en el que los participantes en el programa puedan empezar a ver de forma diferente a sus personas B. El mismo principio puede aplicarse de forma general a todas las organizaciones: los dirigentes que crean un espacio fuera del cuadro permiten a los demás dejar de lado sus justificaciones e implicarse de forma más plena y colaboradora en su trabajo.

Paso 3: Reflexiona con un enfoque nuevo sobre la situación

Una vez que hemos conseguido encontrar dentro de nosotros un punto de observación situado fuera del cuadro, nos hallamos en disposición de ver de forma diferente a las personas contra las que hemos estado batallando. Las preguntas que aparecen en el capítulo 20 del libro son lo que denominamos preguntas para «reflexionar con un enfoque nuevo sobre la situación». Cuando uno ha encontrado un punto de observación situado fuera del cuadro, estas preguntas le ofrecen formas útiles de humanizar a aquellos a los que ha estado considerando como objetos.

Cuando las partes en conflicto no reciben ayuda para encontrar un lugar fuera del cuadro, son incapaces de reflexionar con un enfoque nuevo sobre sus situaciones. Más bien siguen reflexionando una y otra vez sobre sus situaciones de un modo «trasnochado», como si dijéramos, en lugar de «con un enfoque nuevo». En estos casos, una resolución real y duradera del conflicto y la sanación quedan fuera de su alcance.

Paso 4: Haz lo que sientas que debes hacer

Recordarás que la palabra favorita de Ben Arrig era *acción*. Esto se debe, según Yusuf, a que, al final, permanecer fuera del cuadro siempre exige acción. Exige acción porque la humanidad de los demás nos exige no solo *verlos* de forma diferente, sino también *tratarlos* de otra manera: como personas en lugar de como objetos. Allí donde es posible que hayamos estado viendo objetos en lugar de personas, al cambiar a un corazón en paz necesariamente empezaremos a hacer las cosas de otra manera. Quizá tengamos que disculparnos por alguna cosa o asumir la responsabilidad de algo. Es posible que tengamos que empezar a escuchar más o a completar mejor lo que estuviéramos haciendo. O a lo mejor tenemos que repensar nuestra estrategia o nuestra misión. Ver a los demás como personas significa estar dispuesto a actuar en concordancia con lo que vemos ahora. Un cambio en la forma de ver a los demás que no vaya acompañado de un cambio en lo que hacemos no representa ningún cambio en absoluto.

Por tanto, después de (1) darnos cuenta de que podríamos estar dentro de un cuadro, (2) encontrar un lugar situado fuera del cuadro y (3) reflexionar con un enfoque nuevo sobre la situación, tenemos que empezar a (4) actuar según lo que estamos viendo, es decir, empezar a hacer aquello que sentimos que debemos hacer por las personas que ahora estamos viendo realmente.

ACERCA DE THE ARBINGER INSTITUTE

En los años setenta, un equipo de estudiosos se embarcó en la exploración de uno de los problemas fundamentales de las ciencias humanas: el problema del autoengaño. Esta investigación analizó el hecho de que las personas acabamos siempre creando y manteniendo problemas sin saber que los estamos provocando, y cómo y por qué las personas se resisten a encontrar soluciones útiles.

Al principio, todos los intentos de comprender el fenómeno del autoengaño fracasaron, tal y como llevaba sucediendo desde hace más de cien años. Sin embargo, tras años de trabajo, el equipo de investigación descubrió una solución que nadie esperaba. Descubrieron la forma clara y sorprendente en la que las personas empiezan a evadir su responsabilidad sin pensar siquiera que lo estén haciendo. Esta actitud, por tanto, les lleva a echar la culpa a los demás o a unas circunstancias que ellos mismos están ayudando a crear. Y más importante todavía, descubrieron cómo podía corregirse este fenómeno.

Tras este descubrimiento erudito, los miembros fundadores de Arbinger empezaron a enseñar sus principios en círculos académicos y en entornos universitarios. Esto dio lugar en seguida a una demanda de particulares y a solicitudes de su aplicación en las empresas. La demanda resultante condujo, en primer lugar, a la creación de The Arbinger Institute, y a continuación, con el transcurso de los años, a la formación de una familia de organizaciones Arbinger.

La familia de organizaciones Arbinger incluye las siguientes:

- The Arbinger Institute, responsable de la propiedad intelectual Arbinger.
- Arbinger Training and Consulting, una consultoría de servicios integrales (con oficinas por todo el mundo) que ayuda a las empresas a poner en práctica las ideas Arbinger.
- Arbinger Social Partners, un grupo que equipa a las organizaciones comprometidas socialmente para que compartan el trabajo de Arbinger con las poblaciones a las que sirven.
- The Reconciliation Project, un proyecto para ayudar a personas, familias y comunidades a aprender y aplicar los principios Arbinger.

Como resultado de la repercusión internacional que han tenido los libros de Arbinger —*Leadership and Self-Deception* y *La anatomía de la paz*— y de la larga trayectoria de Arbinger Training and Consulting con los clientes, hoy en día Arbinger está reconocido como el líder mundial en liderazgo, creación de equipos, resolución de conflictos, gestión de crisis y cambio e integración cultural. Arbinger ofrece ayuda a organizaciones e individuos mediante formación, consultoría, asesoramiento, entrenamiento, apoyo en la ejecución, procesos de certificación y herramientas digitales. Los clientes de Arbinger son particulares que buscan ayuda en su vida personal a algunas de las empresas desde instituciones gubernamentales más importantes del mundo.

Aunque la sede se encuentra en Estados Unidos, Arbinger tiene oficinas por todo el mundo: Europa, Oriente Próximo, África, India, Asia, Sudeste Asiático, Oceanía, América del Norte y América del Sur.

Programas y servicios de Arbinger Training and Consulting

Arbinger ayuda a las organizaciones a mejorar su funcionamiento mediante programas de formación, servicios de consultoría, programas de entrenamiento y herramientas para la puesta en práctica como los que se describen a continuación.

Developing an Outward Mindset©

En este taller, los participantes aprenden la diferencia que existe entre un esquema mental dirigido hacia adentro y un esquema mental dirigido hacia afuera, y empiezan a ver el alcance de haber estado actuando con un esquema mental dirigido hacia dentro. Los participantes aprenden una serie de esquemas que aplican luego a un objetivo fundamental de su entorno laboral que intentarán conseguir en un plazo de entre seis y doce meses. Además, desarrollan una mentalidad de responsabilidad en su trabajo, y no de culpa, y elaboran un plan para lograr su objetivo con un esquema mental dirigido hacia afuera.

Implementing an Outward Mindset©

En este taller, que es la continuación del llamado Developing an Outward Mindset, los participantes reconsideran su papel y sus estrategias siguiendo un esquema mental dirigido hacia afuera. Planifican su trabajo con los demás con el objetivo de superar el conflicto y promover la colaboración, y por último empiezan a utilizar una serie de herramientas que les permiten acercarse cada vez más a una forma de trabajo basada en el esquema mental antes mencionado.

Transforming Conflict with an Outward Mindset©

En este taller los participantes aprenden a utilizar los esquemas Arbinger para resolver conflictos. Trabajan para solucionar un conflicto existente en su trabajo y se les equipa con lo necesario para aplicar con eficacia los conceptos Arbinger en situaciones difíciles dentro de la organización, para superar el conflicto y crear una colaboración entusiasta y un trabajo de equipo.

Leading with an Outward Mindset©

Este programa individualizado proporciona a los líderes una orientación paso a paso que les permita trabajar de forma eficaz con sus equipos con un esquema mental orientado hacia afuera. El programa incluye segmentos de instrucción en vídeo, así como ejemplos de directivos de otras organizaciones que han aplicado con éxito este enfoque. Además guía a los directivos a través de un cuaderno de ejercicios complementario en el que deben cumplir unas tareas clave trabajando con un esquema mental orientado hacia afuera en sus informes directos.

Teaming with an Outward Mindset©

Este programa orienta a los directivos para que refuercen y ayuden a los miembros de sus equipos a poner en práctica los modelos presentados en los talleres Developing an Outward Mindset e Implementing an Outward Mindset. Los equipos ponen en marcha juntos los conceptos del esquema mental orientado hacia afuera guiados por una instrucción en vídeo y viñetas en las reuniones de equipo.

Outward Mindset Skills for Managers

Este programa individualizado equipa a los gestores con las habilidades esenciales para seleccionar, contratar y dirigir a los empleados con un esquema mental orientado hacia afuera. El programa incluye segmentos de instrucción en vídeo y está ilustrado con ejemplos de directivos de empresas que han aplicado con éxito estas habilidades en su propia gestión. El programa dirige a los participantes a través de un cuaderno de ejercicios complementario que sirve como guía básica para un uso continuado de estas habilidades.

***Coaching and Mentoring with an Outward Mindset*©**

En este curso telefónico los participantes colaboran con un grupo de directivos empresariales (ya sea de su propia organización o de otras). Aprenden a aumentar su eficacia como mentores y asesores en su función de gestión y liderazgo. Los participantes practican sus habilidades con el grupo de colegas durante las semanas que dura el curso y reciben además un asesoramiento personal con un entrenador Arbinger durante ese periodo.

Implementation Consulting

Además de las anteriores ofertas de formación, Arbinger ayuda a los equipos ejecutivos con estrategias, planificación, resolución de conflictos y diseño de sistemas y procesos para que las estructuras de la empresa puedan reforzar y recompensar el trabajo realizado con un esquema mental orientado hacia afuera.

Executive Coaching

Arbinger proporciona entrenamiento ejecutivo y de liderazgo para ayudar a los directivos a poner en práctica estrategias basadas en el esquema mental orientado hacia afuera en sus funciones individuales y de liderazgo.

Cómo convertirse en un coordinador Arbinger

Arbinger integra su experiencia en las organizaciones de los clientes preparando expertos internos para que sean capaces de impartir los programas de formación Arbinger y ayuden a proporcionar servicios de consultoría y entrenamiento dentro de la organización. Para ello ofrece los cursos de certificación que se describen a continuación.

Developing and Implementing an Outward Mindset Facilitator Training

Los participantes reciben la formación necesaria y la certificación para impartir los talleres Developing an Outward Mindset e Implementing an Outward Mindset.

Transforming Conflict with an Outward Mindset Facilitator Training

Los participantes aprenden a utilizar y aplicar los esquemas Arbinger para ayudar a resolver y transformar los conflictos. Utilizan estos esquemas para resolver sus propios conflictos y aprenden también a organizar el taller Tranforming Conflict with an Outward Mindset para ayudar a sus colegas en la empresa a resolver los suyos.

Para recibir más información sobre Arbinger y los servicios, productos y propuestas que ofrece, pueden ponerse en contacto con la sede mundial de Arbinger (teléfono +1-801-447-9244) o visitar la página web www.arbinger.com.

CÓMO PARTICIPAR EN ARBINGER SOCIAL PARTNERS Y THE RECONCILIATION PROJECT

En el año 2010, Arbinger Training and Consulting fundó una organización hermana, Arbinger Social Partners (ASP), cuyo objetivo es equipar a organizaciones con una orientación social para que ofrezcan los servicios de Arbinger a la población a la que sirven. ASP proporciona a estas organizaciones currículos Arbinger, las forma y les concede las licencias oportunas para que utilicen estos currículos en sus programas.

Por ejemplo, Arbinger Social Partners trabaja con programas de tratamiento que inspiraron el Camp Moriah ficticio que aparece en *La anatomía de la paz*. Proporciona también a estas organizaciones un programa para padres que pueden utilizar con los familiares de las personas que tienen a su cargo. Además de proporcionar servicios de tratamiento, ofrece formación Arbinger y apoyo tanto a los participantes en sus programas como a sus familiares. La experiencia en el mundo del tratamiento muestra que, cuando no se utiliza este programa, los familiares tratados regresan al mismo entorno familiar y a los sistemas que existían anteriormente, con lo que las recaídas son no solo posibles sino también probables. Los programas que utilizan el currículo familiar de Arbinger Social Partners tienen unos niveles de éxito a largo plazo mucho mayores. Aquellas organizaciones interesadas en utilizar los programas familiares y los recursos de ASP pueden obtener información en la página web www.arbingersocialpartners.org.

ASP proporciona unos servicios similares fuera del entorno del tratamiento. Peace Players International (PPI), por ejemplo, es una ONG premiada que junta a jóvenes procedentes de regiones en conflicto mediante el baloncesto. Arbinger Social Partners ayudó a PPI a aumentar su efectividad y alcance desarrollando un currículo que permite a los entrenadores de esta organización entrenar a sus equipos en los principios Arbinger mediante una serie de minilecciones y ejercicios. Además de ayudar a los equipos a integrarse y a rendir a un nivel superior, estos conocimientos permiten a los jóvenes trasladar los principios Arbinger de reconciliación a sus hogares y comunidades. ASP trabaja también con organizaciones similares por todo el mundo.

Otro socio de ASP, el documental *Beyond Right & Wrong*, encargó a Arbinger un currículo sobre la película para apoyar los esfuerzos de reconciliación en todo el mundo. Tras rodar la película, la directora leyó *La anatomía de la paz* y vio en Arbinger un trabajo que captaba lo que ella había aprendido sobre la paz y la reconciliación gracias al rodaje. A través de Arbinger Social Partners, Arbinger creó un currículo sobre la reconciliación que puede utilizarse de manera conjunta con la película. Hoy en día Arbinger Social Partners forma y autoriza a personas a impartir este taller de reconciliación dentro de sus círculos de influencia. Estas personas imparten el taller en cárceles, colegios, círculos de amistades y demás. En la página web www.arbingersocialpartners.org pueden encontrarse detalles de esta iniciativa e instrucciones para convertirse en organizador de talleres de reconciliación.

Otro socio de ASP que se basa en The Arbinger Institute es The Reconciliation Project. Este proyecto proporciona servicios directos basados en los principios de Arbinger a familias e individuos. Sus servicios se centran en fortalecer las relaciones interpersonales y familiares. The Reconciliation Project ofrece talleres públicos, entrenamiento individual y para las relaciones interpersonales, publicaciones y otros productos diseñados para ayudar a fortalecer las relaciones. En la página www.thereconciliationproject.org se ofrece un calendario de acontecimientos y detalles acerca de los servicios disponibles.

Otras obras de Rigden

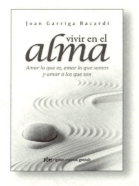

VIVIR EN EL ALMA
Amar lo que es, amar lo que somos y amar a los que son
JOAN GARRIGA BACARDÍ

Joan Garriga, experimentado y reconocido erapeuta en el campo de la Gestalt y las Constelaciones Familiares, nos muestra cómo poner orden en nuestros afectos y en nuestra vida interior. También a rendirnos ante el misterio de la vida para alcanzar con ello paz y felicidad perdurables.

LA ALEGRÍA DE VIVIR
El secreto y la ciencia de la felicidad
YONGEY MINGYUR RINPOCHÉ

En *La alegría de vivir*, el renombrado maestro budista Yongey Mingyur Rinpoché nos invita a un viaje en el que podremos desvelar los secretos de cómo encontrar alegría y satisfacción en lo cotidiano.

LA MENTE. MANUAL DE PRIMEROS AUXILIOS
72 claves para comprender tu relación con los demás y contigo mismo
MIGUEL ÁNGEL MENDO

Una guía práctica y experimentada para librarnos de los trastornos y las trampas de nuestra mente.